JN441988

# Why Not?
# 통일한국!

송인호, 원재천, 김세미, 최용준, 전명희, 정모니카, 정지은, 서덕수, 박지현, 홍참길
한동통일평화연구원

KNOWLEDGE COMMUNITY 공동체

이 저서는 한동대학교 교내연구지원사업 제202400740001호의 지원으로 이루어졌습니다.

# 차 례

들어가는 말

# 통일과 우리의 자화상

전명희

# 통일과 우리의 자화상

**통일한국개론 책임교수 전명희**

한동대학교는 기독교적 가치를 고수하고 있으며, 통일에 관하여 가장 전향적 관심을 가진 학교라고 볼 수 있다. 이 책은 한동대학교에서 「통일한국개론」이라는 교양수업에서 옴니버스 형으로 강의를 담당하고 있는 교수들이 각자 수업에서 나누는 내용을 책으로 엮은 것이다. 통일한국개론 수업이 처음 시작된 것은 2012년 2학기로 지난 13년 동안 한동대학교 교양수업을 굳건히 지킨 수업이다. 이 수업은 필수로 들어야 하는 것이 아닌 교양선택임에도 불구하고 매 학기 수강인원의 두 배에 가까운 수의 수강 대기자가 발생하는 인기 강좌로 발돋움하였다. 요즘처럼 통일이라는 화두가 큰 인기가 없는 이때 학생들은 어떤 마음으로 수업을 하고 있으며, 교수들은 어떤 생각으로 가르치고 있을까. 필자는 이 수업의 책임교수를 맡게 된 세 번째로 교수로서, 한동대의 통일운동의 견인차가 되었던 이 수업의 내용을 많은 이들이 함께 읽고 고민해 보는 장을 열어보고자 하는 마음으로 이 책을 출간하기로 하고 편집자를 담당하게 되었다.

이 책은 대학생들의 교양수업에서 다룬 내용들을 담고 있지만 대한민국을 살아가는 한 시민으로서, 통일에 대해 어떤 관심과 자세를 가져야 할지에 대해 한 번쯤은 생각해 보아야 할 주제들을 담고 있다. 수업의 제목은 '통일한국개론'이지만 '통일한국'이라는 시대적 과제에 대해 사실상 개론서가 가져야 할 만큼의 충분한 체계를 지니고 있지는 않다. 그래서 저자들은 편집회의를 하면서 이 책의 제목을 'Why not? 통일한국!'이라고 짓기로 마음을 모았다. 통일한국에 대해 보다 긍정적이고 전향적으로 생각해 보자는 의미를 담은 이 책은 다학제적이며, 각각의 내용이 독립적으로 구성되어 있는 옴니버스식을 따르고 있다. 그러므로 독자들은 관심 있는 주제를 찾아 읽어보고 더 깊이 고민해 볼 수도 있으며, 통일을 떠올리며 이러한 분야들을 연구하고 글을 쓸 수 있구나 하고 생각해 볼 수도 있겠다. 한동에는 북한학이나 통일학이라고 부를 만한 전공한 전문가가 없지만 학문의 모든 영역에서 다가올 통일한국을 고려하며 미리 생각해 봐야 할 주제들을 던지며 자신의 전공 영역에서 이와의 접점을 찾아보려고 노력해 왔던 흔적이 담겨 있다. 필자는 그러한 노력들을 함께할 수 있었던 지난 15년간의 시간들에 감사의 마음을 가지고 이 책의 근간이 되는 통일한국개론 수업이 개설되기까지 한동대학교 내에서 이 수업을 열 수 있는 역량은 어떻게 만들어졌는지 잠시 살펴보고자 한다.

## 1. 한동의 「통일한국개론」 수업의 시작을 회고하며

개교 30년을 앞두고 있는 한동대학교에 통일교육의 불씨가 본격적으로 타오르기 시작한 것은 2009년 가을부터라고 할 수 있다. 지금의 코로나 시대가 오기 이전 신종플루로 세상이 떠들썩하던 2009년, 교내에서는 처음으로 북한과 통일을 위한 교수와 학생들의 연합체가 구성되어 "북한결핵 어린이 오천명 살리기 운동(SAVE 5,000 NK Children)"이라는 인도주의적 대북지원 프로젝트가 시작되었다. 지금은 작고하신 전 적십자 총재이셨던 이윤구 교수님께서는 결핵제로(TB Zero) 운동본부의 이사장을 맡고 계셨으며, 당시 한동대학교의 석좌교수로 강의를 하고 계셨다. 이 총재님은 여러 강의에서 '한국은 신종플루로 몇 명이 죽었는지 매일 보도가 되고 있지만 북한에는 지금 전염병의 일

종인 결핵이 퍼지고 있어 매우 심각한 상황'이라고 열변을 토하시곤 하셨다. 이러한 소식들을 전해 듣고 그동안 교내에서 활동하던 다양한 북한과 통일을 위한 학생주축의 학회와 교수들은 인도주의적 관점에서 북한의 어린이들을 살리는 캠페인을 공동으로 주최하는 일에 적극 동참하였고, 그 결과 상당 금액의 성금을 모금하여 안전하게 북한에 전달할 수 있었다. 이 일을 계기로 '북한과 통일'이라는 화두로 모였던 십여 명의 교수들은 북한 사람들을 살리기 위한 모임, 즉 북생(北生)모라는 교수 모임(초대 대표 : 박영춘 교수)을 조직하였고, 두 주에 한 번씩 모여서 북한과 통일에 관한 자신들의 관심과 전공 관련 연구를 소개하는 시간을 가지게 되었다. 그동안 한동대학교 학생들은 뜨거운 마음으로 통일을 위해 기도하고 다양한 활동을 해왔다고 한다. 특히 1997년부터 학생들이 자발적으로 북한을 위해 기도해 오던 활동이 2011년 '북한중보주간(Handong NK Intercessory Prayer Week)'이라는 이름으로 정식 옷을 입게 되었고, 현재까지 매년 11월 둘째 주에 한동은 북한중보주간을 지키고 있다. 북한중보주간 동안 한동대학교에서는 한동인과 지역민들을 대상으로 통일한국 시대를 준비하기 위해 알아야 할 주제들에 관한 다양한 세미나, 행사, 활동 및 기도회를 진행해 오고 있다.

이렇게 해서 모인 힘은 2012년 이후 현재까지 북한과 통일에 대한 깊이 있는 이해를 통해 미래세대의 한반도 통일에 관한 준비를 본격적이며 공식적으로 시작하기에 이르렀다. 2012년 교내에 「한동통일과평화연구소」(초대 소장 : 원재천 교수)를 개설하고, 통일교육을 본격적으로 시행할 수 있는 교과목 개설을 준비하게 되었다. 그 결과 「민족화해와 기독교」라고 하는 제목의 통일교육 수업이 2012년 가을 학기에 처음으로 개설되었으며, 이 수업은 한 학기도 빠짐없이 한동대에서 진행되는 현재의 「통일한국개론」 수업이 되었다.

통일한국개론 수업의 구조는 옴니버스형 강의로 진행되는데, 한동대학교의 다양한 전공 영역에서 북한과 통일에 대한 연구 및 실제 활동을 진행하고 있는 교수들이 모여 한 주에 한 주제씩 수업으로 풀어 나가고 있다. 이 한 학기 수업에서 한동의 교수들이 10개 안팎의 강의를 담당하고 있으며, 그 외의 시간은 국내외 통일 분야에서 활동하던 전문가들을 초청하기도 하고, 객원 교수로 한동에서 머물면서 가르치기도 하여, 실천 현장에서 북한과 통일에 관련되어 활동하는 전문인들이 참여하고 있다. 또한 교내에 있는 탈북대학생들이나 지역사회 탈북민들이 초청되어 자신의 경험을 나누기도 하고, 학생들은 자신의 통일 인식 및 관련 연구 주제를 발표하는 시간을 갖기도 한다. 이 수업은 K-mooc에 「통일한국 준비와 조망」[1]이라는 수업으로 올려져서 무료로 온라인 수업으로도 들을 수 있다.

이러한 노력들이 탄력을 받아 교내의 다양한 전공에서 개설된 통일 관련 과목들을 통해 기독교 관점에서 통일과 북한 이슈를 균형 있게 고찰하도록 하며 통일시대를 선도하는 학생들을 길러내고자 하는 '통일한국 준비와 조망'이라는 통일융합모듈도 2025년부터 시작될 예정이다.

이 책에 담긴 내용들은 가장 최근까지 교수들이 수업에서 강의하고 있는 내용들을 각자 정리하여 담고 있다. 그동안 교재가 없이 이루어지던 수업에서 이를 정리할 필요를 느끼면서 통일한국개론서 발간을 준비하게 된 것이다. 이 수업의 가장 큰 장점은 북한학이나 정치학, 통일학을 가르치는 교수들이 아닌 각자 자신들의 전공 영역 속에서 통일 준비를 하고 있는 교수들이 강의한다는 된다는 점이고, 배우는 학생들도 한동대학교에 속한 전 학년, 전 전공의 학생들이 모여 수업을 듣게 된다는 점에서 통일에 대해 다양한 관점과 다양한 해법에 대해 이해할 수 있다는 점이다. 우리는 하나의 답을 강요하기보다는 자연스럽게 스스로 이 수업을 통해 통일에 관해 진지한 고민과 한 걸음 나아갈 수 있는 용기를 얻게 되기를 바라고 있다.

---

1) K-mooc(https://www.kmooc.kr/view/course/detail/2211?tm=20250120120123)

## 2. 수업을 통해 경험한 대학생들의 통일 인식 변화

「통일한국개론」 수업의 세 번째 책임교수를 맡아 진행하고 있는 필자는 학생들이 과연 이 수업을 듣고 통일에 대한 인식이 어떻게 변화하는지에 대한 관심을 가지고 자료들을 모으게 되었다. 수업 첫 날 학생들은 이 수업에서 무엇을 다루는지 오리엔테이션을 통해 소개받은 후, 각자 이 수업에 들어오기 전까지 통일에 관해 어떤 생각을 하고 있는지를 조별로 나누게 된다. 학생들은 "통일은 [          ] 이다"라는 문구 안에 어떤 단어나 표현을 넣기 원하는지 적어 보고, 4인 1조로 토론을 하면서 다른 학생들과 자신의 생각과 의견을 공유한다. 이러한 활동은 16주 차 마지막 시간에 동일한 활동으로 이어져서 학생들은 수업을 들으면서 통일에 대한 자신의 생각이 어떻게 바뀌어 갔는지 다시 한번 적어 보는 시간을 갖는다. 학생들은 매 수업을 마친 후 소감문(Reflection paper)을 작성하게 되는데 1주 차와 16주 차의 소감문을 통해 학생들의 통일 인식에는 과연 변화가 있는지 스스로 설명하는 기회를 갖게 된다. 이러한 방식으로 지난 3학기(2023년 2학기, 2024년 1 · 2학기)의 자료를 모아 간단한 분석을 한 결과 다음과 같은 결론에 이를 수 있었다.

통일에 관한 다양한 인식에 대해 네모 안에 적어 넣은 내용을 코딩하여 어떤 단어들이 포진되어 있는지 살펴보았다. 통일에 대한 학생들의 인식을 분류해 보았을 때 긍정적, 중립적, 부정적 세 가지 방향으로 코딩이 가능하였다. 세 학기의 내용을 정리해 보았을 때, 수업 시작 1주 차에는 학생들의 통일에 대한 긍정적 인식이 70.2%, 중립적 인식이 7.8%, 부정적 인식이 21.8% 정도 되었다면, 수업이 끝난 후 16주 차에서는 긍정적 인식이 89.2%로 증가하였고, 중립적 인식은 4.6%로 감소하였으며, 부정적 인식도 6.4%로 감소하였다. 즉, 중립적 인식과 부정적 인식이 19% 정도로 통일에 대한 인식이 긍정적으로 변화하였음을 알 수 있다. 그러나 이 자료들은 엄격하게 적용된 연구 절차를 통해 얻어진 통계적 유의성을 살펴보는 결과라기 보다는 수업을 통한 변화의 양태를 보여 주는 데이터를 통해 기술적으로 살펴본 결과임을 이해해야 한다.

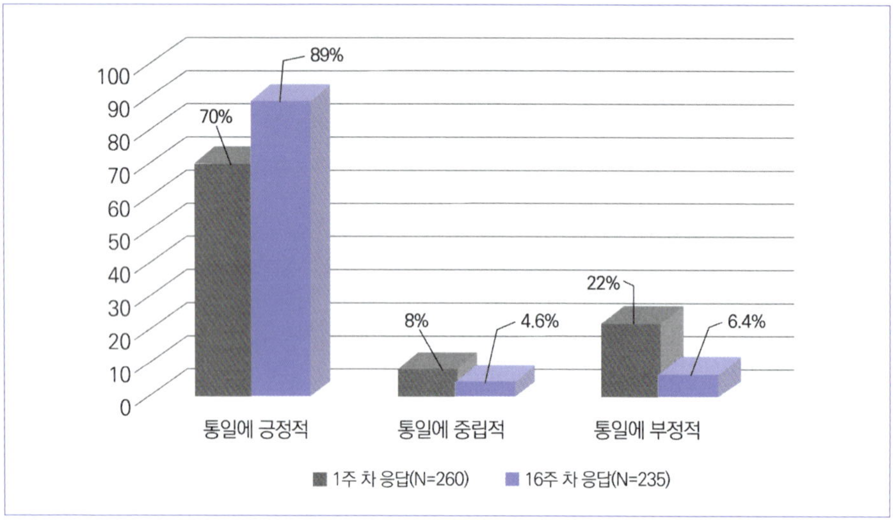


[그림 1] 동일한국개론 수업 후 통일 인식 변화

학생들의 변화 양태를 더 자세히 알라보기 위해 워드클라우드를 살펴 보았다. 통일에 대한 긍정적 인식에 있어서도 수업을 듣기 이전에는 통일은 무조건 좋다고 여기는 무조건 긍정과 해야만 한다는 당위성을 지니고 있었다면, 수업을 들은 후에는 어려워도 해볼 수 있는 가능성이 있는 과제와 소명으로 받아들이며, 현재의 준비성을 강조하는 측면이 증가되었음을 알 수 있다. 가장 눈에 띄는 부분은 통일은 해야 할 숙제이며, 당위적으로 해야 하는 것이라고 표현하면서도 어렵고 먼 미래의 일이라는 생각이 컸다고 볼 수 있다. 그러나 16주 차가 지난 후의 단어들을 살펴본다면 다가올 미래, 구체적인 준비, 필요한 일, 시대적 사명 등으로 보다 현실감을 가지고 통일을 지금 여기서부터 준비해야 한다는 측면이 강조되고 있음을 알 수 있다.

1주 차 워드클라우드(N=260)

16주 차 워드클라우드(N=235)

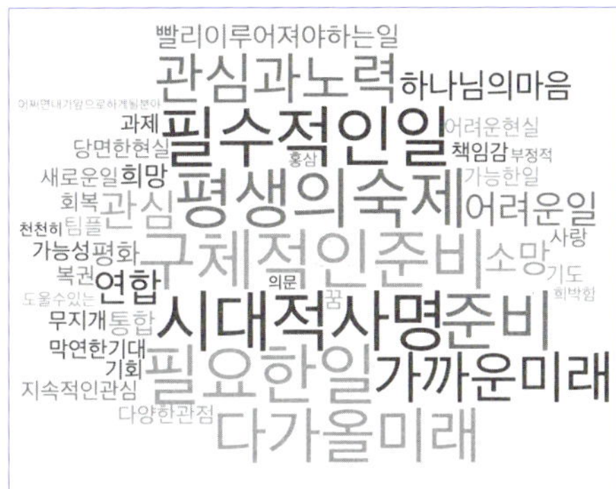


[그림 2] 통일한국개론 수업 전후의 통일 인식 워드클라우드 비교

한동대학교는 기독교 학교이자 민족적 사명의 차원에서도 통일에 대한 관심이 교내에 높은 편이다. 이에 더하여 통일한국개론 수업을 듣는 학생들은 적어도 통일에 대해 진지하게 한 번쯤은 생각해 본 적이 있을 것이며 그 관심도가 상당히 높은 대상이라 볼 수 있다. 객관적 지표나 자료와 비교한 조사 결과를 가지고 있지 않은 상황에서 섣불리 단정하기는 어렵지만 수업을 듣기 이전에도 통일에 대해 긍정적 생각을 가진 이들이 70% 정도 되었다. 이는 대학생들의 통일 인식에 관한 기존의 다른 자료들과의 비교연구들이 향후 필요할 것이다. 그러나 수업을 통해 다양한 전공의 교수들과 그동안 진행된 연구와 관심사를 나누며 실제적이고 현실적 차원의 통일에 대해 듣고 생각하는 시간을 가지는 동안 학생들은 통일은 준비되어야 한다는 사실에 대해 충분히 공감하게 되는 것으로 보인다.

이러한 경험은 통일한국개론을 듣는 학생들에게 뿐만 아니라 이 책을 읽을 독자들에게도 같은 마음으로 다가서고 있음을 이해해 주었으면 한다. 적어도 이 책을 읽고 한 번쯤 더 통일시대에 대해 진지하게 마음을 열고 생각해 본 후 이를 통해 구체적이고 현실적인 차원에서 지금 여기 우리는 무엇을 어떻게 시작하고 준비해야 하는지 조금이나마 발전적인 안목이 생기기를 고대한다.

통일교육의 장에서 실질적으로 통일과정에 기여하는 인재를 키우는 일은 쉽지만은 않다. 그러나 너무나 중요한 일이기에 그냥 손을 놓고 있을 수만은 없다. 이 일을 해나감에 있어서 계속되는 시도와 변화를 위한 용기를 가지고 나가야 할 일이라 생각된다. "Why Not? 통일한국!"은 그러한 마음을 가지고 통일한국의 시대를 열기 위해 마음을 여는 하나의 시도가 담긴 책이 되기를 바라며 이제 첫 번째 강의부터 시작하여 본다.

첫 번째 강의

# 시대적 사명으로서의 통일

송인호

**송인호**

한동대학교 법학부 교수

한동통일평화연구원장


한반도에 살아가는 모든 사람이 인간으로서의 존엄과 가치가 존중받을 수 있는 날을 꿈꾸며, 씨를 뿌리는 마음으로 소명의 길을 걸어가고 있다.
제45회 사법시험에 합격하고 통일법 분야를 주제로 연세대학교에서 법학박사학위를 받았다. 법무법인 로고스, 법무법인 소명 변호사, UC Berkeley Lawschool Visiting Scholar, 한동대 교수협의회 회장, 일반대학원장 등을 역임했으며, 현재 한동통일평화연구원장으로 재직 중이다.
대통령 직속 민주평화통일자문회의 상임위원(통일·안보분과), 국회 외교통일위원회 입법지원위원, 통일부 통일법제추진위원회 위원, 법무부 법무자문위원회 남북법령연구특별분과위원, 국가인권위원회 북한인권포럼 위원, 대한변호사협회 북한이탈주민법률지원위원회 위원, 서울지방변호사회 인권위원 등 정부 및 민간 분야의 통일법제 자문위원으로 활동해 왔다. 통일법제 분야의 공로를 인정받아 2022년 통일부장관 표창, 2019년 법무부장관 표창을 수상한 바 있다. 관련 주요 저서로는 『통일법강의(개정3판)』(2023)가 있다.

# 시대적 사명으로서의 통일

## I 시대적 사명으로서의 통일 준비

### 1. 시대적 사명으로서의 통일

인간에게는 개인적 사명과 시대적 사명이 있다. 이 중 **시대적 사명**이란 일정한 시대를 살아가는 동시대의 사람들에게 주어진 공동체적 사명을 말한다.

기독교 성경의 구약 창세기와 출애굽기를 살펴보아도 하나님께서 각 세대에게 각기 다른 시대적 사명을 주신 것을 알 수 있다. 먼저 모세로 대표되는 출애굽세대에게는 노예생활을 벗어버리고 하나님께서 약속하신 새로운 나라인 가나안 땅으로 출발하는 사명을 주셨고, 그 다음 세대인 광야세대에게는 가나안으로 나아가서 새로운 나라를 건설하라는 사명을 주셨다. 그리고 이후 사사세대에게는 새로운 나라를 하나님 앞에서 바르게 계승해 나가라는 사명을 주셨다.

성경에는 **이스라엘 민족의 각 세대가 이러한 사명을 잘 감당을 했는지** 아니면 그렇지 못했는지 그리고 그로 인해 초래된 결과들이 자세히 나타나 있다.

지난 100여 년간 우리나라의 경우를 돌아보아도 비교적 뚜렷하게 이러한 각 세대의 시대별 사명이 나타난다. 근대국가 건설, 나라의 독립, 전쟁으로부터 자유민주주의의 가치와 국가의 생존을 지키는 일, 가난 극복 및 경제 발전,

정치적 자유와 민주주의의 발전이 바로 그것이다. 그리고 적어도 해방 후 각 세대들은 각 세대별로 그 시대적 사명을 훌륭히 이루어 냈다고 생각한다.

국가적 생존, 경제적 번영, 민주주의와 자유와 같은 시대적 사명에 헌신한 이들이 있었기에 지금 이 시대를 살아가는 이들은 100년 전 조선시대 말기에는 상상도 못했을 **자유와 풍요**를 누리며 살아가고 있다. 이러한 '역사적 빚진 자의 의식'을 바탕으로 앞으로 이 땅을 살아갈 세대의 사명은 무엇인지 생각해 보자.[2)]

## 2. 우리 시대 사명으로서의 통일

'통일' 이것은 앞으로의 시대적 사명이라고 생각한다. '통일'이라는 이야기가 굉장히 진부해 보이는 주제일 수도 있고, 최근 통계에서 '통일이 안 되어도 상관없다' 아니 '통일이 안 되는 편이 더 낫다'는 여론이 점점 늘어가고 있지만, 그럴수록 '통일'이 원하든 원치 않든 피할 수 없는 지금 이 시대를 살아가는 세대의 사명임을 더욱 더 분명하게 인식해야 한다.

각 세대에게 주어진 역사적 사명을 제대로 감당하지 못하면 그것은 바로 그 세대 본인 및 다음 세대에게 역사적 아픔으로 다가오게 되는 것이다. 이는 우리가 각 개인으로 따로 따로 살아가는 존재가 아니라 **역사적으로 또한 공동체적으로 '함께' 살아가도록 지어졌기 때문**이다.

마찬가지라고 생각한다. 우리가 '통일' 또는 '통일에 준하는 변화'라는 시대적 사명을 제대로 감당해 내지 못한다면 이는 우리 다음 세대에게 치명적인 피해를 초래할 수 있다. 즉, 통일, 북한 이슈는 우리의 다음 세대, 우리의 아이들을 위한 문제인 것이다.

---

2) 이하 저자의 책(『통일법 강의 제3판』)의 내용을 발췌 및 요약 정리하였음을 밝혀둔다.

현재 북한의 상황을 생각하면 참으로 마음이 답답해지는 것이 사실이다. 많은 전문가가 공통적으로 북한은 **유교와 공산주의**를 합쳐 놓은 것과 같은 정치체제로서 한마디로 말해서 '봉건적 공산 왕조국가'와 다름없다고 한다. 실제로 북한은 이미 1960년대 북한 주민들 전체를 3계층 51개로 분류한 후 계급제 사회로 40여 년간을 지내왔다. 이러한 이유로 인해서 북한 주민이라 할지라도 각자의 계층적 위치와 지역에 따라서 북한 사회에 대한 이해도와 충성도가 현저히 차이가 있다. 또한 성경의 십계명처럼 1960년대 말 '당의 유일사상 체계(유일적 영도체계) 확립의 10대 원칙'을 만들었고, 이 원칙에 따라 북한은 김일성 가계가 신적 권위를 갖고 우상화되는 3대 세습 · 종교적 왕조국가가 되어버렸다. 이 10대 원칙은 북한에서는 헌법보다도 더 상위규범이고, 김일성 가계를 우상화하는 내용으로 되어 있다. 또한 북한은 이른바 '혁명적 수령관', '사회적 생명체론', '사회주의 대가정론' 등을 통해 인민대중은 사회정치적 생명체를 이루고 그 핵심은 뇌수인 수령이라고 하고 있다. 이러한 북한의 수령체제를 두고 과거 1960년대 주체사상의 창시자라고 알려진 황장엽 전 김일성대 총장은 '스탈린주의적 독재사상에 동양의 봉건적 가부장적 전체주의 사상을 접목한 것'이라고 평가하고 있다. 이를 두고 아예 종교적 봉건왕조라고 평가하기도 한다.

이러한 북한 사회의 현실을 깊이 바라보면 참으로 형용할 수 없는 아픔과 안타까움이 느껴진다. 몇 년 전 탈북한 태영호 영국주재 북한공사는 '통일은 북한 주민들을 노예 상태에서 해방시켜 주는 노예해방'이라고 말하기도 했다. 비록, 경제적 측면에서 평양 등 일부 도시지역은 우리의 1980년대 수준으로 올라왔지만 아직 지방의 현실은 우리가 상상할 수 없을 정도로 열악하다.

이러한 북한의 현실을 알게 되면 알게 될수록 차라리 '통일하지 않고 그냥 분단된 채로 북한은 점진적으로 잘 살게 도와주는 정도로 하고 남한은 따로 발전하는 것이 더 좋다'고, '그렇게만 되면 굳이 통일은 필요 없지 않은가'라고 생각을 할 수도 있다. 하지만 통일 또는 통일에 준하는 변화는 이제 우리의 선택의 문제가 아니라, '필연'의 문제가 될 수 있다. 1990년대 중반 2~3백만 명이 굶어 죽었다고 알려진 이른바 '고난의 행군 시기'를 전후하여 태어나 체제에 대한 충성도가 기성세대에 비하여 현저히 약한 '장마당 세대'가 앞으로 10년, 20년 후 북한 사회의 주역이 되면 북한의 세습독재체제도 언젠가는 자의 반 타의 반으로 변할 수밖에 없으며, 그때의 남북관계는 지금과는 매우 다르게 진행될 가능성이 높다. 북한당국이 2020년대 들어 반동사상문화배격법, 평양문화어보호법, 청년교양보장법을 제정하면서 청년들의 사상을 통제하려는 시도 자체가 청년층의 민심 이반의 증거라고 할 수 있다. 즉, 우리가 원하든 원하지 않든 남북한을 하나로 묶으려 하는 구심력이 어느 시점에서는 더 강해질 수 있는 것이다. 최소한 현재와 같은 남북관계가 근본적으로 달라질 가능성이 높다. 다시 말해, 일회적인 사건으로서의 즉각적인 통일이 아니더라도 수십 년의 시간을 두고 남북한이 단일 국가(또는 유럽연합 EU와 같은 형태)로서 점진적으로 합쳐질 가능성은 매우 높다.

이렇게 긴 역사적 관점에서 바라볼 때 남북관계가 결국 통일의 흐름으로 흘러갈 가능성이 높다면 우리가 해야 할 일은 분명하다. 즉, 통일은 찬반론이나 당위론이 아니라 예측과 대비의 측면에서 접근해야 한다.

## 3. 통일 대비 10만 사명자 양성

현실적 측면을 생각할 때도 통일 이슈가 한반도에 새로운 활력을 끌어낼 동력이 될 수 있다. 우리나라의 1960년대 수준에도 못 미치는 북한의 사회·경제적 인프라에 비추어 볼 때, 북한의 변화와 그에 발맞춘 남한 인력의 지원은 과거 우리의 고도 성장기를 초월하는 새로운 성장의 시대를 가져올 수 있다.

이러한 경제적 측면과 아울러 동북아시아의 평화의 관점에서도 통일 또는 통일에 준하는 변화를 통한 한반도의 안정이 필요하다. 역사적으로 한반도가 역사적으로 안정화되지 못했을 때 중국, 러시아 그리고 일본의 대립 가운데 전쟁 등 갈등의 피해를 당해왔다. 가까운 과거사를 보더라도 청일전쟁, 러일전쟁이 한반도 내에서 있었고, 또 더 거슬러 가면 명나라와 일본이 임진왜란 당시 이 땅에서 전쟁을 벌였다.

지금도 마찬가지이다. 통일 또는 통일에 준하는 변화가 이루어지고 한반도가 어느 정도 국력을 갖추고 안정화되지 못하는 이상 동북아시아는 늘 불안할 수밖에 없다. 이런 측면에서 남북통일은 중국, 일본, 러시아를 포함한 동북아의 평화를 위해서도 반드시 필요하다. 북한의 사회 · 경제적 상황이 남한은 1960년대 초반 수준에 불과하기 때문에 통일 과정에서 또한 통일 후 북한 측에서 필요한 분야는 정말 무궁무진할 것이다(예 토목, 북한 댐 하천 정비). 따라서 이제는 급속한 통일이든, 점진적 통일이든 상관없이 이제는 통일에 대한 사명감을 갖춘 사람들에게 북한의 사회 · 문화에 대해 가르치고, 그들과 어떻게 어울리며 민주주의, 시장경제, 의료, 건축, 법제 등 필요한 전문 지식을 전할 것인지 가르쳐야 한다.

이제는 정부나 정치권뿐만 아니라 민간 영역에서도 마치 조선시대 의병이 된 심정으로 정부가 하지 못하는 분야 또는 준비가 부족한 분야에 대해서는 내가 준비해야겠다는 각오로 준비할 필요가 있다. 이제는 임진왜란 직전 율곡 이이가 주장한 10만 양병설과 같이 통일을 준비하는 10만 명의 전문 인력, 지원 인력을 준비해야 할 시기이며, 바로 그 준비 여부에 통일의 성패가 달려 있다고 할 수 있다.

# Ⅱ 북한을 바라보는 관점

## 1. 북한에 대한 이해

### 1) 북한의 체제이념에 대한 이해

북한의 체제이념은 인민민주주의 원칙, 민주주의(민주적)중앙집권제의 원칙, 당의 영도의 원칙 그리고 수령의 유일적 영도의 원칙으로 설명된다. 인민민주주의 원칙과 민주주의중앙집권제의 원칙, 당의 영도의 원칙에 따라 자유민주주의 국가에서 인정되는 '권력분립의 원칙'은 부정되며, '당'을 중심으로 한 '권력집중의 원칙'이 지배하게 된다. 그런데 처음 세 가지 원칙은 공산주의 국가의 공통된 원칙이지만, 마지막 수령의 유일적 영도의 원칙은 북한 특유의 원칙으로 추가된 것이다.

북한 사회는 1956년 8월 종파사건과 1967년 5월 갑산파 숙청사건을 계기로 1인 독재체제가 수립되게 된다. 특히 1967년부터 1972년 사이에 행해졌던 대규모 숙청과 북한판 분서갱유로 일컬어지는 김일성 유일사상 이외의 모든 학문, 예술 등에 대한 탄압으로 북한은 1당 독재에서 1인 독재를 거쳐 1인 우상화, 1인 가계의 신격화가 시작되었다. 그리고 그 결정판이 헌법보다 더 우월적 효력이 있는 1967년부터 1970년대 초에 걸쳐 확립된 '당의 유일사상체계 확립의 10대 원칙(10조 65개 조항)'이다. 이 원칙은 전문과 10개 조 65개 항으로 이루어져 있으며 마치 성경의 십계명과 같이 김일성의 모든 것을 우상화하는 내용으로 되어 있다. 특히 제8조에서는 '위대한 수령 김일성 동지께서 안겨주신 정치적 생명을 제일생명으로 여기고 생명의 마지막 순간까지 자기의 정치적 신념과 혁명적 지조를 굽히지 말아야 하며, 정치적 생명을 위해서는 육체적 생명을 초개와 같이 바칠 줄 알아야 한다.'라고 규정하여 정치적 생명이 개인의 육체적 생명보다 중요하다는 이른바 북한식 인권관을 나타내고 있다. 한편 이 10대 원칙은 2013년 6월 '당의 유일적 영도체계 확립의 10대 원칙'이란 이름으로 변경되었으며(10개 조 60개 조항), '김일성 민족, 김정일 조선'이라는 표현을 사용하고 있다. 이렇게 10대 원칙으로 대표되는 '수령의 유일적 영도 원칙'은 북한 체제를 정당화하는 이념적 근거가 되고 있다.

이렇게 북한의 체제이념, 국가의 지도 원칙 등을 종합적으로 검토하여 실질적인 관점에서 북한의 규범체계의 효력순위를 설명하면 헌법보다 당의 지시, 당 규약, 유일사상 10대 원칙, 김일성 가계(국무위원장)의 명령, 지시가 더 우위에 있다고 정리할 수 있다.

### 2) 북한의 인권 침해 현실

이러한 체제하에서 정치범 수용소로 상징되는 북한 사회에서 벌어지는 인권 침해(특히 북한 기준의 하층계급에 대한 인권 침해)는 매우 광범위하다. 유엔총회는 2005년부터 매년 북한인권결의안을 채택해 왔으며, 유엔 북한인권조사위원회(COI : Commission of Inquiry)는 2014년 2월 17일 "북한 당국이 최고 지도층의 정책과 결정에 따라 조직적이고 광범위하며 심각한 반인도범죄(crimes against humanity)를 사행해 왔고, 자국민을 보호하지 못하고 있기 때문에 국제사회가 보호책임(R2P)을 부담해야 하며 유엔 안전보장이사회에서 북한 당국의 책임자를 국제형사재판소(ICC : International Criminal Court)에 회부하거나 유엔임시재판소(ad hoc tribunal)를 설립하여 회부해야 한다."는 내용의 최종 보고서를 발표하면서[3] 북한의 인권 유린 상황은 과거 제2차 세계대전 당시의 '나치' 치하의 상황에 비유하기도 했다.

3) Report of the Commission of Inquiry on Human Rights in the Demo-cratic People's Republic of Korea, H.R.C., U.N. Doc. A/HRC/25/63 (Feb. 7, 2014) ; Report of the Detailed Findings of the Commission of Inquiry on Human Rights in the Democratic People's Republic of Korea, H.R.C., U.N. Doc. A/HRC/25/CRP.1 (Feb. 7, 2014)

즉, 북한의 현 정권 지도부는 이제 국제사회에서 히틀러의 나치와 동급으로 여겨지고 있다. COI의 권고를 바탕으로 국제사회의 논의는 기존의 '북한 인권 개선 촉구'라는 의미에서 '북한정권의 책임자에 대한 국제형사재판소 회부'라는 법적 책임의 문제로 한 단계 더 심화되었다. 이러한 국제사회의 움직임은 이제 북한 인권 문제가 국제사회에서 단순히 한 국가 내의 인권 개선 촉구의 문제를 넘어서 이른바 '체제불법청산(과거 청산)'의 문제로 인식되기 시작하였다는 것을 의미한다.

### 3) 신분제 사회의 특징

북한 사회의 대표적인 특징이 바로 북한 사회가 신분제 사회라는 점이다. 북한은 공산주의 사회의 계급적 사고를 더욱 발전시켜 1958년부터 주민성분조사사업을 실시하여 전 국민을 3계층 51개로 분류하여 출신 성분(계급계층, 북한말로 '토대')에 따라 배급, 주거, 직장, 승진 등 사회 모든 영역에서 연좌제적 성격의 엄격한 차별을 하고 있는 신분제 사회를 이루고 있다. 계층별 비율은 대략 1 : 1.5 : 1 정도라고 추측되며, 1990년대의 경제난 등의 영향으로 종전 3계층 51개 부류를 45개 부류로 변경하였다는 연구도 있다.

또한 북한 내 함경도와 평안도 간의 지역 갈등은 남한 내의 지역 갈등보다 훨씬 더 심하다고 평가되고 있다. 이 외에도 전체적인 북한 사회의 특징으로는 군대식 조직제도와 유사종교집단화로 설명할 수 있다. 북한은 1960년대부터 기업소 등의 행정과 생산구조를 군대식 체계로 개편하였고, 김일성 혁명사상 학습을 위해 주간생활총화, 수요강연회, 아침독보회, 월요학습 침투, 새벽참배와 같은 종교 예식과 유사한 형식을 체계화하고 있다.

다른 한편으로는 남녀 차별적인 성격이 상당히 강하여 여성들의 경우 사회생활과 가정생활에서 이중의 고통을 겪고 있다고 평가되고 있다. 또한 독재국가에 나타나는 보편적인 현상인 부패 정도가 매우 심하여 대학입시 등에서 뇌물이 공공연히 성행한다고 알려져 있으며, 사실상의 사유화, 시장화 현상과 더불어 이른바 뇌물경제가 하나의 경제 시스템화되었을 정도라고 한다.

비록 지금도 공식적으로는 당의 유일사상 10대 원칙과 같은 체제이념이 북한 사회를 지배하고 있으나 1990년대 중반 고난의 행군 시기 이후에는 공교육 체계의 붕괴로 체제이념 교육의 강도가 이전에 비해 사실상 낮아졌으며 북한 주민들의 반체제의식 및 시장의 확대로 인한 생산수단의 사실상 사유화, 시장경제 익숙도 정도가 상당한 수준으로 높아졌다고 평가되고 있다. 또한 평양의 고위층 사이에서도 역시 김일성 가계의 세습체제에 대한 불만이 고조되고 있다고 한다. 이렇게 1990년대 중반 이후 북한에서는 평양 등 일부 특권층을 제외하고는 사회주의 국가의 상징이라고 할 수 있는 배급제가 붕괴되었으며 일반 주민들의 경우 이미 20년이 넘는 시간 동안 어느 정도 시장경제질서가 내부적으로 형성된 상태이다.

이렇게 북한 사회의 내부 특징을 살펴보면 특히 수십 년간 신분제 사회를 유지하고 인권 침해가 심했던 북한 사회의 특수성에 비추어 볼 때 통일 과정에서 남북 주민 사이의 갈등뿐만 아니라 북한 주민 상호 간의 인권 침해 가해계층과 피해계층 간의 갈등, 즉 북북 갈등이 큰 쟁점이 될 수 있음을 알 수 있다.

#### 4) 남북관계의 현실

남북 분단은 당시 시대적 조류 즉, 공산주의 이념과 자유민주주의 이념 간의 양분된 세계 질서 속에서 강대국의 주도하에 타율적인 힘이 강하게 작용한 사건이다. 그러나 그러한 상황 속에서도 남한의 경우는 이후 정부수립 과정에서 제한적이나마 미군정 및 미국의 이익에 반하는 주장을 하는 자주성을 보였으나, 북한에서는 스탈린의 지시와 통제에 따라 동구권 위성국가의 성립과 마찬가지로 정부가 수립되었다. 단적으로 김일성이 해방 당시 소련군 88

여단 대위의 신분이었다는 점이 상징적으로 이를 드러내 준다. 이러한 남북한의 분단 과정과 6 · 25 전쟁(한국전쟁)에 대해서는 1970~1980년대를 거치며 여러 논란이 있었으나 1990년대 초반 한반도 분단과 6 · 25 전쟁에 관련된 소련의 비밀자료(대표적으로 소련군정 사령관이던 스티코프(Terenti Fomitch Stykov)와 레베데프(Nicholas G. Lebedev)의 비망록과 당시 소련군 총정치국장 슈킨(Shikin)의 보고서)들이 대거 공개된 후 스탈린과 소련이 북한 정권 수립에 얼마나 직접적으로 관여하였는지가 밝혀지며 정리된 바 있다.

한편, 분단 후 수십 년이 흐르면서 북한은 1956년 종파사건, 1967년 갑산파 숙청사건 이후 김일성 유일사상체계가 전개되었고 3대 세습, 정치범 수용소, 300만 명 아사로 상징되는 세계 최고의 인권탄압국가가 되었으며, 남한은 한강의 기적으로 상징되는 경제발전(산업화)과 4 · 19 혁명, 5 · 18 민주화운동, 6 · 10 항쟁 등을 통한 민주화를 통해 OECD 회원국인 정치 · 경제 선진국이 되었다. 분단 50년 후, 남한은 OECD에 가입한 바로 그즈음 북한이 경제 실패로 인한 식량난으로 수백만 명이 굶어 죽는 비극이 발생하였다는 점은 우리에게 깊은 시사점을 준다고 할 것이다.

분단 이후 남북한의 역사를 정리해 보면, 해방 후 북한에 유입된 공산주의 사상은 김일성의 독재와 반대파에 대한 인권 유린을 체제이념상 뒷받침해 주었으나 반면에 남한이 건국 당시 채택한 자유민주주의 사상은 이후 정권의 독재를 뒷받침해 주는 것이 아니라 오히려 그러한 독재가 체제이념상 틀렸다고 비판하게 하였음을 알 수 있다. 즉, 대한민국이 처음 택한 '자의적 지배, 폭력적 지배, 1인 독재, 1당 독재를 배제하고 기본적 인권의 존중, 민주주의, 법치주의, 권력분립, 의회제도, 복수정당제, 기본권 존중, 사유재산권 보장' 등을 목표로 하는 자유민주주의 헌법정신은 이후 이를 훼손하는 개정이 있었다고 하더라도 헌법이라는 이름만으로 그러한 개정을 정당화하는 것이 아니라 오히려 그러한 헌법 개정이 잘못된 것이라고 비판하는 역할을 수행했던 것이다.

결국 인간의 존엄성 존중, 자유와 인권의 증진이라는 보편적 관점에서 바라볼 때, 분단 과정 및 이후 남북한의 체제이념 문제는 단순히 '다름'의 문제가 아니라 '옳고 그름'의 문제였던 것이며 그리고 그 결과가 분단된 지 약 70년이 흐른 후 나타났다고도 평가할 수 있다. 북한에서 발생했던 역사적 비극이 다시 반복되지 않기 위해 우리가 냉철하게 인식해야 하는 부분이다.

## 2. 북한을 바라보는 관점

우리 현대사의 시대적 아픔들 속에서 각 세대의 사명을 감당해 오는 과정에서 언제부터인가 우리 가운데 필요 이상의 갈등과 분열, 증오가 자라기 시작했다. 그 영향으로 편을 가르고, 내 편은 무조건 옳고, 네 편은 무조건 그르다는 식의 '맹목적인 진영의 논리', '편 가르기의 논리'가 '합리적인 대화와 소통'을 가로막는 요인이 되기도 한다.

새로운 통일의 시대를 열어가야 할 지금 이 시대, 굴곡지고 힘들었던 지난 100여 년의 현대사에서 새로운 이정표를 열어가야 할 매우 중요한 지금 이 시기에, '친구' 아니면 '적'밖에 없다는 '편 가르기의 논리'가 사회 전반을 좌우한다는 것은 자칫 지금 이 시대의 시대적 사명을 놓치게 만들고, 다시 다음 세대들에게 또 다른 현대사의 아픔을 전해주게 되지 않을까 심히 걱정스런 마음이다. 이러한 갈등이 북한을 바라보는 시각과 통일 문제에 대해서도 그대로 드러나기도 한다. 그렇다면 우리의 책임을 다하기 위해서 북한과 통일 문제를 어떠한 관점에서 바라보아야 할까?

### 1) 보편적 인권 존중의 원칙

우선 2차 세계대전 이후 인류가 보편적으로 발전시켜 온 '인간의 존엄성 존중', '보편적 인권'의 관점에서 원칙을 분명히 세울 필요가 있다. 이런 관점에서 1960년대 말 이래로 자신이 스스로 신적인 위치에서 '종교적인 유일사상'을 강요하며 가르치고 있는 체제, 전 국민을 3계층 51개 부류로 분류한 고도의 신분제 사회, 수십만 명의 인권이 유린되고 있는 정치범 수용소를 정당화하고 있는 체제에 대해서는 단호히 잘못되었다고 말할 수 있어야 한다.

구약성경 에스겔서 3장 18절에서 "내가 악인에게 말하기를 너는 꼭 죽으리라고 할 때 네가 악인을 깨우쳐 주지 아니하거나 말로써 악인에게 타일러서 악한 길을 떠나 생명을 구원받도록 경고해 주지 않으면 그 악인은 그의 죄악 중에서 죽으려니와 내가 그의 죽은 책임을 네 손에서 찾을 것이다"라고 말씀하신 것을 기억해야 한다. 즉, 악인에게 '너의 그 행동은 악한 것이니 하나님께서 심판하시기 전에 돌이키라'라고 이야기해 주는 것이 원수를 사랑하는 진정한 자세이며 우리에게 그렇게 할 책임을 맡기신 것이다. 북한 기층주민뿐만 아니라 그 지배층까지도 진정한 형제라고 생각을 한다면 북한 지배층에게도 더욱 더 하나님의 심판이 임하기 전에 그 악한체제에서 돌이키라고 부드러우면서도 때로는 단호하게 이야기할 수 있어야 한다.

수십 년간 핍박을 받아온 수백만 명의 북한 기준 하층계급의 마음을 헤아리지 못한 가벼운 사랑과 용서의 주장은 또 하나의 2차 가해가 될 수도 있다는 점을 주의해야 한다. 즉, 먼저 피해자들의 아픔을 헤아려 함께 울어주고 애통해하면서 그들의 마음을 신원해 주고자 노력하는 자세가 필요하다.

이와 같은 북한 인권 이슈의 관점은 최근 문제되는 북한 비핵화 국면에서도 중요하다. 흔히 비핵화만을 대북제재와 연계하여 이해하기 쉽지만 북한 인권 문제는 대북제재 해제 요건으로서도 중요하다. 4차 핵실험 이후 2016년 2월 공포된, 이른바 미국의 「북한 제재 및 정책 강화법(North Korea Sanctions and Policy Enhancement Act of 2016[H.R.757])」에 따르면 미국의 대북제재 해제는 북한의 '비핵화'뿐만 아니라 '북한 인권 등'에 관한 '중대한(상당한) 진전'이 있었을 때 비로소 가능하도록 되어 있다.

동법 제401조에서는, 대북제재 1년 유예 요건으로 ① 미국 달러 위조 중단, ② 돈세탁 방지, ③ 유엔 안보리 결의 준수(핵 검증 포함), ④ 억류자 송환, ⑤ 인도적 지원 감독에 대한 국제 규약 준수, ⑥ 정치범 수용소 생활환경 개선 등의 진전(progress)이라는 여섯 가지 요건을 규정하고 있다. 또한 위 법 제402조에서는 대북제재 완전 해제 요건으로 위 여섯 가지 요건과 함께, ① 완전하고 검증 가능하고 비가역적인 비핵화(화학, 생화학 무기 및 프로그램 포함), ② 정치범 수용소의 모든 정치범 석방, ③ 평화로운 정치적 활동에 대한 검열 중단, ④ 투명하고 열린 사회 수립, ⑤ 억류자 석방(유해 송환 등) 등 다섯 가지 사항 모두에 대한 '중대한(상당한) 진전(significant progress)'이 있어야 한다고 규정하고 있다.[4] 즉, 비핵화가 가장 중요한 사안이지만 북한 인권 개선 등 나머지 사안에 대해서도 북한 측이 개선 조치를 내놓아야 대북제재 완전 해제가 가능한 구조인 것이다.

이렇게 북한 인권, 비핵화, 대북제재 해제는 모두 관련된 이슈임에도 불구하고 국내에서는 북한 인권 이슈는 비핵화, 남북관계 개선과 무관하거나 후순위로 다루어져야 할 사안, 심지어 남북관계 개선의 방해 사안으로 오인되고 있는 것은 매우 안타까운 일이다. 국제사회 중에서도 특히 EU, 즉 유럽이 북한 인권 문제에 있어서는 미국보다 더 강경한 자세이다. EU 등 국제사회는 인권 이슈를 매우 중요시한다. 이는 그들 스스로 나치 등에 의해 행해진 과거 인권 침해 사건에 대한 반성으로 제2차 세계대전 이후 1948년 세계인권선언 등 인권 이슈를 국제 외교에서 비중 있게 다루려는 경향이 있기 때문이다. 제2차 세계대전 이후에는 자유권을 침해하는 보편적 인권 문제는 한 나라의 주권을 뛰어넘는 국제사회가 개입해야 하는 문제로 인식되고 있다.

이런 측면에서 살펴볼 때, 통일 문제는 단지 민족적인 이슈가 아니라 수천

4) North Korea Sanctions and Policy Enhancement Act of 2016

년간 흘러온 인류 보편의 역사 발전 즉, 인간 존엄성 존중, 압제로부터의 해방, 자유 회복의 역사가 이 한반도 북단에서도 이루어지는 인류 문명사의 발전을 의미한다고 볼 수 있다. 북한에서 벌어지고 있는 참상이 다시는 이 한반도에 반복되지 않기 위해 위해서는 힘들지만 북한 인권 문제를 직시하고 기억해야 한다. 이것이 지난 70년간 먼저 '자유민주주의'와 '인간의 존엄'의 정신을 지키고 발전시켜 온 대한민국의 사명이자 책임임을 잊지 말아야 할 것이다.

### 2) 인간에 대한 긍휼

이렇게 북한의 본질적인 현실을 기억하며 애통한 마음, 책임감을 마음에 품으면서, 우리는 또한 북한의 가해자 계층 사람들 자체를 사탄과 동일시하거나, 증오의 마음을 품어서는 안 된다.

"내가 어찌 악인이 죽는 것을 조금인들 기뻐하랴 그가 돌이켜 그 길에서 떠나 사는 것을 어찌 기뻐하지 아니하겠느냐"라고 하신 에스겔서 18장 23절 말씀처럼 하나님께서 악인을 악하다고 경고하라고 하신 이유가 이들을 심판하고 영원히 벌주기 위해서가 아니라 그들로 하여금 돌이켜 구원을 받길 원하셨기 때문이라는 사실을 기억해야 한다.

특히 출생지를 선택할 수 없는 인간의 본질적 한계를 겸손히 직시해야 한다. 북한의 종교화된 강력한 세습 독재체제하에서 정권에 참여했다고 모두 일률적으로 판단할 수는 없을 것이다. 오히려 그렇게 강력한 독재체제이기에 다양한 상황을 고려해야 한다. 인간 본성의 윤리적 판단의식에 반하여 체제의 악성과 자신이 행위의 악성을 명백히 인식하면서도 체제를 유지 · 강화하고 인권을 유린하는 일에 앞장서서 조력한 자와 출생지를 선택할 수 없는 인간의 한계상 어쩔 수 없이 그 체제하에서 태어났다는 이유 때문에 체제 협력적 역할을 수행한 자를 구분하는 지혜와 배려가 필요하다. 즉, 사랑과 용서와 관용의 자세가 필요한 것이다.

이렇게 보편적 인권, 인간의 존엄성 존중이라는 원칙을 세우면서도 인간의 연약함에 대한 깊이 있는 이해의 자세, 이것이 십자가에서 사랑과 공의의 완성을 보여 주신 예수님의 모습을 따르는 균형 있는 북한관, 통일관이라고 생각한다. 이러한 관점에서 바라볼 때 현실적으로 갈등을 빚는 쟁점인 북한 인권에 대한 문제 제기와 남북의 평화적 교류 정책을 굳이 서로 대립적인 것으로 이해할 필요는 없다고 생각한다.

## Ⅲ 독일의 사례

### 1. 인권에 대한 문제 제기와 교류 협력 : 투 트랙(양 날개) 정책

역사적으로 사랑과 공의의 투 트랙 정책을 실증적으로 보여 준 예가 독일 통일의 사례이다. 흔히 독일 통일을 흡수통일이라고 하여 서독에 의한 일방적인 통일이라고 생각하지만, 실제 독일 통일 과정은 동서독 교류협력 과정을 통해 동독의 실상을 깨달은 동독 주민들의 아래로부터의 혁명과 이들이 주도한 통일 노력에 서독 주민들과 서독의 일부 정치인들이 정치적 결단을 통해 화납하여 이루어진 것이다. 1989년 봄부터 시작된 동독공산정권의 지방선거부정에 대한 항의 시위와 이를 신압하려던 동독공산정권의 실패, 그리고 기자회견의 실수가 겹쳐져서 하루 아침에 동독공산정권이 사실상 붕괴되고 동독 시민들이 선거를 통해 민주정권을 수립하고 이렇게 수립된 동독 최초이자 최후의 동독민주정권이 서독과 두 차례의 조약을 체결하여 1990년 통일이 된 것이다.

그리고 독일 통일의 뒤에는 비교적 일관되게 추진해 온 교류 협력과 안보를 토대로 한 인권에 대한 문제 제기의 '투 트랙' 정책이 있었다. 독일의 통일

과정이 우리에게 주는 대표적인 시사점이 바로 이러한 투 트랙 정책이 기민당(CDU)과 사민당(SPD) 간의 주기적인 정권 교체에도 불구하고 비교적 일관되게 추진되었다는 점이다. 서독 역시 동서독기본조약의 비준을 놓고 서독대표성을 포기하고 분단을 고착화하는 것이라는 당시 야당이던 기민당의 반대가 격심하기도 했고, 사민당의 일부 정치인들이 동독의 잘츠기터 동독인권기록보존소 폐지 주장에 동조하는 등 이념 대립이 매우 심하였지만 그래도 양당 지도부의 주된 흐름은 상대 정당이 추진해 온 정책의 기조를 어느 정도는 받아들이고 유지하는 것이었다.

결론적으로 독일 통일은 동방정책의 의도대로 동독 공산정권(사회주의통일당)이 변화하여 스스로 점진적인 개혁을 이루는 방식(위로부터의 개혁)으로 이루어진 것이 아니라는 점에서 동방정책만의 성과라고 볼 수는 없다. 그러나 동방정책을 통한 다양한 접촉을 통해 동독 주민들이 자유와 인권, 풍요로 상징되는 서독의 발전상을 깨닫게 되고 힘의 우위 정책, 자석이론의 목표대로 서독을 자발적으로 선택하게 되었다는 점이 동방정책의 가장 큰 기여라고 볼 수 있다. 결국 독일 통일은 힘의 우위 정책(자석이론)의 전략과 동방정책의 전술의 종합적 성과라고 평가할 수 있다. 한편 통일 후 동서독 지방자치단체 간 자매결연을 통한 전폭적인 지원이 동서독 간의 지역 격차를 줄이는 데 크게 기여했다는 점도 통일 문제가 단지 중앙정부만의 문제가 아니며 미리부터 국내 모든 지방자치단체의 통일에 대한 관심과 역량을 키워야 하는 문제임을 깨닫게 해준다.

구체적으로 투 트랙 정책의 과정을 살펴보면 과거 동서독 분단시기 서독은 다른 건 많이 양보해도 인권에 대한 이슈는 동독이 아무리 항의해도 끝까지 원칙을 유지했다. 서독은 1961년부터 동독인권기록보존소를 여야가 함께 초당파적으로 설립하여 1990년 통일 시까지 약 4만 건의 동독의 인권 침해 사례를 기록하고 동독 정권의 인권 침해 사례를 지적해 왔다. 또한 1970년대부터는 동방정책으로 알려진 교류협력 정책을 통해 동독 주민들이 조금씩 자신이 처한 현실을 깨닫도록 했다. 이렇게 하니 동독도 강하게 항의는 해도 현실적으로는 다른 경제적 반대급부가 있으니 교류협력을 중단하지는 못했다. 한편 교류협력정책인 동방정책 추진기인 1974년 4월 브란트 총리의 비서였던 귄터 기욤이 동독 비밀경찰인 슈타지(Stasi)의 비밀요원(간첩)임이 발각되는 사건이 발생하기도 한다. 동방정책을 주창했던 사민당의 빌리 브란트 총리는 이 사건에 대해 책임을 지고 사임하게 된다. 이렇게 서독은 동방정책 추진기에도 안보와 인권에 대해서도 철저한 태도를 취하였다. 이후 1980년대 재집권한 기민당도 사민당 시절 추진되었던 동방정책의 기조를 유지한다.

이렇게 서독의 경우 정권 교체에도 불구하고 이러한 '동독 인권에 대한 문제 제기(안보)'와 '교류협력'이라는 이른바 투 트랙 정책을 '동시에' 지속적으로 추구한 결과 동독 주민들의 마음을 얻어 '인권에 바탕을 둔 평화통일'에 성공한 것이다.

또한 우리 남북기본합의서와는 달리 1972년 체결된 동서독기본조약은 제2조에서 "동서독은 유엔헌장에 규정된 목적과 원칙, 특히 주권평등, 독립, 자주성, 영토보존, 자결권, 인권보호에 관한 원칙에 따른다"고 규정하여 각 나라의 주관적인 인권 기준이 아닌 '유엔헌장'에 따른 '인권보호'라는 개념을 포함시켰다. 뿐만 아니라 1973년 7월 31일 서독연방헌법재판소는 "서독기본법에서 동독 주민들도 독일인으로 서독인과 동일하게 취급되도록 규정하고 있으므로 동서독기본조약이 동독 주민들을 서독이 보호하고 서독인들과 같이 대우하는 것을 금지하는 것으로 해석하는 것은 기본법 위반이며 오히려 동독의 국적법 규정과는 관계없이 서독 정부가 동독 주민들을 서독 주민들과 동등하게 대우하는 방향으로 해석되어야 하고 이렇게 해석할 때 동서독기본조약은 기본법이 서독 정부에게 부과한 동독 주민들을 포함한 모든 독일인에 대한 보호와 배려의무와 모순되지 않는다"고 판시한 바 있다. 나아가 서독연방헌법재판소는 "서독 정부가 수행하는 이러한 헌법적 의무 수행이 동독에 대한 내정간섭이라는 이유로 제한될 수 없으며, 오히려 동서독기본조약이 당시 동서독 국경에 있는 철조망, 발포명령 등 비인간적인 조건들을 변경시키고 억제하기 위해 최선을 다해야 하는 서독의 헌법적 의무에 대한 추가적 법적 근거를 제공해 주는 것으로 해석되어야 한다"라고 판시했다.[5] 이렇게 서독은 동서독기본조약 체결 후에도 동독 주민에 대한 보호의무를 끝까지 견지하였으며, 이러한 태도가 독일 통일을 앞당기는 데 기여했다고 평가된다. 특히 서독은 1989년 11월 9일 일명 베를린 장벽 붕괴 사건 발생 전 4차례 이루어진 동서독 정상회담(1970년 두 차례, 1981년, 1987년)이 자칫 동독의 인권 유린을 정당화하고 도덕적 정당성을 동독 정권에 부여해 주는 결과를 초래하지 않도록 유의하였고, 그래서 상징적인 국가의 수장인 서독연방대통령은 동독을 방문하지 않았으며 1987년 동독 호네커 서기장의 서독 방문 시에도 서독은 외교적 수사는 최대한 자제하고 실질적 협상에 초점을 두었다. 특히 1987년 정상회담의 조건으로 당시 서독 콜 총리는 자신의 연설이 동독 주민에게 생중계될 것을 조건으로 하였고, 콜 총리 연설의 주요 키워드는 자유와 통일이었다.

이렇게 중도우파정당인 기민당 시절 중도좌파정당인 사민당의 협조로 초당파적으로 동독인권기록보존소를 설치하여 동독 인권에 대한 문제 제기를 지속적으로 해오면서 또한 사민당 집권 시 시작된 동방정책을 기민당 집권 후에도 계속하는 등 정권 교체에도 불구하고 '인권에 대한 문제 제기'와 '교류협력'이라는 이른바 투 트랙 정책을 동시에 수십 년간 지속적으로 추구한 결

---

5) 이 판결에 대한 자세한 내용은 Entscheidungen des Bundesverfassungsgerichts 36 band, J.C.B. Mohr(Paul Siebeck), Tuebingen, 1974, pp. 1-37 : 전문은 디터 블루멘비츠, 『분단국가의 법적 지위』, 최창동 편저, 법률행정연구원, 1996, pp. 141-168 ; 법무부, 「동서독 교류협력 법제연구」, 2008, pp. 77-101 등 참조.

과 동독 주민들의 마음을 얻어 '인권에 바탕을 둔 평화통일'에 성공한 서독의 사례에 비추어 볼 때, 앞서 설명한 것처럼 북한 인권에 대한 문제 제기와 남북의 평화적 교류를 굳이 서로 대립적인 것으로 이해할 필요는 없다. 선배 세대들의 헌신으로 이룩한 우리 사회의 자유, 풍요, 그리고 인간의 존엄이라는 가치의 소중함에 대한 분명한 인식을 가지고 당당함과 자신감을 가지고 담대하게 북한을 대하면 된다. 그렇게 할 때 인간의 존엄과 가치의 중요성을 북한 현 정권도 깨닫고 배울 수 있을 것이다.

## Ⅳ 통일의 궁극적 목적과 우리의 자세

우리 헌법은 전문(前文)에서 '조국의 민주개혁과 평화적 통일의 사명'이 모든 '대한국민'의 사명임을 명시적으로 선언하고 있고, 제헌 헌법부터 존재했던 헌법 제3조 영토 조항은 북한 주민 역시 대한민국 국민으로 보호해야 한다는 헌법적 근거가 되고 있다. 또한 헌법 제4조는 통일 지상주의가 아니라 "자유민주적 기본 질서에 입각한 평화적 통일 정책을 추진한다"라고 선언하여, '통일의 지향점(자유민주적 기본 질서에 기초한 통일국가 수립)'과 '방법적 한계(전쟁이 아닌 평화적 방법)', 이 둘을 명확히 하고 있다.[6] 그리고 헌법은 제10조에서는 국가의 존재 목적이 국민들의 '인간으로서의 존엄과 가치' 보장에 있음을 명시하고 있다.

즉, 우리 헌법 해석에 따르면 국가뿐만 아니라 대한민국 국민 모두는 북한 주민들이 '인간으로서의 존엄과 가치가 보장받는 삶'을 누릴 수 있도록 노력

6) 우리 헌법재판소는 자유민주적 기본 질서의 구체적인 요소로 기본적 인권의 존중, 권력분립, 의회제도, 복수정당제도, 선거제도, 사유재산과 시장경제를 골간으로 한 경제질서 및 사법권의 독립이 이에 해당하다고 설명하고 있다(헌법재판소, 1990. 4. 20. 89헌가113 등).

해야 하며, 이를 위해 '북한 지역의 민주개혁'과 '자유민주적 기본 질서'에 입각한 '평화적 통일'이라는 헌법적 사명을 가지고 있다.

평화적 교류협력의 틀을 유지하면서 북한 인권 개선을 이끌어 낼 것인지 미리 준비하여 분명한 원칙과 입장을 세우지 않으면 그때그때 상황에 따라 이리저리 휘둘릴 가능성이 높다.

이 상황에서 북한 인권 문제를 일방적으로 후순위로 돌리고, '장기적인 관점에서 어떻게든 북한의 인권도 자연스럽게 개선되겠지'라는 막연한 기대만을 가지고 교류협력에만 집중하다 보면 국민들 사이에서 일종의 '가치관 아노미 현상'이 발생할 수도 있다. 즉, 그동안 우리가 추구해 온 '인권'과 '민주주의'의 가치는 무엇인가? 평화 공존이라는 명목하에 북한 내부의 인권 문제에 침묵하는 것이 과연 정의로운가? '반북프레임에서 벗어나자'는 명분으로 평화 공존과 북한의 경제발전(북한 주민의 생존권)을 위해 북한의 현 독재정권을 비판하지 않는 것이 최선의 정책이라면 과거 경제발전(남한 주민의 생존권)의 목적으로 인권(자유권) 문제를 후순위로 다루었던 1970~80년대 개발독재 권위주의 정권의 문제점을 비판해 왔던 우리의 역사는 무엇이 되는가? 우리의 아이들에게 이 상황을 어떻게 설명할 것인가? 우리 스스로 모순을 느끼며 때로는 깊은 자괴감에 빠질 수도 있고, 우리 안의 내부적 갈등이 더 커질 수도 있다.

경제교류가 활성화되면 북한 주민들의 경제적 측면에서 인권 개선이 이루어지는 데 도움이 될 것이고 인적 교류 협력을 통해 크고 작은 정보가 유입되면 북한 주민들이 외부에 대해 눈을 뜨고 자신들이 처한 자유권 침해의 현실을 자각하게 되는 긍정적 효과가 발생할 수 있기에 교류협력은 당연히 강화되어야 할 것이다. 그러나 북한이 개혁 개방을 하게 되면 저절로 인권 상태가 개선될 것이라고 예측하는 것은 자유권 침해가 본질인 북한의 속성에 비추어 볼 때, 그리고 과거 이미 외부에 개방된 수출주도의 경제사회 구조를 택했던 우리나라의 현대사 및 중국 등 다른 나라의 상황에서도 내부와 외부에서의 지속적 문제 제기 없이 독재정권 스스로 자유권 침해 문제를 자발적으로 적극적으로 개선하는 예는 찾아 보기 어렵다는 점에서 타당하지 않다. 따라서 교류협력과정에서도 인권 침해적 세습 독재정권의 지속이라는 부정적 측면을 어떻게 다룰 것인지의 문제를 간과해서는 안 될 것이다.

북한과의 교류협력도 중요하지만, 교류협력 중단이 두려워 우리 사회가 추구해 온 '자유', '민주', '인권'이라는 소중한 가치의 축소와 위축을 불가피한 것으로 생각한다면 근본적으로 그러한 교류협력의 목적과 의미에 대해 다시 생각해 볼 필요가 있다. 만일 북한이 아닌 다른 나라가 안보 불안을 야기하며 평화유지의 대가로 우리가 추구해 온 '자유와 인권'이란 가치의 축소와 위축을 요구한다면 이에 응해야 할 것인지를 생각하면 답은 분명하다고 본다.

만일 남북 교류협력 과정에서 북한 주민의 정치적 자유 확대, 특히 과거 고문, 처형 등 자유권 침해 피해자들의 권리 침해 회복의 문제가 발생할 경우 남북의 정권 간에는 '서로 불편하니 그냥 넘어가자'라는 분위기가 형성되기 쉽다. 북한 주민 전체로 보더라도 인권 침해의 피해계층은 주로 상대적으로 소수이자 정치 · 경제적으로 약자인 하층 계층인 관계로 남북 교류협력 과정에서 그들의 목소리가 소외될 가능성이 매우 높다. 바로 이 점이 인권 침해 문제에 대해서 북한 주민들의 전체 의사를 존중하되 그렇다고 단순히 북한 주민 다수의 의사에 수동적으로 따라서는 안 되며 필요한 경우 대한민국이 이 문제를 대신 제기해야 할 이유가 된다. 과거 우리의 1970~80년대 시절, 엠네스티 등 외국에서 권위주의 정부하의 인권 침해의 문제점을 지적해 준 사례를 봐도 그렇다. 독일의 나치 청산의 경우도 나치에 대한 기소, 재판 과정 등이 언론에 보도되면서 비로소 나치의 만행에 대해 일반 독일 대중이 알게 되고 사회적으로 나치 청산에 대한 지지 여론이 증가하는 효과가 있었던 사실에 비추어 볼 때, 북한의 인권 침해의 실체가 미처 제대로 밝혀지기 전에 남북한 주민들의 여론을 반영하는 것은 대중의 진의를 제대로 반영하지 못할 수 있다.

한편으로 생각해 보면, 북한의 현 정권 입장에서도 고난의 행군 시기 이후 20여 년이 흐르면서 장마당 민심 등을 지켜보았으니 정권의 존속에 영향을 주는 것은 정치범 수용소 등 탄압과 억압이 아니라 진정한 민심이라는 사실을 이제는 어느 정도 이해할 수 있는 상황이 되지 않았을까도 싶다. 사실 북한의 현 정권의 입장에서 간절히 원하는 체제 보장은 미국 등 다른 나라가 해줄 수 없는 문제이다. 외부로부터의 침공은 하지 않겠다는 약속 정도는 얻어낼 수 있을지 모르지만, 1989년 동독 주민들의 동독 혁명과 같이 북한 주민들의 내부로부터의 혁명에 의한 변화, 이것은 그 어떤 나라도 막아줄 수 없는 일이다. 결국 북한의 현 정권 스스로 개혁을 통해 민심을 얻는 방법밖에 없다. 그리고 우리가 해야 할 일이 바로 북한의 현 정권 내 개혁 세력에게 명분을 부여하며 힘을 실어주는 역할이라고 본다.

이러한 '교류협력'과 '인권에 대한 문제 제기'라는 두 가지 정책 방향에 대한 균형(투 트랙 정책)을 상실하면 단기적 평화는 가능할지 모르나 그 이상은 쉽지 않을 수 있다. 특히 나중에 북한 피해 계층을 볼 면목도 없어지고 말 것이다. 우리 역시 그랬듯이 경제발전도 민주주의 발전과 함께 진행되지 않으면 한계와 부작용이 더 클 수 있다.

평화의 가치는 말로 형언할 수 없을 정도로 소중한 것이다. 특히 전쟁의 참상을 겪은 이 한반도의 비극을 생각할 때 더욱 그렇다. 하지만 현재 남북관계가 평화 그 자체만으로도 지고(至高)의 가치가 있다고 평가될 수 있는 치열한 교전 상태가 아니라, '불안한 평화'로부터 '평화의 확립'을 추구하는 단계라는 점에서, 일부가 아니라 '모두를 위한 평화', '진정한 평화'가 되도록 더욱 노력해야 한다. 만일 평화라는 명목하에 인권 문제를 의도적으로 회피하려 한다면 피해자인 북한 주민들, 그리고 우리의 미래세대가 "그때 정의는 어디 있었는가?"라고 질문할 때 답할 말이 없지 않을까 싶기도 하다.

앞으로 남북관계에서 미래 지향적으로 화해와 용서를 향해 가야 한다는 점은 분명하다. 하지만 그 전제로서 북한 인권 침해 피해자들 입장에서 받아들일 수 있을 만한 정도의 진상 규명, 가해자 처벌 등 청산이 이루어져야 한다는 사실을 잊지 말아야 할 것이다. 그것이 통일 후 남북 갈등보다 훨씬 더 심하다고 알려진 북북 갈등을 해소하고 과거 일제강점기 과거 청산 실패와 같은 문제를 반복하지 않기 위한 방법이기도 하다.

시기에 따른 전략적 태도 또는 한시적 인내도 필요할 것이다. 하지만 그럴 때라도 그 과정에서 근원적 방향성과 목표가 무엇인지 상기해야 한다. 일시적, 잠정적 평화라는 명분하에 정부 차원에서는 완전한 침묵, 나아가 민간 차원의 북한 인권 문제 제기를 터부시하거나 직·간접적으로 침묵을 강요하는 분위기로 계속 나아간다면, 향후 국내적으로 남남 갈등이 증폭될 뿐만 아니라 이미 북한 인권 문제를 이른바 체제불법청산(이행기 정의) 이슈로 파악하고 있는 국제사회의 조롱거리가 될 가능성도 높다. 또한 향후 통일 과정에서 북한의 인권 침해 피해 계층과의 사회 통합을 저해할 우려도 크다. 특히 앞서 살펴본 바와 같이 북한 인권 개선이 대북제재 해제 요건으로 되어 있는 상황에서 우리가 먼저 북한 현 정부에 이 점을 지적하고 선제적으로 적극적인 인권 개선을 요청하고 설득해 낼 수 있어야 한다.

## V 제헌헌법 세대의 등장

1948년 제정된 제헌헌법 전문을 살펴보면, “정치, 경제, 사회, 문화의 모든 영역에 있어서 모든 국민의 능력을 최고도로 발휘하게 하고, 안으로는 국민생활의 향상을 기하고 밖으로는 항구적인 국제평화의 유지에 노력하여 우리들과 우리들의 자손의 안전과 자유와 행복을 영원히 확보할 것을 결의한다”

는 내용이 등장한다. 제2차 세계대전 후 갓 식민지에서 독립한 문맹률 70%의 최빈국, 최소한의 국방력조차 없었던 나라, 경제적으로나 정치적으로 모든 것이 터무니없이 부족한 나라의 첫 출발 선언치고는 마치 정치·경제적으로 선진국이라도 되는 것처럼 국제평화 유지라는 단어까지 들어갈 정도로 매우 거창한 포부를 보여 주고 있다.

그러나 현실은 참혹했다. 전쟁을 통해 더 나락으로 떨어졌으니 말이다. 그런데 여기서 급반전이 일어난다. 고대 로마가 켈트족에게 대패를 당한 후 귀족과 평민이 단합하여 로마공화정 체계를 만들어 가기 시작하고, 일본이 19세기 말 시모노세키 전투 패배 이후 적극적인 개항으로 나아갔듯이 극단적인 상황에 몰리자 조선 중기 이후 수백 년 동안 주자성리학의 부작용으로 상실되었던 우리 국민 DNA에 내재되어 온 '불굴의 의지'와 '도전정신'이, 우선은 경제적인 측면에서, 이후에는 정치적인 측면에서 발휘되기 시작했던 것이다. 그 결과 1996년, 전쟁 후 40여 년 만에 최빈국에서 OECD 즉, 선진국 클럽에 가입하게 된다. 경제 성장과 민주화를 한 세대 만에 성취하는 세계사적 기적을 이루어 냈다. 즉, 선조들이 제헌헌법을 통해 꿈꾸었던 나라가 드디어 그래도 어느 정도는 현실화된 것이다.

그리고 바로 제헌헌법 세대가 자라기 시작한다. 1980년대 중후반에 태어나고 1996년 OECD 가입 전후에 초등학교를 다니기 시작한 청년 세대가 그들이다. 그들은 어린 시절부터 제헌헌법 이래 우리 헌법이 꿈꿨던 선진국 대한민국에서 그 전 세대들과는 차원이 다른 정치·경제·사회·문화적 환경에서 자라왔다. 후진국 또는 중진국에서 태어나고 자라나 대한민국의 발전을 뿌듯하게 바라보거나 어린 시절부터 동경하던 선진국 앞에서는 여전히 왠지 모르는 주눅이 들기도 하는 그 전 세대들과는 근본적으로 다른 세대가 탄생한 것이다. 그들에게 대한민국 여권은 이미 어린 시절부터 세계에서 5위권으로 대접받는 당당한 여권이고, 외국인들 앞에서도 어학 실력으로나 개인적 경험으로나 주눅들지 않는다. 요새 전 세계적으로 유행하는 BTS(방탄소년단)의 당당함이 바로 이들의 특징을 단적으로 상징한다.

이들은 그 전 세대와는 확연히 다르다. 상대적으로 그 전 세대에 비해 진영 논리에서 자유롭다. 전쟁세대, 산업화세대, 민주화세대가 각각 청년 시절 굴곡지고 가슴 아픈 한국 현대사에서 겪었던 트라우마를 이들은 경험하지 않았기에, 남한 내부의 인권 문제와 북한의 비극적인 인권 문제 모두를 자연스럽게 같은 기준에서 바라볼 수 있으며, 세계 시민으로서 세계 각국의 문제에도 깊은 관심을 보인다. 영화 〈국제시장〉, 〈연평해전〉, 〈변호인〉, 〈1987〉에 모두 감동을 받으며, 북한의 비참한 인권 문제부터 시리아 내전 난민 문제, 홍콩 시위까지 현재 이 지구상에 살아가는 세계시민으로서 비통해하고 가슴 아파할 줄 안다.

이들은 국가주의적, 전체주의적, 획일적 민족주의적 담론에 강한 거부감을 보인다. 너무도 당연하다. 우리 헌법은 수천 년 인류 문명사를 통해 선각자들의 피와 땀으로 이룩한 자유주의, 민주주의, 공화주의의 가치를 담고 있으며, '인간의 존엄성 존중'을 최고의 가치로 선언하고 있다. 국가라는 최상급 공동체의 가치도 대화와 토론, 설득을 바탕으로 한 개인의 자발적인 존중과 헌신으로 유지되는 것이지 개인의 헌신을 당연시하는 것은 아니라고 가르치고 있다.

그렇기 때문에 '인간 존엄'이라는 세계시민적 보편 이성의 관점을 체화한 20대들이 북한의 비참한 인권 상황을 초래한 현 북한 정권에 대해 어느 선배세대와 비교해서도 매우 비판적인 자세를 취하고 있는 것이다. 바로 제헌헌법이 꿈꿨던 나라에서 태어나고 자란 '제헌헌법의 아이들 세대'가 이들이다.

이렇게 제헌헌법이 상상했던 정치 · 경제적 선진국에서 자라난 세대, 선조들이 제헌헌법을 만들며 기대하며 소망했던 새로운 사람들, 바로 실질적 의미에서 '제헌헌법 1세대', '제헌헌법 아이들'이 어느새 이제 30세 정도가 되었다. 이들은 통일을 민족적인 이유보다는 '북한 주민의 자유와 인권의 보장',

'북한 주민도 우리처럼 모두가 인간의 존엄성이 존중받는 사회에서 살아갈 권리가 있기에 우리가 도와주어야 한다'는 이유에 더 동의한다.

물론, 이러한 새로운 세대가 하늘에서 뚝 떨어진 것은 아니다. 지난 100년 현대사의 질곡, 생사를 넘나드는 전쟁 속에서, 보릿고개의 가난 속에서, 정치적 압제 속에서 그래도 이만큼의 자유와 풍요를 물려주기 위해 시대적 한계 속에서도 각각의 선배 세대들이 눈물겹게 헌신해 왔기에, 선배 세대들이 제헌헌법 이래 우리 헌법 정신이 이 땅에 구현되도록 노력해 왔기 때문에 제헌헌법의 아이들이 탄생할 수 있었던 것이다.

제헌헌법이 꿈꿔온 헌법적 가치관으로 어린 시절부터 무장한 새로운 세대, 바로 이들에게 새로운 희망이 있다. 그리고 북한에서도 이들의 파트너가 될 새로운 세대가 이미 자라고 있다. 남한이 OECD에 가입한 1996년, 북한은 정 반대로 국가 시스템 붕괴로 인해 수백만 명이 굶어 죽었다. 그리고 바로 1980년대 중후반에 태어나 이 고난의 행군 시절 성장기를 보내 북한의 현 체제에 대한 충성도가 그 윗세대와 현저히 차이가 나고, 상대적으로 비판정신을 가진 이른바 '장마당 세대'가 자라기 시작했고, 이미 그들도 30대에 들어섰다.

'제헌헌법 1세대', '제헌헌법의 아이들 세대'가 우리 사회의 주류가 되면 그 때의 한국 정치와 사회는 지금까지와는 매우 다를 것이다. 북한 역시 마찬가지이다. 장마당 세대가 북한 사회의 주류가 되는 10년, 20년 후의 북한은 지금과는 매우 다를 것이다. 그리고 바로 남북의 이 두 세대가 새로운 한반도의 역사를 만들어 갈 것이다. 이들은 남북통일 문제가 단지 민족적인 이슈가 아니라 수천 년간 흘러온 인류 보편의 역사 발전이라는 사실 즉, 인간 존엄성 존중, 압제로부터의 해방, 자유 회복의 역사가 이 한반도 북단에서도 이루어지는 인류 문명사의 발전임을 전 세계에 선포하고, 동료 세계시민들과의 공감대를 이루며, 전 세계의 지지와 응원을 이끌어 낼 것이다.

세계 속에서 당당히 어깨를 펴고 자라난 그 기상과 정신으로 이들이 그들

세대에 주어진 사명을 굳건히 잘 감당해 줄 것이라는 희망을 품고, 앞으로 10년, 20년 이 사회를 지탱하고 버텨주며 이들이 역사의 주역으로 성장하기 위한 토대를 만들어 줄 책임이 모든 선배 세대들에게 맡겨진 시대적 역할이자 준엄한 책임이라고 생각한다.

## Ⅵ 한반도 가치공동체 통일 방안

통일을 비롯한 남북관계 이슈는 '모든 인간의 존엄성 존중', '자유와 인권 증진'이라는 인류 보편의 문명사 발전의 관점에서 이해해야 하며, 이러한 관점으로 접근할 때 국제사회의 공감과 지지를 얻을 수 있다. 또한 인류 보편적 가치의 한반도 전체에서의 실현은 한반도를 넘어 동북아시아의 진정한 평화를 위해서도 필수적이며 우리 헌법이 부여한 헌법적 책무로서 북한 주민도 원하는 바라고 할 것이다.

헌법 제4조는 대한민국이 '민족 통일'을 추진한다고 규정하고 있는 것이 아니라, '자유민주적 기본 질서'에 입각하여 통일을 추진한다고 규정하여 자유민주주의라는 보편적 가치 질서의 관점에서 통일을 추진하고 있음을 명시하고 있다. 이런 점에서 살펴보면, 이른바 수십 년간 정부의 공식 통일 방침인 '민족공동체 통일방안'은 우리 헌법 정신을 온전히 담아내고 있지 못하다. 특히 과도체제로 상정한 남북연합(1민족 2국가 2체제 2정부) 단계의 경우 현재 북한 체제의 성격을 고려하면 자유민주적 기본 질서에 배치될 수 있는 '2체제'를 헌법적으로 수용하는 듯한 문제가 있다는 점에서 헌법 제4조와 배치될 소지도 있다.

따라서 '자유민주적 기본 질서'라는 헌법이 선언한 통일의 가치적 한계를 고려한 이른바 '한반도 가치공동체 통일 방안'이라는 명칭을 사용하는 것이

보다 더 헌법 정신에 부합한다고 본다. 특히 자유 · 인권과 같은 보편적 관점에서 북한과 통일 이슈를 접근할 때 현재 20~30대 및 그 이하 연령대의 관심을 유도할 수 있는 가능성이 더 높다는 점에서도 해당 명칭의 장점이 있다.

통일을 민족적 관점에서만 접근하게 되면 자칫 주변국의 경계심을 촉발할 수 있으며, 민족 개념의 협소성으로 인하여 향후 북한 사회의 회복과 발전에 필요한 국제사회의 지지를 얻는 데 지장을 초래하거나 지원의 논거를 제공하는 데 부족할 수 있다. 따라서 현행 헌법 제4조의 정신에 따라 인간의 존엄성 존중, 자유와 인권을 핵심 가치로 하는 '자유민주적 기본 질서'의 북한 지역으로의 확산이라는 보편적 가치 질서와 인류 문명사의 관점에서 남북통일을 바라볼 필요가 있으며, 이러한 관점은 남북통일이 단순히 한반도 주민들만의 문제가 아니라는 인식을 국제사회에 전파하여 통일 과정에서 국제사회의 응원과 지지를 얻는 데 도움이 될 수 있다.

또한 남북한의 '자유민주적 기본 질서'를 기초로 한 단일한 가치공동체의 확립은 앞으로 통일 전후를 거쳐 수십 년 동안 지속적으로 각 세대를 넘어 이루어져야 하는 과제이며, '한반도 가치공동체 통일 방안'이라는 개념이 이러한 통일의 역사적 · 계승적 측면을 더 잘 담아낸다고 볼 수 있다. 특히 북한 주민들의 입장에서도 단순히 남한 체제로 흡수된 것이라는 위축된 인식에서 벗어나 스스로 보편적 인류 문명사에 참여한 것이라는 관점으로 통일을 바라볼 수 있도록 하는 긍정적인 측면으로 작용할 수 있다.

이러한 접근은 급속한 통일이 아니라 점진적 통일의 관점에서도 마찬가지로 적용될 수 있다. 즉, 정치적 단일체로 통일되기 전이라도 남북한 관계가 '자유민주적 기본 질서'를 기초로 하는 '가치공동체'로 변화될 수 있도록 북한을 점진적으로 견인해 내며 남북한이 함께 노력한다는 관점에서 접근할 수 있다.

이와 관련 북한 내부의 체제 변화에 따라 북한이 자유민주적 기본 질서 체제로 변화한 경우에는 마치 EU와 같은 형태의 '유연한(열린) 통일(남북국가연합, KU : Korean Union)'을 구상할 수도 있다. 즉, 단일국가 형성을 통일의 유일한 목표로 삼는 것이 아니라, 예를 들어 남북국가연합 단계에만 도달해도 통일이 달성된 것으로 간주하는 방안도 생각해 볼 수 있다. 다시 말해, '한반도 가치공동체 통일 방안'의 내용을 '교류협력', '가치공동체 형성(남북국가연합)'이라는 2단계 통일 방안으로 설정하는 방법도 가능할 것이다.

## Ⅶ 결론

6 · 25 전쟁 후 얼마 되지 않은 시기, "한국에서 민주주의가 피길 기다리는 것은 마치 쓰레기통에서 장미꽃이 피기를 바라는 것과 같다"는 어느 외국인의 말에 반박이라도 하듯이 우리 선배 세대들의 피땀 어린 헌신과 수고로 당당히 이 땅에 '경제발전'과 '민주화'라는 터전이 놓이고 그 위에 '인간 존엄'의 가치를 담은 장미꽃이 피어났듯이, 지금으로서는 불가능하게만 보이지만 이 한반도 전체에 다시 한번 그 장미꽃이 더욱 아름답게 피어날 수 있도록 노력할 책임, 이제 우리들의 선배 세대들이 해냈듯이 이제 우리가 후대를 위해, 사랑하는 내 아이들이 앞으로 살아갈 나라를 위해 해내야 할 책임, 그것이 바로 우리들의 어깨 위에 놓여 있는 시대적 사명임을 잊지 말아야 한다.

이렇게 통일 문제, 아니 정확하게는 북한 문제는 우리 부모 세대, 조부모 세대가 우리를 위해 헌신하고 애쓰신 것처럼, 이제 우리가 다음 세대를 위해 결단하고 헌신해야 할 우리 세대의 책임이자 사명이다. 한반도뿐만 아니라 전 세계에 '인간의 존엄', '자유', '상생과 공영'의 가치를 전하고, '세계 평화'의 새로운 글로벌 패러다임의 전환을 불러일으키며 다른 나라에 본이 되는 모범국가를 물려주자는 그러한 꿈을 품고 노력해야 한다.

통일은 철저히 미래 세대를 위한 결단이다. 독일도 통일 후 10년 정도 경제적으로 어려웠던 것처럼 남북통일 후 한동안은 경제 · 사회적으로 혼란스러울 수 있다. 하지만 그 이후의 미래 세대를 생각한다면 이야기가 달라진다. 그들이 살아갈 나라는 지금과는 많이 다를 것이다. 그리고 바로 우리들의 미래 세대를 위해 우리가 그 혼란을 참고 견뎌내야 하는 것이다.

우리나라의 통일은 단순히 남북한만의 문제는 아니다. 우리가 이러한 통일을 어떻게 해결하느냐에 따라 이제 앞으로 전 지구적 문제를 선도하는 새로운 패러다임이 전개될 수도 있다. 미국 건국으로 상징되는 3권 분립과 민주주의의 역사가 지금까지 300여 년 동안 전 지구적으로 퍼져 나갔듯이, 우리가 '통일', 이 새로운 나라 건설의 시기에 얼마나 간절히 새로운 통일된 우리나라가 하나님의 공의와 사랑이 구현된 나라로 만들어 달라고 기도하느냐에 따라 하나님께서는 분명히 크고 놀라운 비밀을 보이실 것이고, 통일된 우리나라를 사용하셔서 전 세계를 바르게 선도하실 것이다.

누군가 소외될 위험을 내포한 '잠정적 평화'의 단계가 조속히 지나가고 분단으로 인한 이 땅의 모든 상처와 아픔이 치유되고 우리 사회가 그동안 추구해 온 '인간의 존엄', '민주주의'라는 가치가 살아 숨쉬는 '정의로운 평화, 회복과 치유의 평화'가 이 한반도 전체에 이루어지길 소망한다.

이 글을 읽는 모든 기독 청년들이 새로운 통일된 나라를 위해 하나님 안에서 큰 꿈을 품고 뜻을 같이 하는 '공동체'를 이루어서 함께 기도하고 공부하고 노력하며 나아가길 기원한다. 그리하여 '내가 너희 세대에게 부여한 사명을 잘 감당하였구나' 하고 하나님께 칭찬받는 세대가 되길 간절히 바라며 글을 마친다.

## 생각해 볼 거리

1. 통일을 당위와 찬반의 문제로 바라보아야 할까요 아니면 예측과 대비의 문제로 바라보아야 할까요?

2. 북한이 자유민주적 기본 질서에 입각한 체제로 변화되는 것이 남한의 안보적 측면에서도 중요한 일임은 분명한데, 이런 측면에서 북한 문제 및 통일 문제를 어떻게 바라보아야 할까요?

3. 분단 이후 남북한의 발전과 쇠퇴를 가져온 가치체계의 핵심적 차이는 무엇일까요? 그리고 통일된 한반도의 가치체계는 무엇이어야 한다고 생각하나요?

4. 통일이 민족적 관점과 보편적 가치 질서의 관점 중 어느 것에 더 초점을 두어야 한다고 생각하나요? 양자를 조화시킬 방법은 무엇인가요? (*참고 헌법 제4조 대한민국은 통일을 지향하며, 자유민주적 기본 질서에 입각한 평화적 통일정책을 수립하고 이를 추진한다)

5. 현행 우리 정부의 민족공동체 통일 방안이 우리 헌법 제4조의 통일의 정신을 온전히 빈영하고 있다고 생각하나요?

6. 통일의 개념과 관련하여 북한이 자유민주적 기본 질서에 입각한 체제로 변화되고 남북한이 EU 수준의 통합을 이루는 경우에도 통일로 볼 수 있을까요?

## 참고자료 및 더 읽어볼 거리


송인호(2023). **통일법 강의(제3판)**. 퍼플.

송인호(2023). 남북관계발전에 관한 법률상의 전단등살포금지 조항 대한 고찰. **통일과 법률**, 제53호. 법무부.

송인호(2020). 헌법상 북한주민의 국적에 대한 고찰. **법학논총**, 44(4)권. 단국대학교 법학연구소.

송인호(2020). 북한의 아동 관련 법제와 실태에 대한 고찰-북한의 '유엔아동권리협약 이행에 대한 제5차 국가보고서'를 중심으로-. **강원법학**, 제59권. 강원대학교 비교법학연구소.

송인호(2019). 미국 대북제재법의 최근 동향 및 전망. **법학논총**, 43(3). 단국대학교 법학연구소.

송인호(2019). 북한의 '당의 유일적 영도체계확립의 10대 원칙'에 대한 고찰. **법학논총**, 43(1). 단국대학교 법학연구소.

송인호(2019). 북한의 장애인 관련 법제와 실태 - 북한의 '유엔 장애인권리협약 이행 최초보고서'를 중심으로-. **법학연구**, 29(제1). 연세대 법학연구원.

송인호(2019). 북한의 법체계에 대한 고찰- 북한의 법제정법을 중심으로-. **법학연구**, 27(제1). 경상대 법학연구소.

송인호(2016). The Past, Present, and Future of North Korean Economy - An In-depth Study on the North Korean Constitution's Economic Clauses and the Economic Reality-. *International Journal of Korean Unification Studies*, 25(1). KINU.

송인호(2016). 북한 급변사태 발생과 남한의 책임 : 보호책임(R2P) 논의를 중심으로. **신앙과 학문**. 기독교 학문연구회.

송인호(2015). 통일 헌법 제1조에 관한 고찰. **동아법학(통일법특집호)**.

송인호(2015). 통일 시대를 대비한 법제정비의 주요쟁점. **저스티스**, 제146-3호. 한국법학원.

송인호(2014). 크메르루즈 특별재판소 사례를 통해 본 통일 이후의 과거청산의 기본 방향에 대한 고찰. **인권과 정의**, 통권 442권. 대한변호사협회.

송인호(2013). 통일 후 북한 국유재산 사유화 방안에 대한 법적 고찰. **인권과 정의**, 통권 제433호. 대한변호사협회.

송인호(2012). 북한인권법 제정 필요성에 대한 고찰. **인권과 정의**, 통권 제429호. 대한변호사협회.

두 번째 강의

# 인권의 틀에서 본 북한 이해

## 국제인권법적 관점: 세계인권선언과 유엔인권조약기구 중심으로

원재천

**원재천**

|

한동대학교 법학부 교수

한동국제법센터장

한동대학교 법학부 교수로 재직 중이며, 한동 국제법센터 소장과 한동중재원의 부원장을 맡고 있다. 대한민국 국가인권위원회에서 정책·교육·시민사회 및 북한 인권을 총괄하는 정책교육국장을 역임하였으며, 대한민국 국방부 법무관리관실에서 국제사법 장교로 재직하며 두 차례 국방부 장관 표창을 받았고, 미국 뉴욕주 검사로도 근무했다. 국제인권법, 국제형사법, 미국형법 및 국제아동법을 연구하며, 『유엔 장애인권리협약에 비추어 본 북한 장애인 인권』(2019, 공동체)과 『유엔 장애인권협약에 기초한 국제장애인 인권 매뉴얼』(2016, 공동체)을 공동 저술하였다. 주요 논문으로는 "난민협약상 난민 인정을 위한 '충분한 근거가 있는 공포'의 요건과 아동 중심 관점의 기준"(2023), "핵확산금지조약(NPT) 실효성 강화를 위한 국제법적 고찰"(2021), 그리고 "유엔 여성차별철폐협약 이행보고서에 나타난 북한 여성인권"(2020) 등이 있으며, UN 인권이사회와 유엔장애인권리위원회(CRPD)에 북한 관련 보고서를 제출하며 북한 인권 증진을 위해 인권 현장을 지키고 있다. 대한적십자사 국제인도법 자문위원, 대한국제법학회 이사, 세계국제법협회(ILA) 국제법연감 인권·환경 분야 편집위원, 한국형사소송법학회 상임이사(국제이사)로 활동하며, 통일부 통일미래기획위원회 인권·인도 분과위원장과 북한인권증진위원회 위원을 맡고 있다.

# 인권의 틀에서 본 북한 이해

## 국제인권법적 관점: 세계인권선언과 유엔인권조약기구 중심으로

## I 들어가는 글

북한의 정치범 수용소에서 일어난 이야기를 배경으로 창작 뮤지컬 제작 과정을 담은 '요덕 스토리(Yoduk Story)'는 북한을 이해하는 데 큰 도움을 주는 영상이다. 이 영상은 폴란드의 대표적인 다큐멘터리 감독인 안드레 피딕(Andrzej Fidyk)이 만든 다큐멘터리로 북한의 정치범 수용소인 요덕수용소를 소재로 하고 있다. 북한의 대표적인 정치범 수용소로 알려진 요덕수용소는 우리가 흔히 교도소로 알고 있는 교정시설이 아니라, 구소련 정치범 수용소(Gulag)처럼 통행이 전면적으로 통제되는 대규모 생활주거지역을 의미한다. 즉, 포항이나 경주 크기의 도시에서 거주민들이 외부와 철저히 분리된 채 일생동안 생활하는 공간인 것이다. 일반적으로 교도소는 자신이 저지른 범죄로 인해 수용되는 곳이지만, 북한에서는 연좌제로 인해 아버지가 정치범으로 판명되면 아내와 아이들을 포함한 모든 가족이 정치범 수용소로 보내진다.[1)] 이곳에서는 시

* 본 통일한국개론 강의를 위해 『자유 · 정의 · 평화 · 법』(한동대 출판부, 2021) 중 일부를 발췌하여 다듬은 글임.

1) 강철환은 할아버지가 정치범으로 판명된 후, 9살에 정치범 수용소로 끌려갔음을 증언한다(『수용소의 노래 : The Aquarium of PyongYang Published by Basic Books』).

민으로서의 권리가 박탈되고, 수용소에서 탈출하다가 발견되면 즉시 처형될 수 있다.

요덕스토리를 통해 확인할 수 있는 충격적인 장면은 정치범 수용소에서 감시병 업무를 수행했던 한 탈북자의 인터뷰 내용이다. 그 인터뷰에 따르면 정치범 수용소에 수용된 사람들의 옷에서는 특유의 악취가 나기 때문에 수용소 경비부대원은 이 악취를 이용하여 사나운 군견을 훈련하고, 수용자가 도망가면 냄새를 통해 그들을 추격한다. 어느 날 어린아이들이 학교 수업 후 귀가하던 길에 군견을 매는 줄이 풀려 아이들을 덮치는 사건이 발생한다. 경비부대원은 세 명의 아이가 맹견에게 물려 죽게 되었지만, 이 상황에서 "이 개는 훈련이 아주 잘 되었네"라는 말을 남기며 군견을 칭찬했다고 한다. 이 사건을 통해 확인할 수 있는 것은 경비부대원에게 수용소의 정치범과 그 가족들은 소중한 생명을 가진 한 인간이 아니라, 몸의 건강을 해치는 암세포와 같이 북한 사회를 오염시키는 병균 정도로 인식하고 있다는 점이다. 이처럼 한 국가의 인권 의식은 사회에서 일반적으로 통용되는 인간관과 밀접한 관련이 있다. 수령 중심의 일인 독재를 강조하는 북한 체제에서는 개인의 권리보다 국가의 이익이 중시되기 때문에 개인의 자유는 억압될 수밖에 없는 것이다.

지난 세기의 역사를 되돌아보면 우리는 위와 유사한 사건들을 찾아볼 수 있다. 대표적인 예로 나치 독일이 T-4 프로그램에 근거해 자비로운 살인(Mercy Killing)이라는 이름으로 수십만의 장애인 및 노인들을 살해한 사건과 캄보디아 크메르 공산정권이 자행한 국민 정화운동을 꼽을 수 있다. 이 글은 보편적 인권의 관점에서 위 두 사건을 간략히 고찰한 후, 세계인권선언문을 중심으로 보편적 인권 개념과 국제인권법의 기초를 살펴보고자 한다. 그리고 국제인권법의 관점에서 북한 인권 문제를 간략히 논의한 후, 대표적 북한 인권 침해 사례로 지목되는 북한의 정치범 수용소와 종교의 자유 이슈를 분석할 것이다.

## Ⅱ 나치 독일의 T-4 프로그램과 캄보디아의 국민 정화운동

제2차 세계대전 당시 나치 독일은 강제 수용소를 운영하면서 유대인들을 대량 학살하였고, 우리는 홀로코스트라는 이름으로 이 사건을 기억하고 있다. 이 글은 나치 독일이 자행한 여러 만행 중에서 나치 정권에 의해 조직적으로 수십만의 장애인들이 죽임당한 사건에 주목하고자 한다.

독일 민족의 순수 혈통을 수호하기 위해 1935년 9월 15일에 공포된 뉘른베르크 법은 히틀러가 주장한 나치 이데올로기를 뒷받침하는 핵심 근거로 활용되었다. 뉘른베르크 법의 연장선에서 나치 독일은 1939년 제2차 세계대전을 시작할 당시 전쟁에 부담이 될 수 있는 사람들을 합법적으로 죽일 수 있는 제도를 도입하게 된다. 이른바 장애인 비밀 안락사 작전으로 알려진 T-4 (Tiergartenstrasse 4)[2] 프로그램은 국가 소속 T-4 의료진들이 병원이나 장애인 수용시설의 자료를 취합하여 검토하고 사회에 필요한 노동력을 제공하지 못하는 사람들을 분류하여 굶어 죽게 하거나, 약물 또는 독가스를 활용하여 이들을 살해한 것으로 전해진다. 결국 수십만의 장애인들과 노인들은 1945년까지 T-4 프로그램에 근거하여 '자비로운 죽음'(Mercy Killing)이란 미명하에 합법적으로 희생되었다. 전후 나치 독일의 지도부와 유대인 제노사이드에 관여한 의사들은 뉘른베르크 국제군사재판(Nuremberg Trials)에서 처벌을 받는다.[3]

2) T-4는 Tiergartenstrasse 4라는 베를린(Berlin) 시 주소이며, 당시 장애인을 분리하고 제거하는 임무를 수행한 국가보건국이 이곳에 있었다. 당시 국가보건국 주소에서 착안하여 명명된 T-4 프로그램은 1939년부터 1942년까지 운영되었고, 공식적으로 약 7만 명이 살해된 것으로 알려져 있다. 2차 세계대전이 끝나는 1945년까지 비공식적으로 20만 명 정도의 희생자가 발생한 것으로 보고 있다(https://www.britannica.com/event/T4-Program)(2021년 4월 3일 접속).

3) 뉘른베르크 전범재판(Nuremberg International Military Trial)은 전승국의 군사재판으로 1945년부터 1946년까지 독일의 뉘른베르크 시에서 진행되었다. 영국, 미국, 소련 등이 참여하여 운영한 이 재판은 나치 지도부와 특히 유대인 제노사이드에 관여한 의사들을 처벌하였다. 뉘른베르크 전범재판은 제노사이드(Genocide) 범죄와 반인륜적 범죄(Crime Against Humanity)를 국제법원에서 적용한 첫 사례라는 의미가 있으며, 이는 향후 국제형사법원의 중요 관할 범죄로 수용된다.

1984년에 상영된 '킬링필드'라는 영화는 1970년대 캄보디아에서 자행된 크메르루즈(Khmer Rouge)의 집단 학살에 관한 이야기를 다룬다. 캄보디아는 서양의 식민 지배를 받다가 해방이 된 후, 1975년 4월부터 1979년 1월까지 크메르루즈가 이끄는 공산주의자들이 지식인들을 '정화운동'이라는 이름으로 대량 학살하였다.[4] 당시 크메르 공산정권은 서양 문명의 영향을 받은 사람들이 다른 사람들을 오염시킬 수 있으므로 이들을 인간 정화의 대상으로 삼았으며, 사실상 고등 교육 이상을 받은 캄보디아 국민이 학살 대상이 되었다. 그 결과 교육 현장에 종사하는 교사들은 대부분 살해당하였고, 심지어 지식인처럼 보이는 안경 쓴 사람들도 정치범 교화소에 끌려가 정화라는 미명 아래 처형되었다.

현재 캄보디아는 크메르 공산정권의 대량 학살과 관련된 과거 청산을 위해 유엔이 임명한 외국인 판사와 캄보디아 판사가 공동으로 참여하는 혼합재판소 형식으로 크메르루즈 특별재판소를 운영하고 있다.[5] 크메르루즈 특별재판소에 보고된 바로는 크메르 정권의 집단 학살로 인해 당시 캄보디아 인구의 25퍼센트인 약 170만 명이 희생을 당했다고 한다. 캄보디아는 대량 학살에 대한 책임 추궁 및 과거 청산을 위한 형사적 처벌의 대상으로 당시 고위 지도자와 중대 범죄에 대한 핵심 책임자만으로 한정하여 재판을 진행하고 있다.

---

4) 여기서 '정화'라 함은 더러운 옷을 세탁하여 깨끗하게 만드는 것처럼, 사회를 오염시키는 병균과 같은 사람을 제거하여 깨끗한 사회를 만든다는 의미를 담고 있다.

5) 크메르루즈 특별재판소의 재판 현황에 대해서는 송인호·황충만, "최근 크메르루즈특별재판소(ECCC)의 상황에 대한 고찰", 통일과법률, 2016. pp. 12-31 참조.

# Ⅲ 보편적 인권 개념과 국제인권법

## 1. 세계인권선언의 제정 과정 초안위원회

세계대전을 통해 민간인을 포함한 수천만의 사상자들이 발생한 후 국제사회는 국제 평화와 안전을 유지하며, 모든 사람의 인권 및 기본적 자유에 대한 존중을 촉진하기 위해 1945년 10월 유엔 창설에 동의한다. 1946년부터 인권 전문가들이 모여 초안을 작성하고, 1948년 12월 10일 유엔총회에서 최종 채택된 세계인권선언문은 모든 사람이 인종, 피부색, 성, 언어, 신념, 종교 등에 관계없이 자유롭고 평등하다는 점을 선언하고 있다. 그러나 세계인권선언은 유엔총회에서 결의한 선언에 불과하므로 법적 구속력이 없으며, 이를 보완하기 위해 추가로 분야별 국제인권조약을 제정하여 조약 당사국의 이행력을 확보한 것이 자유권과 관련된 시민적 · 정치적 권리규약(International Covenant on Civil and Political Rights)과 사회권과 관련된 경제적 · 사회적 · 문화적 권리규약(International Covenant on Economic, Social and Cultural Rights)이다. 세계인권선언문과 더불어 자유권규약과 사회권규약을 소위 국제권리장전(International Bill of Rights)이라 한다.

유엔경제사회이사회 산하에 설립된 유엔인권위원회는 1947년 세계인권선언 제정을 위한 초안위원회(Drafting Committee)를 구성하였다. 세계인권선언의 초안을 작성한 초안위원회는 법률가, 신학자, 군인, 행정가, 시민운동가, 철학자 등 다양한 분야의 전문가들로 구성되었다.[6] 초안 작성에 주도적인 소임을

6) 세계인권선언의 초안을 작성한 초안위원회는 다음과 같이 총 9명의 위원으로 구성되었다. 찰스 말릭(레바논, 신학자 겸 철학자), 엘리너 루스벨트(미국, 루스벨트 대통령 부인), 존 험프리(캐나다, 변호사 & 유엔사무국 인권국장), 알렉산더 보고모로브(소련, 소비에트연방 외교관), 장펑춘(중국, 철학자 겸 인권 운동가), 르네 카생(프랑스, 인권 법률가), 찰스 듀크스(영국, 노동당 정치인), 윌리엄 호지슨(오스트레일리아, 군인 겸 외교관), 헤르난 산타 크루즈(칠레, 변호사).

수행한 대표적 인물로는 유엔인권위원회 초대 위원장이었던 찰스 말릭(Charles Malik) 박사와 미국의 앨리너 루스벨트(Eleanor Roosevelt) 영부인이 있다. 특히 말릭 박사는 기독교 신앙과 학문에 대한 다양한 저서를 남긴 레바논 출신의 기독교 철학자로서 세계인권선언 초안 작성 시 천부적 인권의 개념, 인권의 범주를 정의하는 논쟁 등에 주도적으로 참여하였다.[7)]

## 2. 세계인권선언의 주요 내용

세계인권선언은 전문과 원문으로 구분된다. 전문은 세계인권선언문이 작성된 목적과 배경 등을 밝히고, 본문에서는 인권의 주요 내용을 규정한다. 세계인권선언의 핵심적인 내용은 다음과 같다.

제1조 평등권
제2조 차별로부터의 자유
제3조 생명권, 자유권, 생존권
제4조 노예제도에서의 자유
제5조 고문과 비인도적 처우에서의 자유
제6조 법 앞에 인간으로서의 인정권
제7조 법 앞의 평등권
제8조 관할 재판소를 통한 구제권

7) 찰스 말릭(Charles Malik) 박사는 레바논에 있는 아메리칸 미션스쿨을 졸업한 후 베이루트 아메리칸 대학교(American University of Beirut)에서 수학과 물리학을 전공했다. 그리고 미국 하버드 대학교의 알프레드 노스 화이트헤드 교수와 독일 프라이부르크 대학교의 마르틴 하이데거 교수의 지도 아래 철학을 전공했다. 그는 철학자이자 국제외교관으로 명성이 높았다. 대표적인 저서로서는 『대학과 기독인의 성찰(A Christian Critique of the University)』과 『Christ and Crisis』, 『Two Masks』 등이 있다. 그는 학문과 기독교 신앙, 지성인과 대학, 기독교인과 정치, 이슬람과 중동지역 기독인 관련 주제에 관심을 두고 학문, 삶, 공공 영역 등에 대한 방대한 저서를 집필하였던 실천적 기독 지성인이었다.

제9조 임의 체포와 추방에서의 자유
제10조 공정한 공청회에 대한 권리
제11조 유죄로 판명될 때까지 무죄추정에 대한 권리
제12조 개인, 가정, 집, 통신 침해에 대한 자유
제13조 거주 이주권
제14조 박해를 피해 다른 나라로 간 난민에 대한 권리
제15조 국적을 가질 권리 및 국적 변경에 대한 권리
제16조 결혼과 가정에 대한 권리
제17조 재산권
제18조 믿음과 종교에 대한 자유
제19조 의견과 정보의 자유
제20조 평화로운 집회의 권리
제21조 참정권과 선거
제22조 사회보장권
제23조 직업 선택권과 노동조합 참여권
제24조 휴식권
제25조 적절한 생활 수준에 대한 권리
제26조 교육권
제27조 문화생활과 지역사회 참여권
제28조 이 문서에 명시되어 있는 사회적 질서에 대한 권리
제29조 자유와 개발에 중요한 지역사회에 대한 의무들
제30조 국가와 개인의 권리 침해로부터의 자유

### 1) 천부적 인권

세계인권선언의 전문과 제1조에서 말하는 인권의 핵심은 인권의 성격이 '천부적'이라는 점이다. 인간의 가치와 존엄성은 노력을 통해 얻는 자격이 아니라 인간으로서 당연히 누리는 기본적 권리에 해당한다.[8] 이 개념은 기독교

8) Universal Declaration of Human Rights, 'All human beings are born free and equal in

나 성경의 관점에서 쉽게 이해할 수 있다. 하나님이 하나님의 형상으로 인간을 창조하였기 때문에 우리 모두에게는 천부적인 존엄성이 내재하고 있다는 의미이다.[9)]

한편, 무신론적 또는 진화론적 관점에서는 인간의 천부적 존엄성이 언제 시작되었는지를 설명하는 데 어려움이 있다. 사회과학적 진화론에 따르면 계속하여 진화하지 않는 것은 자연스럽게 도태된다. 이에 따라 각 사람의 능력이나 신체적 조건에는 차이가 당연히 존재한다. 이처럼 진화론에서는 개인의 사회적 기여도가 다르기 때문에 모든 인간이 존귀하고 평등하다는 점을 설명하는 데 한계가 있다.

북한은 집단주의와 수령주의를 표방하며 한 개인보다 조직이 우위에 있는 시스템에 기초한 사회이다. 그리고 북한은 소위 만악의 근원인 계급적 억압이 없는 사회를 추구하기 때문에 계급이 없는 자국 내에서는 모든 인민이 온전한 인권과 자유를 누리고 있다는 주장을 펼친다. 그러나 북한 사회에서는 국가 체제에 반하는 사람을 정치범으로 규정하고, 이들은 인권을 누릴 자격이 없는 청산의 대상일 뿐이다.

주지하듯이 북한은 국가주도 계급사회로 운영되고 있는 대표적인 국가이

---

dignity and rights, They are endowed with reason and conscience and should act towards one another in a sprit of brotherhood.' 세계인권선언, '인간은 천부적으로 이성과 양심을 부여받았다.'

9) 창세기 1장 27절에 따르면 하나님은 사람을 하나님의 형상으로 창조하셨다. 이는 모든 사람이 어머니의 몸에서 형성될 때부터 존귀하다는 것을 의미한다. 나치 독일과 캄보디아 사례를 통해 살펴본 것처럼, 개인의 노동력 제공 가능 여부나 국가에 부담이 되는지 여부와 관계없이 모든 사람은 평등하며, 인간으로서 존엄과 가치를 갖는 존재인 것이다. 이처럼 모든 인간이 갖는 자유와 평등은 자신의 노력 여하에 달린 것이 아니라, 하나님에게 조건 없이 받고 태어난다는 것을 의미한다.
성경에 따르면 모든 인간은 하나님의 형상으로 창조된 평등한 존재이며, 왕 같은 제사장의 직분을 수행하는 고귀한 존재이다. 즉, 성경적 인간관은 예수님이 죄인을 구원하기 위해 십자가에 달려 돌아가신 것처럼, 예수님의 사랑과 은혜를 기억하며 내 이웃을 사랑하며 존중해야 함을 의미한다.

다. 모든 인민은 공산혁명에 기여한 정도와 김일성 가문과의 연계 정도에 따라 3개 부류와 51계층으로 분류된다. 이를 통해 우리는 북한이 성분에 근거한 봉건적 신분제도를 운영하고 있음을 알 수 있다.[10] 예컨대, 북한에서는 기독교 신앙을 가진 가족처럼 성분이 나쁜 사람은 아무리 지적으로 뛰어나다 해도 대학에 들어갈 수 없으며, 힘들고 위험한 일을 하는 노동자로 살아갈 뿐이다. 요약건대, 북한은 과거 남아프리카공화국의 인종 차별 정책인 아파르트헤이트와 인도의 카스트 제도처럼 국가적 차원에서 제도적으로 차별 정책을 지속하고 있으며, 이는 세계인권선언 제2조의 비차별 원칙을 근본적으로 위반한 사례로 볼 수 있다.

또한 세계인권선언 제7조에 따르면 모든 인간은 법 앞에 평등하다. 이는 실체적이고 절차적 차원에서 법 제정 · 집행 과정의 평등성을 확보해야 함을 의미한다. 예컨대, 개인의 평등권을 강조한 법이 제정되었더라도 법 집행자가 이를 준수하지 않으면 공정한 법 집행과 인권 보호는 확보되기 어렵다. 앞서 논의하였듯이 제7조는 하나님의 형상대로 창조된 인간은 하나님 앞에서 평등하다는 개념에 기초한 것으로 볼 수 있다. 이처럼 성경적 인간관은 세계인권선언의 인간관을 총체적으로 이해하는 데 큰 도움이 된다.

### 2) 결혼과 가정에 대한 권리

세계인권선언 제16조는 결혼과 가정에 대한 권리를 규정한다. 특히 제16조 제2항은 양 당사자의 자유롭고 완전한 합의에 따른 결혼의 성립을 명시함으로써 강제 결혼을 금지하고 있다. 이 규정에 근거해 강제 결혼이나 아동 결혼의 인정 여부가 관련 이슈로 논의될 수 있다.

제16조 제3항은 가정이 자연적이고 기초적인 차원에서 사회를 구성하는 근

---

10) Robert Collins, Marked for Life : Songbun, North Korea's Social Classification System, The Committee for Human Rights in North Korea, 2012 Washington DC.

간임을 명시한다. 창세기에서 하나님은 남자와 여자를 창조하시고, 이들은 인류 최초의 가정을 이루어 창조주로부터 자연과 환경을 보호 · 관리하는 책임을 위임받는다. 기독교 신앙의 삶은 가정 중심으로 구현된다. 물론 마르크스를 중심으로 한 비판적 사회과학자들은 가정이 오히려 사람들을 강압하고 착취하는 도구로 활용됐다고 하며, 피착취자를 가정에서 해방하거나 착취 기관인 가정을 해체해야 함을 주장하기도 한다. 하지만 세계인권선언은 가정이 사회의 근본적인 구성 단위라는 점과 국가의 가정에 대한 보호 의무를 특별히 명시했다는 점은 기독교적 관점에서 주목할 만하다. 이는 가정을 하나님께서 주신 제도이자 인류 공동체의 근간이라는 점을 기록한 성경의 관점과 일맥상통한다.

### 3) 믿음과 종교의 자유

세계인권선언 제18조에 따르면 모든 사람은 사상과 종교의 자유에 대한 권리를 가진다. 주지하듯이 종교의 자유가 인정되기 위해서는 표현의 자유가 있어야 한다. 북한은 자국 내에 종교의 자유가 있다고 주장하지만, 자신이 믿는 종교를 전파할 표현의 자유가 인정되지 않기 때문에 종교의 자유가 실제로 인정되지 않는다고 할 수 있다.

물론 북한의 헌법은 "공민은 신앙의 자유를 가진다"라고 규정함으로써 종교의 자유를 인정하는 것처럼 보인다.[11] 그러나 "종교는 외세를 끌어들이거나 국가 사회질서를 해치는 데 리용할 수 없다"라고 규정하여 종교를 통해 북한의 정권을 반대해서는 안 된다고 명시하고 있다.[12] 이를 통해 북한은 기독교가 서방 세계의 영향을 받았고, 북한 정권에 위해를 끼칠 수 있다는 점을 근거로 기독교를 금지하고 기독교인을 탄압의 대상으로 삼고 있다.

11) 북한 사회주의 헌법 제68조.

12) 북한 사회주의 헌법 제68조.

### 4) 여성과 아동의 보호 의무 – 북한의 연좌제

세계인권선언은 더 나아가 제25조에서 어머니와 아동을 특별히 보호하고 지원해야 함을 규정한다. 앞서 논의했듯이 연좌제로 인해 죄 없는 여성과 아동이 북한 정치범 수용소에 수용된 것은 세계인권선언 제25조 제2항에 반하는 것으로 볼 수 있다. 물론 국제사회는 체계적이고 조직적으로 인권을 유린하고 있는 북한 정치범 수용소의 해체를 요구하는 것이 마땅하다. 그리고 북한은 자신들이 가입한 유엔여성차별철폐협약과 유엔아동권리협약 준수 차원에서 여성과 아동 보호 의무를 이행해야 하며, 최소한 정치범 수용소에 있는 여성과 아동을 우선하여 석방할 필요가 있다.

### 5) 부모의 아동에 대한 교육권

세계인권선언 제26조는 부모의 아동에 대한 교육권을 규정하고 있다. 한국에서 초등교육은 헌법에 근거하여 의무적으로 보장되기 때문에 초등교육의 보장이 당연하게 들릴 수도 있다. 하지만 전 세계적으로 초등교육을 받지 못하는 다양한 사례가 있으며, 특히 여자아이들의 교육권이 박탈되는 사례가 많다. 북한은 무상교육제도를 표방하고 있지만, 교사들에게 보수를 제대로 지급하지 못할 정도로 적절한 교육 환경을 조성하지 못하는 것으로 보인다.[13] 이에 따라 학생들에게 경제적 부담을 전가하여 경제적인 어려움을 겪는 학생들의 경우 학교에 다니지 못하는 실정이다. 그리고 학생들을 농업, 건설 등에 동원하여 과도한 노동력을 제공하게 함으로써 학생들의 교육권이 적절하게 보장되지 못하는 것으로 보인다.

13) 통일연구원, 『북한인권백서』, 2020, pp. 277-288.

# Ⅳ 유엔인권규범체계와 북한 인권

## 1. 국제인권조약법과 북한

보편적 인권 개념을 반영한 세계인권선언과 국제인권조약은 조약 당사국을 상대로 인권 보호를 요청할 수 있는 법적 근거로 활용되고 있다. 주지하듯이 우리는 성경을 통해 사회적 취약계층 보호를 위한 하나님의 특별한 관심을 확인할 수 있다.[14] 성경은 이스라엘의 대표적 취약계층이라 할 수 있는 고아, 과부, 이방인 등의 생존을 위한 다양한 사회적 배려 요청을 기록하고 있다. 우리가 국제인권법을 공부하는 이유 중 하나는 오늘날 대표적 취약계층이라 할 수 있는 아동, 여성, 장애인 등의 인권 보호를 위한 법적 근거를 찾기 위한 것이다.

북한은 현재 총 5개의 국제인권조약에 가입함으로써 조약 당사국으로서 사회적 취약계층의 인권 보호 의무를 부담하고 있다.[15] 북한은 위 조약들에 근거하여 국가보고서 제출 등의 의무를 부담하며, 조약 당사국으로서 위 국제인권조약 기구를 통해 인권 심의를 받고 있다. 예컨대, 북한은 2017년 여성차

14) "너희가 너희의 땅에서 곡식을 거둘 때에 너는 밭 모퉁이까지 다 거두지 말고 네 떨어진 이삭도 줍지 말며 네 포도원의 열매를 다 따지 말며 네 포도원에 떨어진 열매도 줍지 말고 가난한 사람과 거류민을 위하여 버려두라 나는 너희의 하나님 여호와니라.(레위기 19 : 9-10)" "하나님 아버지 앞에서 정결하고 더러움이 없는 경건은 곧 고아와 과부를 그 환난 중에 돌보고 또 자기를 지켜 세속에 물들지 아니하는 그것이니라.(야고보서 1 : 27)"

15) 북한은 현재 총 5개의 국제인권조약에 가입하였다. 경제적 · 사회적 · 문화적 권리규약(International Covenant on Economic, Social and Cultural Rights, 1981년 비준), 시민적 · 정치적 권리규약(International Covenant on Civil and Political Rights, 1981년 비준), 유엔아동권리협약(Convention on the Rights of the Child, 1990년 비준), 여성차별철폐협약(Convention on the Elimination of All Forms of Discrimination against Women, 2001년 비준), 유엔장애인권리협약(Convention on the Rights of Persons with Disabilities, 2016년 비준)이 이에 해당한다.

별철폐위원회와 아동권리위원회에서 심의를 받았으며, 2018년 12월 유엔장애인권리위원회에 국가보고서를 제출하였다. 그렇다면 우리는 북한 정부를 상대로 정치범 수용소에 수용된 죄 없는 아동과 여성을 석방하라는 요청을 무엇을 근거로 할 수 있을까? 위와 같은 요청은 북한 정부의 주권을 침해하는 것인가? 국제인권법 공부는 이러한 질문에 대한 답을 찾아가는 과정이라 할 수 있다.

국제인권조약은 기본적으로 개별 국가의 조약 가입을 통해 조약 규정에 대한 자발적 이행을 약속하는 시스템을 기초로 운영되고 있다. 즉, 조약 당사국은 '나는 이런 조약을 지키겠다고 자발적으로 국제사회에 약속합니다'라고 공표하며 자발적인 이행 책임을 진다. 예컨대, 과거 우리나라 학교에는 승강기가 많지 않았다. 만약 학교 수업이 2~3층에서 있을 경우 장애인 학생은 법적으로 학습권이 보장됨에도 승강기가 없으므로 수업에 참석하지 못하는 경우가 종종 있었다. 그러나 우리나라는 2007년 3월 31일 '유엔장애인권리협약'에 서명하였고, 이 협약을 이행하기 위해 동년 4월 10일 「장애인차별금지 및 권리구제 등에 관한 법률(장애인차별금지법)」을 제정하였다.[16] 장애인차별금지법은 모든 장애인이 비장애인과 동등한 교육받을 권리가 있으며, 이를 위해 모든 교육시설은 정당한 편의를 제공해야 할 의무가 있음을 규정하였다(제13조 및 제14조). 이에 따라 대부분의 학교는 승강기를 설치하여 장애인 학생의 학습권을 적극적으로 보장하게 되었다. 이처럼 국제인권조약의 당사국이 되면 한 국가 내에서 실질적인 인권 개선의 효과가 나타나게 된다. 이는 국제인권조약과 국내 이행 법률을 통해 아동, 여성, 장애인 등이 법적 권리의 주체가 되고, 국가는 이들의 권리가 침해 받을 경우 다양한 절차를 통해 이들의 권리를

16) 장애인차별금지법의 제정 목적은 "모든 생활 영역에서 장애를 이유로 한 차별을 금지하고 장애를 이유로 차별받은 사람의 권익을 효과적으로 구제함으로써 장애인의 완전한 사회 참여와 평등권 실현을 통하여 인간으로서의 존엄과 가치를 구현"하는 것이다(제1조).

구제해야 할 의무를 부담하기 때문이다. 그렇다면 국제사회는 국제인권조약 당사국인 북한의 인권 개선을 위해 어떠한 접근방법을 취하였을까?

## 2) 유엔인권보호제도와 북한 인권

북한 인권 문제는 1990년대 중반 극도로 악화된 식량 문제로 생긴 대량 탈북자를 통해서 알려지기 시작했다. 2002년 유엔인권위원회가 북한인권결의안을 통과시키면서 북한 인권 문제는 국제적인 이슈로 부각되었다. 북한 인권 시민단체들은 먼저 북한의 현실을 국내에 알리기 시작했고, 북한 문제의 국제적 공론화를 위해 세계 각 지역에서 국제회의를 개최하며 국제 여론에 호소하였다.[17] 결국 이런 노력은 유엔 절차를 통해 2003년 북한 인권 유엔특별보고관이 임명되는 결실을 맺었고, 유엔특별보고관은 유엔총회 정례 보고 절차를 통해 인권 침해 사례를 수집 분석하고 북한 인권에 관한 쟁점 사항을 정리해 나갔다.[18] 그리고 2013년 유엔인권이사회 체제에서 북한인권조사위

17) 대표적인 예로 북한인권시민연합(윤현 이사장)은 1999년 서울 회의를 시작으로 일본, 폴란드, 노르웨이, 영국, 호주 등지에서 9차례에 걸쳐 '북한 인권 난민 문제 국제회의'를 개최함으로써 각 나라의 학자, 정부 담당자 및 시민단체의 관심과 협력을 구하고, 나아가 북한 인권 쟁점에 대한 국내·외 여론화에 크게 기여하였다.

18) 비팃 문타번(Vitit Muntarbhorn) 북한 인권 유엔 특별보고관은 영국에서 교육받은 태국의 왕립 출라롱코른 법대 교수로서, 국제사회에서 최고의 명망을 가진 학자 중 한 명이다. 비팃 교수는 법률가로서 탈북자들이 난민 또는 경제적 이주자에 해당하는지 여부를 '사후 현장난민(refugee sur place)'이라는 법률이론으로 명쾌히 정리해 나갔는데, 법률가로서 북한 인권 문제가 정치화되거나 거대 담론화로 머무는 것을 극도로 경계하였다. 미국 정부의 전(前) 북한 인권 특사와는 대조적으로 특정 성향의 단체들과만 접촉하지 않고, 모든 이념·성향의 시민단체들과 교류를 하였는데, 진보 성향의 한겨레신문 또한 보고관의 인터뷰를 크게 다룰 정도로 국내에서도 상당한 신뢰와 신망을 얻게 되었다. 이는 국내에서 북한 인권 문제가 정상적 담론의 범주에서 논의될 수 있도록 기여하였고, 그의 보고서는 국제적 차원에서 북한 인권에 관한 기본 문서로 활용되고 있다.
(http://www.hani.co.kr/arti/politics/defense/78744.html ; http://www.hani.co.kr/arti/politics/defense/265479.html)

원회의 설치를 결의한 후 1년간의 조사를 통해 2014년 제25차 유엔인권이사회에 북한 인권 보고서를 제출하였다.[19] 또한 2017년 5월 유엔장애인권리 특별보고관인 카탈리나 데반다스 아길라르는 북한을 방문하여 북한 장애인 인권 보장 실태를 점검하기도 하였다.

유엔에는 유엔인권이사회 외에 매우 다양한 구제 절차와 특별보고위원회 등이 설치되어 있다.[20] '구제 절차'라 함은 특정 피해자의 구제와 보호를 요청하는 제도를 의미한다. 대표적인 구제 절차로는 유엔 임의적 구금방지위원회[21]를 위시하여 식량,[22] 고문,[23] 신념의 자유,[24] 종교의 자유,[25] 임의적 처형[26] 등 주제별 특별보고관 제도가 있다. 구체적 사실과 인적 사항이 포함된 특정 요건을 갖춘 탄원서가 각 담당 기관에 접수되면 유엔 인권기관 차원의 구제 활동이 개시된다.

여기서 유념해야 할 점은 국제인권 분야에서는 각 인권단체와 소속원의 역량이 인권 개선에 직접적인 영향을 미친다는 점이다. 예컨대, 북한 인권 상황을 확인할 수 있는 기본 문서는 통일연구원에서 매년 발행하는 『북한인권백서』라 할 수 있다. 그리고 대한변호사협회의 『북한인권백서』는 북한 인권 실

19) 유엔 북한인권조사위원회는 북한에 자행되고 있는 행위가 국제형사법상 "반인륜적 범죄"(Crime Against Humanity)라 규정하고, 인권 침해 가해자들을, 유엔안보리를 통해 국제형사재판소에 회부할 것을 권고했다.

20) Weissbrodt, David International Human Rights ; Law, Policy, And Process, 3rd Edition, Anderson Publishing Co. 2001, pp. 246-272 이는 유엔의 주제별 구제제도(Thematic Mechanism)이라고 한다.

21) The Working Group on Arbitrary Detention.

22) Special Rapporteur on the Right to Food.

23) Special Rapporteur on Torture.

24) Special Rapporteur on the Promotion and Protection of the Right to Freedom of Opinion and Expression. 이 위원회는 정치적 신념 때문에 정치범 수용소에 들어갔으면 북한 정치범 수용소에 있는 수용자들에 대한 소청이 가능하다고 본다.

25) Special Rapporteur on Freedom of Religion or Belief.

26) Special Rapporteur on Extrajudicial, Summary or Arbitrary Executions.

태, 북한의 형법 등 인권 관련 법률과 적용 실태를 조사 분석하여 격년으로 출판함으로써 국제 인권 전문가들의 역량을 강화했다. 그리고 유엔의 '보편적 정례검토' 또한 북한 인권 상황의 중요한 분석 자료 중 하나로 평가받는다.[27)]

상술했듯이 북한은 총 5개의 국제인권조약 당사국이며, 이 조약에 근거하여 국가보고서 제출 등의 의무를 부담하고, 국제인권조약 기구를 통해 인권 심의를 받고 있다.[28)] 이하에서는 국제인권법의 관점에서 대표적 북한 인권 침해 사례로 지목되는 북한의 정치범 수용소와 종교의 자유 이슈를 살펴보도록 하겠다.

## V 국제인권법과 북한의 정치범 수용소

북한은 과거 구소련의 집단수용소 제도를 계승하여 해방 이후인 1947년부터 현재까지 정치범 수용소를 운영하고 있다. 정치범 수용소는 북한 인권 유린의 대표적인 사례로 지목된다. 북한에서 정치범이란 북한 체제와 김일성, 김정일, 김정은에 반하는 모든 행위를 범한 자로서, 일단 정치범 혐의가 있으면 본인은 물론 가족까지 구속하여 수용소에 보내는 것으로 알려져 있다.[29)] 수용소는 완전 통제구역과 혁명화 대상 구역으로 구분된다. 완전 통제구역은 한 번 들어가면 평생 나올 수 없는 곳이며, 혁명화 대상 구역은 어느 정도의 교화가 진행되면 석방이 가능한 곳으로 알려져 있다. 현재 북한에서 운영되

27) 대한변호사협회, 『북한인권백서』(2020), 대한변협은 2005년 3월 인권위원회 산하 북한인권소위원회를 구성하여 2006년 첫 번째 『북한인권백서』를 발간한 후 격년으로 현재까지 총 8회 백서를 발간하였다.

28) 예컨대, 북한은 2017년 여성차별철폐위원회와 아동권리위원회에서 심의받았으며, 2018년 12월 유엔장애인권리위원회에 국가보고서를 제출하였다.

29) Kang Chol-Hwan and Pierre Rigoulot, "The Aquariums of Pyongyang", Basic Books, 2005.

는 곳으로 추정되는 정치범 수용소는 총 5개로 "개천 14호 관리소, 요덕 15호 관리소, 명간 16호 관리소, 개천 18호 관리소, 청진 25호 관리소"가 있으며,[30] 수용인원은 15~20만 명에 달하는 것으로 추산된다.[31]

국제인권법의 관점에서 정치범 수용소의 문제점으로 지적되는 것은 적법절차에 위반되는 법 집행, 범법자는 물론 가족까지 처벌하는 연좌제, 고문과 가혹한 수용 조건 등이다.

## 1. 적법절차

북한에서 정치사상범은 일반 사법기관의 재판을 거치지 않고, 국가안전보위부하에서 비공개 행정심의 과정을 거친 후 정치범 수용소로 보내진다. 이 과정에서 그들은 변호사의 조력을 받지 못하고 있으며, 본인의 처벌 사유와 형 집행 기간을 공지받지 못하는 것으로 알려져 있다. 이는 북한이 가입한 시민적 · 정치적 권리규약 제9조를 위반한 것으로 볼 수 있다. 시민적 · 정치적 권리규약 제9조 제1항에 따르면 "형사 절차법상 모든 피고인은 적법절차에 따라 처벌을 받아야 하며, 구속 당시 그 사유를 고지받아야 한다"(제9조 제2항).[32] 동 규약 제14조에 따르면 "피고인은 공개재판을 받을 권리가 있고, 유죄 판결 시까지 무죄추정의 원칙[33]이 적용되며, 재판에서 변호사의 조력을 받을 권리가 있다."

30) 통일연구원, 『북한인권백서』, 2020, pp. 394-396.

31) 대한변호사협회, 『북한인권백서』, 2020, p. 289(약 15만 4천 명) ; https://www.dailynk.com/北-수용소-없다-수감-인원-늘리고-유사시-사살(약 20만 명)

32) International Covenant on Civil and Political Rights(ICCPR) Article 9.2 "Anyone who is arrested shall be informed, at the time of arrest, of the reasons for his arrest and shall be promptly informed against him."

33) ICCPR Article 14.2 "Everyone charged with a criminal offence shall have the right to be presumed innocent until proved guilty according to the law."

## 2. 연좌제 및 정치범 수용 실태

북한에서 정치범으로 판명된 사람은 전 재산이 몰수되고, 사전 통보 없이 직계 가족 전체가 정치범 수용소로 이송된다. 강철환은 그의 할아버지가 정치범으로 판명되면서 만 9세에 모든 가족이 정치범 수용소로 끌려간 후 10년 동안 아동기와 소년기를 수용소에서 보내게 된다. 2006년 8월 대한민국에 입국한 신동혁은 정치범 수용소 완전 통제구역에서 태어나 23년 동안 죄수 생활을 했다.[34] 죄를 범하지 않은 어린이들을 처벌하고 수용소에 구금하는 것은 북한 형법[35]과 시민적 · 정치적 권리규약의 위반인 동시에 북한이 가입한 유엔아동권리협약의 기본 정신을 침해하고 있다. 이를 구체적으로 살펴보면 어린이의 기본 생존권을 명시한 유엔아동권리협약 제6조,[36] 모든 형태의 학대 방지를 표명한 제19조, 가혹한 처벌을 금지한 제37조, 적법절차를 존중하는 제40조 등의 조항을 위반한 것으로 보인다. 그리고 정치범은 정상적인 배급과 의료 혜택의 권리 등이 박탈되며, 결혼과 출산도 금지되고, 외부와 철저히 분리되어 살아간다. 수용자들은 강제노동하게 되고, 극도의 식량난으로 인한 영양실조에 시달리며 질병으로 죽어 가는 것으로 알려져 있다.

---

34) 신동혁, "세상 밖으로 나오다" 「북한인권정보센터」, 2007. 신동혁은 북한 정치범 수용소 완전통제구역 출생자로서는 최초로 대한민국에 입국한 경우이다.

35) 북한 형법 제11조에 따르면 형사책임, 자유의 박탈, 사형, 종신형이 가능한 법정 최저연령은 만 14세 미만이다. CRC/C/65/Add.24 5 November 2003 아동의 권리에 관한 협약의 이행에 대한 조선민주주의 인민공화국 제2차 정기 보고서 Paragraph 56 ; Committee on the Rights of the Child, Consider- ation of reports submitted by States Parties Under Article 44 of the Convention, second periodic reports of States parties due in 1997, Addendum Democratic People's Republic of Korea.

36) Convention on the Rights of the Child(CRC), Article 6.1 'States Parties recognize that every child has the inherent right to life'. Article 6.2 "State Parties shall ensure to the maximum extent possible the survival and development of the child."

### 3. 국제인권법 관점에서 본 정치범 수용소의 해결 방안

정치범 수용소에서는 강제노동, 종교자유의 침해, 영아 살해, 적법절차를 거치지 않은 처형 등 각 개인의 형벌 범위를 넘어서는 잔혹한 인권 유린이 일어나고 있으며, 이와 같이 의도적인 인권 유린에 대한 조속한 해결책 마련이 필요하다. 국제인권법 관점에서 그 해결책으로는 북한당국에 대한 수용소 폐지와 개선 권고, 기존 국제인권조약과 유엔 특별보고제도에 근거한 제소, 그리고 국제형법에 근거한 책임자 처벌 등이 검토될 수 있다.

## Ⅵ 국제인권법과 북한 종교의 자유

북한은 정권 출범 시부터 종교활동과 기타 사상, 신념 체계를 탄압해 왔다. 특히, 한국전쟁 이후 기독교는 미 제국주의 세력 확장의 도구인 반국가적 조직으로, 외국 선교사는 미국의 스파이로, 기독교인들은 '반혁명 분자'로 낙인찍어 탄압하였다.

### 1. 종교 자유의 실태

북한에서 김일성, 김정일 및 김정은의 위치는 독보적이며 절대적이라고 알려져 있다. 김일성이 권력을 완전히 장악한 뒤, 북한 정부는 가족 출신 성분과 정권에 대한 충성도를 기준으로 사회를 계층화했다. 북한에 남은 종교인들과 그 후손들은 51개 계급 성분 중 최하층으로 분류되어 교육, 고용과 배급 등 삶의 전반적인 부분에서 차별받았다. 김일성은 조직적으로 광범위하게 종교를 말살해 갔다.[37] 1970년대 들어 천도교를 제외한 거의 모든 종교는 북한 땅에서 자취를 감추게 된다.

그러나 1990년대 이후 북한이 극심한 식량난에 처하면서 많은 탈북자가 생겼고, 북한을 왕래하는 이들을 통해 종교가 다시 북한 땅에 유입되기 시작했다. 북한은 유입되는 종교를 철저히 색출, 말살하는 동시에 평양 등지에 몇몇 공식적인 종교시설을 허가하면서 종교 행위를 허용하는 이중 정책을 쓰고 있다. 이들 몇 개의 종교시설을 제외하면 북한에서 실질적인 종교의 자유는 없는 것으로 보인다.

## 2. 북한법과 종교의 자유

조선민주주의인민공화국 헌법 제68조에 "공민은 신앙의 자유를 가진다"라고 명시되어 있다. 그러나 이 조항에 "종교는 외국의 영향력을 끌어들이거나 국가 또는 사회질서를 해치는 데 사용할 수 없다"라는 문구를 포함하고 있다. 결국 이 문구는 '종교적 신념의 자유'에 대한 조항을 자의적으로 침해할 수 있는 문제점을 가지고 있다.

실제로 종교인들은 종교를 믿었다는 것 때문에 처벌받기보다 외국의 반국가 세력들과 내통했다는 일종의 간첩죄에 따라 처벌되고 있는 것으로 알려져 있다. 예를 들어, 한 탈북자가 중국에서 남한의 선교사를 통해 기독교인이 되어서 강제 송환되어 들어왔다고 할 경우, 국경을 허락 없이 넘은 비법국경출입죄(북한 형법 제233조), 남한 사람과 접촉한 죄, 북한의 안위를 위협하는

37) 고태우, 『북한의 종교정책』(서울 : 민족문화사, 1989), pp. 79-80. 김일성은 다음과 같이 회고하였다고 한다. "우리는 그러한 종교인들을 함께 데리고 공산주의 사회로 갈 수 없었다. 그러므로 우리는 기독교, 천주교에서 집사 이상의 간부들을 모두 재판해서 처단해 버렸고, 그 밖의 종교인 중에서도 악질은 모두 사법처리하였다. 그리고 일반 종교인들은 본인이 개심하면 일을 시키고 개심하지 않으면 수용소에 가두어 버렸다. … 그래서 우리는 그 일당을 1958년에 모조리 잡아 처단해 버렸다. 그래서 종교인들은 죽여야 그 버릇을 고친다는 것을 알게 되었다."

남한의 간첩(선교사)[38]과 내통한 조국 반역죄(북한 형법 제62조)가 적용되고 있다.

북한 형법 제62조의 조국 반역죄는 "공화국 공민이 조국을 배반하고 다른 나라로 도망쳤거나 투항, 변절하였거나 비밀을 넘겨준 조국반역행위를 한 경우에 5년 이상의 로동교화형에 처한다. 정상이 특히 무거운 경우에는 무기 로동교화형 또는 사형 및 재산몰수형에 처한다"라고 명시하고 있다.[39] 만약 이 사람이 성경을 소지하거나 전도한다면 정상이 무거운 조국 반역죄로 다스려지며, 종신형이나 처형도 당할 수 있다.

북한 헌법 제67조는 '언론, 출판, 집회, 결사의 자유'를 규정하고 있다. 하지만 이 조항도 종교의 자유에 대한 제68조와 마찬가지로, "국가는 계급로선을 견지하며, 인민민주주의 독재를 강화해야 한다."는 조항에 따라 심각하게 손상되고 제한받고 있다. 종교를 믿고 전파하는 행위는 북한 국내법에 따라 심각하게 제한되고 있고, 이는 결국 북한이 가입한 시민적 · 정치적 권리규약을 위반하고 있다.

## 3. 국제인권법과 북한 종교의 자유

북한은 국제인권의 가장 기본적인 내용을 담고 있는 세계인권선언 제18조[40]를 위반하고 있다. 세계인권선언 제18조는 모든 사람이 사상, 양심 및 종교의

38) 북한은 기독교를 미국 종교로 보고 있다. 그리고 북한에서 선교사는 미국이나 남한 정부의 간첩으로 여겨진다.

39) 한인섭, 북한의 형사법과 인권보장문제, "2008 '북한 인권과 법' 심포지엄 ; 법을 통해 본 북한 인권 문제", 국가인권위원회, p. 89.

40) 세계인권선언 제18조 "모든 사람은 사상, 양심 및 종교의 자유에 대한 권리를 가진다. 이러한 권리는 자신의 종교 또는 신념을 바꿀 수 있는 자유와 신앙교육, 의식, 예배에 있어서 단독으로 혹은 집단적으로, 공적 또는 사적으로 자신의 종교나 신념을 표명하는 자유를 포함한다."

자유에 대한 권리가 있음을 천명하고 있다. 북한은 조약가입국으로서 1966년 시민적 · 정치적 권리규약 제18조[41]를 위반하고 있다. 조약 당사국으로서 북한은 종교 자유를 보장하는 것은 물론 그 권리를 표현할 수 있는 환경을 허락하여야 하며, 자녀들이 종교 교육을 받을 수 있게 해야 한다. 또한, 특정 종교인이기 때문에 교육, 의료, 고용권의 차별을 받는 것은 시민적 · 정치적 권리규약 제25조[42]에 위반되는 행위이다. 동 규약 제26조에 따르면 모든 사람이 종교나 정치적인 신념과 같은 이유로 차별받지 못하기 때문이다. 그뿐만 아니라 동 규약 제27조에는 조약 당사국이 종교인들로 하여금 종교 행위를 공개적으로 하며 신앙생활을 할 수 있게 할 의무가 있음을 명시하고 있다.[43]

북한은 국제법에 따라 종교공동체를 인정하고 그러한 공동체가 합법적인 지위를 획득할 수 있는 제도를 확립하여야 한다. 물론 북한은 국가 종교기관에서 허가받은 종교 행위를 인정하고 있다고 주장한다.[44] 그러나 위와 같이

---

41) 시민적 · 정치적 권리규약 제18조에는 다음과 같이 규정한다.

1. 모든 사람은 사상, 양심 및 종교의 자유에 대한 권리를 가진다. 이러한 권리는 스스로 종교나 신념을 선택하고 받아들일 자유와, 단독으로 또는 다른 사람과 공동으로, 공적 또는 사적으로 예배, 의식, 행사 및 신앙교육에 의하여 그의 종교나 신념을 표명하는 자유를 포함한다.
2. 어느 누구도 종교나 신념을 스스로 선택하거나 받아들일 자유를 강제로 침해당해서는 안 된다.
3. 자신의 종교나 신념을 표명하는 자유는 법률에 규정되고 공공의 안전, 질서, 공중보건, 도덕 또는 타인의 기본적 권리 및 자유를 보호하기 위하여 필요한 경우에만 제한받을 수 있다.
4. 이 규약의 당사국은 부모 또는 경우에 따라 법정 후견인이 그들의 신념에 따라 자녀의 종교적, 도덕적 교육을 수행할 자유를 존중할 것을 약속한다."

42) ICCPR Article 25 (c) ; "Every citizen shall have the right and the opportunity, without any of the distinctions mentions in article 2 and without unreasonable restrictions to have access, on general terms of equality, to public service in his country."

43) ICCPR Article 27 ; "종족적, 종교적 또는 언어적 소수민족이 존재하는 국가에 있어서는 그러한 소수민족에 속하는 사람들에게 그 집단의 다른 구성원들과 함께 그들 자신의 문화를 향유하고, 그들 자신의 종교를 표명하고 실행하거나 또는 자신의 언어를 사용할 권리가 부인되지 아니한다."

명시된 국제법에 의거하여, 북한은 국가가 허가하는 종교 활동 이외의 사적 종교 활동을 인정하고, 사적 종교 조직에 참여하고 있는 사람들을 구금, 고문, 처형하는 일을 중단해야 한다.[45] 그 외 개인이나 종교단체가 외부로부터 종교 서적이나 자료를 수입할 수 있도록 허용하여야 하며, 또한 청소년과 성인들에게 종교 교육 프로그램을 운영할 수 있도록 허용하여야 한다.

## 4. 북한의 청소년들과 정보 접근권

북한은 최근 청소년들의 눈을 가리고 귀를 막기 위해 소위 3대 악법 「반동사상문화배격법」(2020), 「청년교양보장법」(2021)과 「평양문화어보호법」(2023)을 제정하여 대한민국의 음악과 영상을 보거나 공유하면 사형까지 포함한 중한 형사처벌을 하기 시작했다. 더불어 대한민국식 언어 표현도 단속과 형사처벌의 대상이 된다고 하니 심히 우려된다. 북한 주민들의 정보 접근권(Right to Information) 향상을 위해 창의적이고 과학적인 접근이 필요하다.[46]

44) 현재 평양에는 봉수교회와 칠곡교회 등 두 개의 개신교 교회들이 존재하고 있다. 그리고 천주교 예배당이 한 곳 있으나 로마 바티칸은 공인된 신부가 없다는 이유로 그 예배 의식과 예배당을 공식 성당으로 인정하지 않고 있다.

45) David Hawk, Thank You, Father Kim Il Sung : Eyewitness Accounts of Sever Violations of Freedom of Thought, Conscience, and Religion in North Korea, United States Commission on International Religious Freedom. Washington, D.C. 2005.

46) 한 예로 우크라이나는 'SpaceX' 회사의 스타링크(star link) 인공위성을 통해 인터넷과 정보통신체계를 운영하고 있다.

# Ⅶ 결론

우리나라는 조선시대까지 신분제도로 인하여 다양한 사회적 차별이 존재했음에도 불구하고, 초기 선교사들이 학교를 세워 아동과 여성에게 교육의 기회를 제공하였고, 병원을 건립하여 보편적 보건 의료 제도의 근간을 세웠다. 이러한 기초 위에 우리나라는 1948년 헌법 제정을 통해 자유민주주의 국가를 표방하는 평등한 사회를 구현하기 위해 노력하고 있다.

제2차 세계대전 이후 국제연합은 세계인권선언과 국제인권조약을 통해 인간의 존엄성을 보장하기 위한 국제적 기준을 세우고, 유엔인권규범체계를 확립하여 다양한 인권 보호제도와 담당 기관을 운영하고 있다. 그러나 수령 중심의 일인 독재를 강조하는 북한은 개인의 권리보다 국가의 이익을 중시하는 북한식 인권관의 울타리에 머물고 있다.

노벨 문학상 수상자인 알렉산드르 솔제니친(Aleksandr Solzhenitsyn) 본인의 소련 정치범 수용소 경험을 담은 『이반 데니소비치의 하루』 및 『수용소 군도』와 전체주의 국가의 초현실적인 인간 통제를 그려낸 영국 작가 조지 오웰(George Orwel)의 『동물농장』이나 『1984』 같은 책과 영화는 북한 사회를 이해하기 위한 좋은 수단이 될 수 있다. 이런 자료들을 통해 인간이 강압적 사회에서 서로를 어떻게 억압 및 통제하는지를 이해하고, 향후 북한의 인권 개선을 위해 무엇이 필요한지에 대한 고민이 필요하다. 세계인권선언과 국제인권조약법에 대한 상세한 분석에 앞서, 먼저 북한의 인간관과 인권관에 대한 관점을 연구하고, 왜 북한의 정치범 수용소 경비부대원은 군견에 물려 죽어가는 아이를 바라볼 때 그들이 죽어도 되는 대상으로 인식하였는지에 대한 고민이 필요하다.

포스트 모던 시대를 살아가는 우리 모두는 보편적 인권 개념을 숙고하고, 하나님이 창조하신 모든 인간이 존중받는 사회를 구현하기 위해 노력할 필요가 있다. 상대적 진리의 시대에 보편적 윤리와 인권의 사상적 기초를 제공하는 성경을 깊이 연구함으로써 우리는 실천적 차원에서 이웃 사랑으로 나아가야 한다. 이를 통해 우리 청년들이 분단된 한반도의 현실을 극복하고, 북한을 넘어 아시아의 인권 옹호, 자유민주주의와 법치주의 확립을 위한 역량을 기르며, 모든 사람이 하나님의 형상으로 존중받는 정의로운 사랑의 나라를 만들어 가길 기대해 본다.

마지막으로, 지금 북한의 주민들은 코로나 사태 이후 각종 천재지변을 겪으며 많은 어려움을 겪고 있다고 전해진다. 실제로 북한은 전기 등 에너지 부족으로 실효성 있는 백신 수급과 의료 보건 체계를 운영할 능력이 없다고 한다. 이처럼 국가적 인권과 인도주의적 위기는 장애인, 여성, 아동 등 취약계층의 생존권을 심히 위협한다. 따라서 유엔, 대한민국과 유럽 등 국제사회는 서로 더욱더 협력하고 역할을 분담하여, 북한 주민들의 생명권을 지켜내고 이들의 기본적 인권과 복지가 증진될 수 있도록 장애인 아동과 특수교육 분야 등과 같이 '비정치적' 영역부터 실생활에서 실질적 인권 증진 방안 모색을 위해 더 적극적으로 정진해야 할 것이다.

## 생각해 볼 거리

1. 각자 전공을 통해 어떤 영역에서 어떤 방식으로 통일과 북한 인권 증진에 기여할 수 있을까를 고민해 봅시다.

2. 북한의 장애인, 여성과 아동들을 위해 할 수 있는 것이 무엇일까요?

3. 북한의 정치범 수용소 등 반인륜적 행위를 중단시킬 수 있는 방법은 무엇일까요?

4. 북한의 인권 현실의 심각성을 전 세계 청년들과 공유할 수 있는 방법에는 어떤 것이 있을까요?

## 참고자료 및 더 읽어볼 거리

〈저서 및 논문〉

고태우(1989). 북한의 종교정책. 민족문화사.

국가인권위원회(2018). 세계인권선언.

국가인권위원회(2011). 인권의 해설.

국가인권위원회(2018). 유엔아동권리협약의 이해.

곽노현 외(2008). 인권법 ,국방송통신대학교 출판부.

대한변호사협회(2024). 북한인권백서.

송인호 외(2016). 최근 크메르루즈특별재판소(ECCC)의 상황에 대한 고찰. 통일과 법률, 통권 제26호.

신동혁(2007). 세상 밖으로 나오다. 북한인권정보센터.

이국운 외(2021). 이 땅에서 자유·정의·평화·법. 한동대학교 출판부.

원재천 외(2013). 유엔인권메커니즘과 북한인권. 통일연구원.

원재천 외(2019). 유엔장애인권리협약에 비추어 본 북한장애인인권. 공동체.

원재천(2010). 북한인권의 국제인권법적 고찰. 인권과 정의, vol. 401.

원재천 외(2020 ). 유엔여성차별철폐협약이행 보고서에 나타난 북한여성인권. 강원법학, 61,

임경옥 외(2018). 아동권리와 복지. 공동체.

통일연구원(2024). 북한인권백서.

통일부(2024). 북한인권보고서.

한인섭(2008). 북한의 형사법과 인권보상눈제. 국가인권위원회.

Bob, F.(2002). *The New Handbook of Children's Rights*. Routledge.

Chol-Hwan Kang(2001). *The Aquariums of Pyongyang*. Basic Books.

Catherine, R.(2011). *Creating a World Fit for children*. IDEBATE Press.

David Hawk(2005). Thank You, Father Kim Il Sung : Eyewitness Accounts of Sever Violations of Freedom of Thought, Conscience, and Religion in North Korea. United States Commission on International Religious Freedom.

David Weissbrodt(2009). *International Human Rights : Law, Policy, and Process*. LexisNexis

Harris, D. J.(2015). *International Law*. Thomson.

Henry J. Steniner(2007). *International Human Rights in Context*. Oxford Press.

Robert Collins(2012). Marked for Life : Ongbun, North Korea's Social Classification System, The Committee for Human Rights in North Korea. Washington DC.

UN Human Rights Council(2014). Report of the detailed findings of the commission of inquiry on human rights in the Democratic People's Republic of Korea. A/HRC/25/63.

United Nations(2004). ABC : teaching human rights : practical activities for primary and secondary schools. United Nations.

〈웹사이트〉

국제적십자위원회 : https://www.icrc.org

국제적십자위원회 : https://www.icrc.org

세계노동기구 : https://www.ilo.org

세계보건기구 : www.who.int

세계식량기구 : www.fao.org

유엔개발계획 : www.undp.org/content/undp/en/home

유엔난민최고대표사무소 : www.unhcr.or.kr

유엔아동기금 : www.unicef.or.kr

유엔인권최고대표사무소 : https://www.ohchr.org

## 세계인권선언

세계인권선언은 1948년 12월 10일 총회결의 217A(III)에 의해 채택되고 선언되었다. 1948년 12월 10일에 국제 연합 총회가 세계 인권선언을 채택하고 선포하였으며, 관련 내용은 아래에 기재되었다. 이 역사적인 행위와 더불어, 총회는 모든 회원국들에게 이 선언서의 전문이 홍보되고 "국가 또는 국가의 정치적 위치에 따른 차별 없이 학교와 다른 교육기관에서 전파, 표시, 구독, 강의되어질 것을 요청한다."

### 전 문

인류 가족 모든 구성원의 고유한 존엄성과 평등하고 양도할 수 없는 권리를 인정하는 것이 세계의 자유, 정의, 평화의 기초가 됨을 인정하며, 인권에 대한 무시와 경멸은 인류의 양심을 짓밟는 야만적 행위를 결과하였으며, 인류가 언론의 자유, 신념의 자유, 공포와 궁핍으로부터의 자유를 향유하는 세계의 도래가 일반인의 지고한 열망으로 천명되었으며, 사람들이 폭정과 억압에 대항하는 마지막 수단으로서 반란에 호소하도록 강요받지 않으려면, 인권이 법에 의한 지배에 의하여 보호되어야 함이 필수적이며, 국가간의 친선관계의 발전을 촉진시키는 것이 긴요하며, 국제연합의 여러 국민들은 그 헌장에서 기본적 인권과, 인간의 존엄과 가치, 남녀의 동등한 권리에 대한 신념을 재확인하였으며, 더욱 폭넓은 자유 속에서 사회적 진보와 생활수준의 개선을 촉진할 것을 다짐하였으며, 회원국들은 국제연합과 협력하여 인권과 기본적 자유에 대한 보편적 존중과 준수의 증진을 달성할 것을 서약하였으며, 이들 권리와 자유에 대한 공통의 이해가 이러한 서약의 이행을 위하여 가장 중요하므로, 따라서 이제 국제연합 총회는 모

## Universal Declaration of Human Rights

On December 10, 1948 the General Assembly of the United Nations adopted and proclaimed the Universal Declaration of Human Rights the full text of which appears in the following pages. Following this historic act the Assembly called upon all Member countries to publicize the text of the Declaration and "to cause it to be disseminated, displayed, read and expounded principally in schools and other educational institutions, without distinction based on the political status of countries or territories."

### PREAMBLE

Whereas recognition of the inherent dignity and of the equal and inalienable rights of all members of the human family is the foundation of freedom, justice and peace in the world, Whereas disregard and contempt for human rights have resulted in barbarous acts which have outraged the conscience of mankind, and the advent of a world in which human beings shall enjoy freedom of speech and belief and freedom from fear and want has been proclaimed as the highest aspiration of the common people, Whereas it is essential, if man is not to be compelled to have recourse, as a last resort, to rebellion against tyranny and oppression, that human rights should be protected by the rule of law, Whereas it is essential to promote the development of friendly relations between nations, Whereas the peoples of the United Nations have in the Charter reaffirmed their faith in fundamental human rights, in the dignity and worth of the human person and in the equal rights of men and women and have determined to promote social progress and better standards of life in larger freedom, Whereas Member States have pledged themselves to achieve, in cooperation with the

든 개인과 사회의 각 기관은 세계인권선언을 항상 마음속에 간직한 채, 교육과 학업을 통하여 이러한 권리와 자유에 대한 존중을 신장시키기 위하여 노력하고, 점진적인 국내적 및 국제적 조치를 통하여 회원국 국민 및 회원국 관할하의 영토의 국민들 양자 모두에게 권리와 자유의 보편적이고 효과적인 인정과 준수를 보장하기 위하여 힘쓰도록, 모든 국민들과 국가에 대한 공통의 기준으로서 본 세계인권선언을 선포한다.

United Nations, the promotion of universal respect for and observance of human rights and fundamental freedoms, Whereas a common understanding of these rights and freedoms is of the greatest importance for the full realization of this pledge, Now, Therefore THE GENERAL ASSEMBLY proclaims THIS UNIVERSAL DECLARATION OF HUMAN RIGHTS as a common standard of achievement for all peoples and all nations, to the end that every individual and every organ of society, keeping this Declaration constantly in mind, shall strive by teaching and education to promote respect for these rights and freedoms and by progressive measures, national and international, to secure their universal and effective recognition and observance, both among the peoples of Member States themselves and among the peoples of territories under their jurisdiction.

### 제1조

모든 사람은 태어날 때부터 자유롭고, 존엄성과 권리에 있어서 평등하다. 사람은 이성과 양심을 부여받았으며 서로에게 형제의 정신으로 대하여야 한다.

### Article 1.

All human beings are born free and equal in dignity and rights. They are endowed with reason and conscience and should act towards one another in a spirit of brotherhood

### 제2조

모든 사람은 인종, 피부색, 성, 언어, 종교, 정치적 또는 그 밖의 견해, 민족적 또는 사회적 출신, 재산, 출생, 기타의 지위 등에 따른 어떠한 종류의 구별도 없이, 이 선언에 제시된 모든 권리와 자유를 누릴 자격이 있다. 나아가 개인이 속한 나라나 영역이 독립국이든 신탁통치지역이든, 비자치지역이든 또는 그 밖의 다른 주권상의 제한을 받고 있는 지역이든, 그 나라나 영역의 정치적, 사법적, 국제적 지위를 근거로 차별이 행하여져서는 아니된다.

### Article 2.

Everyone is entitled to all the rights and freedoms set forth in this Declaration, without distinction of any kind, such as race, colour, sex, language, religion, political or other opinion, national or social origin, property, birth or other status. Furthermore, no distinction shall be made on the basis of the political, jurisdictional or international status of the country or territory to which a person belongs, whether it be independent, trust, non-self-governing or under any other limitation of sovereignty.

### 제3조

모든 사람은 생명권과 신체의 자유와 안전을

### Article 3.

Everyone has the right to life, liberty and se-

누릴 권리가 있다.

curity of person.

### 제4조

어느 누구도 노예나 예속상태에 놓여지지 아니한다. 모든 형태의 노예제도 및 노예매매는 금지된다.

### Article 4.

No one shall be held in slavery or servitude ; slavery and the slave trade shall be prohibited in all their forms.

### 제5조

어느 누구도 고문이나, 잔혹하거나, 비인도적이거나, 모욕적인 취급 또는 형벌을 받지 아니한다.

### Article 5.

No one shall be subjected to torture or to cruel, inhuman or degrading treatment or punishment.

### 제6조

모든 사람은 어디에서나 법 앞에 인간으로서 인정받을 권리를 가진다.

### Article 6.

Everyone has the right to recognition everywhere as a person before the law

### 제7조

모든 사람은 법 앞에 평등하고, 어떠한 차별도 없이 법의 평등한 보호를 받을 권리를 가진다. 모든 사람은 이 선언을 위반하는 어떠한 차별에 대하여도, 또한 어떠한 차별의 선동에 대하여도 평등한 보호를 받을 권리를 가진다.

### Article 7.

All are equal before the law and are entitled without any discrimination to equal protection of the law. All are entitled to equal protection against any discrimination in violation of this Declaration and against any incitement to such discrimination.

### 제8조

모든 사람은 헌법 또는 법률이 부여하는 기본권을 침해하는 행위에 대하여 담당 국가법원에 의하여 효과적인 구제를 받을 권리를 가진다.

### Article 8.

Everyone has the right to an effective remedy by the competent national tribunals for acts violating the fundamental rights granted him by the constitution or by law.

### 제9조

어느 누구도 자의적인 체포, 구금 또는 추방을 당하지 아니한다.

### Article 9.

No one shall be subjected to arbitrary arrest, detention or exile.

### 제10조

모든 사람은 자신의 권리와 의무, 그리고 자신에 대한 형사상의 혐의를 결정함에 있어서, 독립적이고 편견 없는 법정에서 공정하고도 공개적인 심문을 전적으로 평등하게 받을 권리를 가진다.

### Article 10.

Everyone is entitled in full equality to a fair and public hearing by an independent and impartial tribunal, in the determinat- ion of his rights and obligations and of any criminal charge against him.

### 제11조

1. 형사 범죄로 소추당한 모든 사람은 자신의 변호를 위하여 필요한 모든 장치를 갖춘 공개된 재판에서 법률에 따라 유죄로 입증될 때까지 무죄로 추정 받을 권리를 가진다.
2. 어느 누구도 행위 시의 국내법 또는 국제법상으로 범죄를 구성하지 아니하는 작위 또는 부작위를 이유로 유죄로 되지 아니한다. 또한 범죄가 행하여진 때에 적용될 수 있는 형벌보다 무거운 형벌이 부과되지 아니한다.

### Article 11.

(1) Everyone charged with a penal offence has the right to be presumed innocent until proved guilty according to law in a public trial at which he has had all the guarantees necessary for his defence.
(2) No one shall be held guilty of any penal offence on account of any act or omission which did not constitute a penal offence, under national or international law, at the time when it was committed. Nor shall a heavier penalty be imposed than the one that was applicable at the time the penal offence was committed.

### 제12조

어느 누구도 자신의 사생활, 가정, 주거 또는 통신에 대하여 자의적인 간섭을 받지 않으며, 자신의 명예와 신용에 대하여 공격을 받지 아니한다. 모든 사람은 그러한 간섭과 공격에 대하여 법률의 보호를 받을 권리를 가진다.

### Article 12.

No one shall be subjected to arbitrary interference with his privacy, family, home or correspondence, nor to attacks upon his honour and reputation. Everyone has the right to the protection of the law against such interference or attacks.

### 제13조

1. 모든 사람은 각국의 영역 내에서 이전과 거주의 자유에 관한 권리를 가진다.
2. 모든 사람은 자국을 포함한 어떤 나라로부터도 출국할 권리가 있으며, 또한 자국으로 돌아올 권리를 가진다.

### Article 13.

(1) Everyone has the right to freedom of movement and residence within the borders of each state.
(2) Everyone has the right to leave any country, including his own, and to return to his country.

### 제14조

1. 모든 사람은 박해를 피하여 타국에서 피난처를 구하고 비호를 향유할 권리를 가진다.
2. 이 권리는 비정치적인 범죄 또는 국제연합의 목적과 원칙에 반하는 행위만으로 인하여 제기된 소추의 경우에는 활용될 수 없다.

### Article 14.

(1) Everyone has the right to seek and to enjoy in other countries asylum from persecution.
(2) This right may not be invoked in the case of prosecutions genuinely arising from non-political crimes or from acts contrary to the purposes and principles of the United Nations.

### 제15조

1. 모든 사람은 국적을 가질 권리를 가진다.

### Article 15.

(1) Everyone has the right to a nationality.

2. 어느 누구도 자의적으로 자신의 국적을 박탈당하거나 그의 국적을 바꿀 권리를 부인당하지 아니한다.

(2) No one shall be arbitrarily deprived of his nationality nor denied the right to change his nationality.

### 제16조

1. 성년에 이른 남녀는 인종, 국적 또는 종교에 따른 어떠한 제한도 받지 않고 혼인하여 가정을 이룰 권리를 가진다. 이들은 혼인 기간 중 및 그 해소시 혼인에 관하여 동등한 권리를 가진다.
2. 결혼은 양당사자의 자유롭고도 완전한 합의에 의하여만 성립된다.
3. 가정은 사회의 자연적이며 기초적인 구성단위이며, 사회와 국가의 보호를 받을 권리를 가진다.

### Article 16.

(1) Men and women of full age, without any limitation due to race, nationality or religion, have the right to marry and to found a family. They are entitled to equal rights as to marriage, during marriage and at its dissolution.
(2) Marriage shall be entered into only with the free and full consent of the intending spouses.
(3) The family is the natural and fundamental group unit of society and is entitled to protection by society and the State.

### 제17조

1. 모든 사람은 단독으로는 물론 타인과 공동으로 자신의 재산을 소유할 권리를 가진다.
2. 어느 누구도 자신의 재산을 자의적으로 박탈당하지 아니한다.

### Article 17.

(1) Everyone has the right to own property alone as well as in association with others.
(2) No one shall be arbitrarily deprived of his property.

### 제18조

모든 사람은 사상, 양심 및 종교의 자유에 대한 권리를 가진다. 이러한 권리는 자신의 종교 또는 신념을 바꿀 자유와 선교, 행사, 예배, 의식에 있어서 단독으로 또는 다른 사람과 공동으로, 공적으로 또는 사적으로 자신의 종교나 신념을 표명하는 자유를 포함한다.

### Article 18.

Everyone has the right to freedom of thought, conscience and religion ; this right includes freedom to change his religion or belief, and freedom, either alone or in community with others and in public or private, to manifest his religion or belief in teaching, practice, worship and observance.

### 제19조

모든 사람은 의견과 표현의 자유에 관한 권리를 가진다. 이 권리는 간섭받지 않고 의견을 가질 자유와 모든 매체를 통하여 국경에 관계없이 정보와 사상을 추구하고, 접수하고, 전달하는 자유를 포함한다.

### Article 19.

Everyone has the right to freedom of opinion and expression ; this right includes freedom to hold opinions without interference and to seek, receive and impart information and ideas through any media and regardless of frontiers.

### 제20조
1. 모든 사람은 평화적 집회와 결사의 자유에 관한 권리를 가진다.
2. 어느 누구도 어떤 결사에 소속될 것을 강요받지 아니한다.

### Article 20.
(1) Everyone has the right to freedom of peaceful assembly and association.
(2) No one may be compelled to belong to an association.

### 제21조
1. 모든 사람은 직접 또는 자유롭게 선출된 대표를 통하여 자국의 통치에 참여할 권리를 가진다.
2. 모든 사람은 자국의 공무에 취임할 동등한 권리를 가진다.
3. 국민의 의사는 정부의 권위의 기초가 된다. 이 의사는 보통 및 평등 선거권에 의거하며, 또한 비밀투표 또는 이와 동등한 자유로운 투표 절차에 따라 실시되는 정기적이고 진정한 선거를 통하여 표현된다.

### Article 21.
(1) Everyone has the right to take part in the government of his country, directly or through freely chosen representatives.
(2) Everyone has the right of equal access to public service in his country.
(3) The will of the people shall be the basis of the authority of government ; this will shall be expressed in periodic and genuine elections which shall be by universal and equal suffrage and shall be held by secret vote or by equivalent free voting procedures.

### 제22조
모든 사람은 사회의 일원으로서 사회보장제도에 관한 권리를 가지며, 국가적 노력과 국제적 협력을 통하여 그리고 각국의 조직과 자원에 따라 자신의 존엄성과 인격의 자유로운 발전을 위하여 불가결한 경제적, 사회적 및 문화적 권리의 실현에 관한 권리를 가진다.

### Article 22.
Everyone, as a member of society, has the right to social security and is entitled to realization, through national effort and international co-operation and in accordance with the organization
and resources of each State, of the economic, social and cultural rights indispensable for his dignity and the free development of his personality.

### 제23조
1. 모든 사람은 근로의 권리, 자유로운 직업 선택권, 공정하고 유리한 근로조건에 관한 권리 및 실업으 로부터 보호받을 권리를 가진다.
2. 모든 사람은 어떠한 차별도 받지 않고 동등한 노동에 대하여 동등한 보수를 받을 권리를 가진다.
3. 모든 근로자는 자신과 가족에게 인간적 존엄에 합당한 생활을 보장하여 주며, 필요할 경우 다른 사적 보호의 수단에 의하여 보완되

### Article 23.
(1) Everyone has the right to work, to free choice of employment, to just and favourable conditions of work and to protection against unemployment.
(2) Everyone, without any discrimination, has the right to equal pay for equal work.
(3) Everyone who works has the right to just and favourable remuneration ensuring for himself and his family an existence worthy of human dignity, and supplemented, if necessary, by other means of social protection.

는, 정당하고 유리한 보수를 받을 권리를 가진다.
4. 모든 사람은 자신의 이익을 보호하기 위하여 노동조합을 결성하고, 가입할 권리를 가진다.

(4) Everyone has the right to form and to join trade unions for the protection of his interests.

### 제24조

모든 사람은 근로시간의 합리적 제한과 정기적인 유급휴일을 포함한 휴식과 여가에 관한 권리를 가진다.

### Article 24.

Everyone has the right to rest and leisure, including reasonable limitation of working hours and periodic holidays with pay.

### 제25조

1. 모든 사람은 식량, 의복, 주택, 의료, 필수적인 사회역무를 포함하여 자신과 가족의 건강과 안녕에 적합한 생활수준을 누릴 권리를 가지며, 실업, 질병, 불구, 배우자와의 사별, 노령, 그 밖의 자신이 통제할 수 없는 상황에서의 다른 생계 결핍의 경우 사회보장을 누릴 권리를 가진다.
2. 모자는 특별한 보살핌과 도움을 받을 권리를 가진다. 모든 어린이는 부모의 혼인 여부에 관계없이 동등한 사회적 보호를 향유한다.

### Article 25.

(1) Everyone has the right to a standard of living adequate for the health and well-being of himself and of his family, including food, clothing, housing and medical care and necessary social services, and the right to security in the event of unemployment, sickness, disability, widowhood, old age or other lack of livelihood in circumstances beyond his control.
(2) Motherhood and childhood are entitled to special care and assistance. All children, whether born in or out of wedlock, shall enjoy the same social protection.

### 제26조

1. 모든 사람은 교육을 받을 권리를 가진다. 교육은 최소한 초등기초단계에서는 무상이어야 한다. 초등교육은 의무적이어야 한다. 기술교육과 직업교육은 일반적으로 이용할 수 있어야 하며, 고등교육도 능력에 따라 모든 사람에게 평등하게 개방되어야 한다.
2. 교육은 인격의 완전한 발전과 인권 및 기본적 자유에 대한 존중의 강화를 목표로 하여야 한다. 교육은 모든 국가들과 인종적 또는 종교적 집단간에 있어서 이해, 관용 및 친선을 증진시키고 평화를 유지하기 위한 국제연합의 활동을 촉진시켜야 한다.
3. 부모는 자녀에게 제공되는 교육의 종류를 선택함에 있어서 우선권을 가진다.

### Article 26.

(1) Everyone has the right to education. Education shall be free, at least in the elementary and fundamental stages. Elementary education shall be compulsory. Technical and professional education shall be made generally available and higher education shall be equally accessible to all on the basis of merit.
(2) Education shall be directed to the full development of the human personality and to the strengthening of respect for human rights and fundamental freedoms. It shall promote understanding, tolerance and friendship among all nations, racial or religious groups, and shall further the activities of the United Nations for the maintenance of peace.
(3) Parents have a prior right to choose the

kind of education that shall be given to their children.

### 제27조

1. 모든 사람은 지역사회의 문화생활에 자유롭게 참여하고, 예술을 감상하며, 과학의 진보와 그 혜택을 향유할 권리를 가진다.
2. 모든 사람은 자신이 창조한 모든 과학적, 문학적, 예술적 창작물에서 생기는 정신적, 물질적 이익을 보호받을 권리를 가진다.

### Article 27.

(1) Everyone has the right freely to participate in the cultural life of the community, to enjoy the arts and to share in scientific advancement and its benefits.
(2) Everyone has the right to the protection of the moral and material interests resulting from any scientific, literary or artistic production of which he is the author.

### 제28조

모든 사람은 이 선언에 제시된 권리와 자유가 완전히 실현될 수 있는 사회적 및 국제적 질서에 대한 권리를 가진다.

### Article 28.

Everyone is entitled to a social and international order in which the rights and freedoms set forth in this Declaration can be fully realized.

### 제29조

1. 모든 사람은 그 안에서만 자신의 인격을 자유롭고 완전하게 발전시킬 수 있는 지역사회에 대하여 의무를 부담한다.
2. 모든 사람은 자신의 권리와 자유를 행사함에 있어서, 타인의 권리와 자유에 대한 적절한 인정과 존중을 보장하고, 민주사회에서의 도덕심, 공공질서, 일반의 복지를 위하여 정당한 필요를 충족시키기 위한 목적에서만 법률에 규정된 제한을 받는다.
3. 이러한 권리와 자유는 어떤 경우에도 국제연합의 목적과 원칙에 반하여 행사될 수 없다.

### Article 29.

(1) Everyone has duties to the community in which alone the free and full development of his personality is possible.
(2) In the exercise of his rights and freedoms, everyone shall be subject only to such limitations as are determined by law solely for the purpose of securing due recognition and respect for the rights and freedoms of others and of meeting the just requirements of morality, public order and the general welfare in a democratic society.
(3) These rights and freedoms may in no case be exercised contrary to the purposes and principles of the United Nations.

### 제30조

이 선언의 그 어떠한 조항도 특정 국가, 집단 또는 개인이 이 선언에 규정된 어떠한 권리와 자유를 파괴할 목적의 활동에 종사하거나, 또는 그와 같은 행위를 행할 어떠한 권리도 가지는 것으로 해석되지 아니한다.

### Article 30.

Nothing in this Declaration may be interpreted as implying for any State, group or person any right to engage in any activity or to perform any act aimed at the destruction of any of the rights and freedoms set forth herein.

세 번째 강의

# 국제법 관점에서의 통일 이해

김세미

**김세미**

|

한동대학교 법학부 교수

저자는 미국에서 태어나 대학 시절 한국으로 들어와 한동대학교 법학부를 졸업한 후, 미국 조지워싱턴 로스쿨에서 LLM을 취득하고 홍콩중문대학교에서 법학 박사 학위를 받았다. 현재 한동대학교 법학부 교수로 재직 중이다.

국제법을 전공한 저자는 통일 한국의 필요성과 중요성, 그리고 해결해야 할 문제들을 국제법적 관점에서 연구하며 이를 널리 알리는 것을 사명으로 삼고 있다. 주요 연구 분야는 국제공법(조약법, 국가승계, 자주적 분쟁 해결(ADR))과 통일 문제이다.

저자는 한동대학교 화해중재원(Co-director, Mediation Center), DILA-Korea (Director for External Affairs)와 Asian Yearbook of International Law (Associate Editor)로 활동하고 있다.

# 국제법 관점에서의 통일 이해

'우리는 왜 통일을 국제법 관점으로 바라봐야 하나?'라는 질문에 통일한국개론 수업을 수강하고 있는 90명의 학생들을 대상으로 물어봤을 때, 답변은 다양했다. 몇 가지 답변을 공유해 보면 다음과 같다.

> "애초에 분단 및 휴전협정이 유엔, 북한, 중국으로 맺어졌기 때문에. 또한 미국, 중국, 러시아 같이 동맹국들과 관계를 무시할 수 없기 때문에 ; 평화와 인권은 한 나라만의 문제가 아니기 때문이다 ; 여러 나라 관점들이 중요하다 ; 우리나라와 북한 외에도 여러 국가의 이해 관계가 얽혀 있기 때문이다 ; 하나의 사슬처럼 얽히고 세계에서 국가의 통일은 다양한 분야에 막대한 영향을 미칠 수 있기 때문에 ; 한반도의 분단 현실이 남북한 간만의 문제가 아니기 때문에…"

위와 같이 다양한 답변이 나왔다.[1] 학생들 답변처럼 한반도 통일은 대한민국과 북한 문제뿐만 아니라 많은 나라들도 관련된 이슈이기 때문에 통일을 국제법적 관점에서 보는 것이 매우 중요하다. 이 글은 국제법이 무엇인지 또 통일 관련해서 국제법 문제들이 무엇이 있는지를 간단히 설명을 하기 위해 작성하였다.

1) 2022년 통일한국개론 수업 수강생 설문조사이며 익명으로 진행되었다.

# I 국제법이란?

국제법은 나라 간에 적용되는 법이다. 국제법의 목적은 다양하다. 유엔헌장 제1조와 제2조에 따르면 국제법의 목적은 (1) 국제평화와 안전 유지, (2) 사람들의 평등권 및 자결의 원칙의 존중, (3) 경제적, 사회적, 문화적 또는 인도적 성격의 국제 문제 해결, (4) 차별 없이 모든 사람의 인권 및 기본법 자유, 그리고 (5) 국제분쟁을 국제평화와 안전을 둔다.[2] 법은 사회가 그 규칙이 구속력이 있다고 수용하는 데서 강도를 얻으며, 강제적이라는 것이 아니다. 국제법은 국가 법체계의 결과가 아니라, 모든 국가가 자발적 의지와 동의에 기초한 국가 간의 규칙 체계의 결과이다. 국제법 자체는 국가 간의 규칙 체계이지만, 국제법 내에는 여러 가지 다른 분야의 법이 존재한다. 이러한 법의 다양한 분야에는 조약법, 인권법, 국제인도법, 환경법, 항공우주법, 해상법 등이 포함되어 있다. 각각의 법 분야마다 다양한 규칙이 존재한다.

국제사법재판소(ICJ) 규약 제38조(1)에 따르면 국제법의 근원은 국제 협약, 국제 습관, 법의 일반 원칙 등이다. 또한 판결 및 인정받은 국제법 전문가들의 교학도 국제법의 보조적 근원으로 고려된다. 국제협약에는 양자 간 협약과 다자간 협약이 모두 포함된다.[3]

조약법에 관한 비엔나협약 제2조 제1항 (a)항에 따르면 조약은 "하나의 문서로 구현되거나 둘 이상의 관련 문서와 그 어떤 특정한 지정으로 구현되든 간에 서면 형태로 체결되고 국제법에 의해 규율되는 국제적인 협약"이다.[4] 조약은 국가가 조약에 구속되는 것에 동의를 표명하는 국제법의 주요 원천 중 하나이다. 조약에 구속되는 것에 동의를 표명하지 않는 국가는 조약이 관

2) UN Charter.

3) ICJ Statute, Article 38(1).

4) VCLT, Article 2(1)(a).

습 국제법으로 간주되지 않는 한 조약에 의해 법적으로 구속되지 않는다.[5] 관습 국제법은 획일적이고 일관된 국가 관행에 의해 입증되는 모든 것에 구속력이 있는 법이다. 일반적인 법 원칙은 "잘못된 곳에 법적 해결책이 있다"(라틴어 Ubi jus, ibi remedium) 원칙과 같은 문명국에서 인정된 법 원칙이다. 이러한 법의 원천을 이해하는 것은 한국 통일과 같은 상황에서 국제법의 적용 가능성을 이해하는 데 중요하다.

국제법은 국가에 권리와 의무를 부여한다. 국제법상 국가의 가장 중요한 의무 중 일부는 협약 및 일반적으로 국제법을 따르는 의무이다. 조약법에 관한 비엔나 협약(VCLT) 제26조에 따르면 "발효 중인 모든 조약은 당사자에게 구속력을 가지며, 그들이 선의로 수행해야 한다"라고 명시하고 있다.[6] 국제법은 국가에 권리도 주며, 모든 국가는 자존권, 자기방위권, 법적 평등 및 주권의 의존성(국가 주권), 상호 인정 및 외교 교류 참여 권리, 국가, 외교관 및 함정과 비행기를 포함한 전투 수단에 대한 면제권 등을 갖는다.

국제법은 인간을 보호하고 평화를 촉진하기 위해 존재한다. 국제법과 관련된 분쟁이 발생하면 어떤 일이 벌어질까? 국제법적 분쟁에는 분쟁의 유형에 따라 다양한 법정이 존재한다. 예를 들어 국제사법재판소(ICJ)는 국가 간 분쟁을 처리한다. ICJ는 유엔 협약에 따라 설립되었다.[7] 국제형사재판소(ICC)는 로마 통상에 따라 특정 범죄에 대한 책임이 있는 개인을 재판하는 법원이다.[8] ICC가 다룰 수 있는 분쟁 유형에는 전쟁 범죄, 인류에 대한 범죄, 침략의 범죄 및 대량 학살이 포함된다. 영구적으로 설립된 법원 외에도 국가는 임시 하락 및 대체 분쟁 해결을 통해 분쟁을 해결할 수 있다. 대체적 분쟁해결제도

5) VCLT, Article 34.

6) VCLT, Article 26.

7) UN Charter, Article 92.

8) Rome Statute of the International Criminal Court, Article 1.

(Alternative Dispute Resolution, ADR)에는 협상, 중재 및 중재가 포함되어 있으며 이는 법원에서의 판결보다는 형식적이지 않다. ADR은 양측의 동의를 통해 이루어지며 일반적으로 제3자가 중재자 역할을 한다. 그렇다면 국제법은 한반도에서 한국 통일과 관련하여 어떤 역할을 하는 것일까?

## Ⅱ 대한민국, 북한, 국제법

두 한국 간의 관계는 특별한 관계와 분리된 국가의 두 가지 측면으로 나눌 수 있다. 한편에서는 헌법적 관점에서 두 한국은 특별한 관계에 있으며 분리된 국가로 존재하지 않는다는 주장이 있다. 대한민국 헌법 제3조는 "대한민국의 영토는 한반도와 그 부속도서로 한다"고 규정하고 있다.[9] 더 나아가 통일을 추구하면서 일시적으로 설정된 특별한 관계라고 규정하는 「한국통일 추진에 관한 법률」 제3조도 있다.[10]

반면에 국제법적 관점에서는 두 한국이 분리된 국가임을 주장하는 견해가 있다. 먼저, 두 한국은 1991년 9월 17일에 유엔 회원국이 되었다. 유엔 헌장 제4조는 "[유엔은] 현행 헌장에 포함된 의무를 수용하고, 조직의 심사에 따라 이 헌장에 포함된 의무를 수행할 수 있는 것으로 판단되는 모든 다른 평화주의 국가에 회원자격이 개방된다"고 규정하고 있다.[11] 게다가, 남북한은 각각 다른 국가들과 조약관계를 맺었고, 이것은 남북한이 분리되고 독립된 국가라는 것을 암시한다.[12] 조약법에 관한 비엔나 협약(VCLT) 제6조는 "모든 국가는

9) 대한민국 헌법 (1987) 제3조.

10) Development of Inter-Korean Relations Act (2005), Article 3(1).

11) UN Charter, Article 4.

12) UN Charter, Article 4(1) [emphasis added].

조약을 체결할 능력을 가진다."라고 규정한다.[13] 두 관점은 모순되어 보일 수 있지만, 공존할 수 있다. 국제사회에서 서로를 별개의 국가로 취급할 수 있는 반면, 남북한 사이에서는 서로를 별개의 국가로 취급할 수 있다. 즉, 헌법적으로 남북한은 특수한 관계에 있지만, 국제사회에서 남북한이 별개의 국가로 활동하고 있다는 사실은 부인할 수 없는 사실이다.

유엔 헌장 제102조에 따르면 국가는 그들이 체결한 협약을 유엔 비서국에 등록해야 한다.[14] 이러한 협약은 유엔총회 협약 데이터베이스에 보관된다. 현재 유엔 비서국에 등록된 300개 이상의 이중 통상 협약 중 대한민국이 당사자인 협약이 존재한다. 그러나 북한은 50개 정도의 이중 협약이 등록되어 있다. 예를 들어 북한은 중국과의 (1) 국경 협약, (2) 영사 협약, (3) 무역 협정, (4) 우호 협약, (5) 양자 투자 협약, (6) 항공 운송 협정 등 여러 협약을 체결했다.

두 한국이 국제 공동체에 참여하는 것을 고려할 때, 국제법적 문제에 대한 근본적인 질문이 나오는 것은 불가피하다. 예를 들어, 협약에 관한 문제는 단순히 협약이 유효한지 여부뿐만 아니라 협약의 다른 국가 당사자들의 권리 및 협약에 대한 그들의 권리와 의무에 관한 문제이기도 하다. 대한민국 또는 북한과 협약관계에 있는 다른 국가 당사자들의 권리에 대해 무슨 일이 벌어질까? 단독으로 통일이 협약의 종료를 일으킬 수 있는지? 다른 국가 당사자들은 한국 통일 후의 협약 효과에 관한 어떤 '의견'을 가질 수 있을까?

협약 문제 외에도 한국 통일 이후 여러 국제법적 문제가 발생할 것이다. 예를 들어 국가가 지불해야 하는 부채는 어떻게 될까? 통일 전에 한국 중 하나가 저질렀던 법적 위반에 대한 책임은 어떻게 될까? 누가 책임을 져야 하는가? 인권 침해에 대한 과도한 정의는 어떻게 될까? 재산 분쟁과 같은 문제에

13) VCLT, Article 6.

14) UN Charter, Article 102.

대한 사람들 간의 분쟁은 어떻게 처리될까? 한국 통일이 발생할 경우 이러한 모든 문제가 발생하므로 이러한 질문에 답해야 하는 것이 필요하다.

## Ⅲ 한국 통일 이후 국제 조약의 운명

북한은 보통 '은둔 국가'로 알려져 있다. 그러나 북한이 실제로 은둔 국가인가요? 앞서 언급한 대로, 북한은 다른 국가들과 다수의 양자조약을 체결하는 등 실제로 예상보다 더 관여하고 있는 것으로 나타났다. 따라서 북한과 다른 국가들 간에 체결된 조약의 법적 효과를 이해하는 것이 중요하다. 통일이 발생하는 경우, 국가 통합의 두 가지 주요 형태, 즉 국가 통합과 국가 편입(흡수)이 있다. 통합의 형태에 따라 규칙이 다르지만, 일반 원칙은 양쪽 시나리오에 모두 적용된다.

### 1. 조약에 관한 국가 승계에 대한 일반 법칙

한국 통일 이후 조약의 효과는 국가 계승 문제를 제기한다. 국가 계승은 "한 국가가 다른 국가로 국제적 관계의 책임을 대체하는 것"이다.[15] 국가 계승의 경우 조약 문제에 대처하기 위해 국제법위원회(ILC)가 1978년 8월 23일에 국가 계승에 관한 유엔 조약을 제정하고 채택했다(VCSST). 그러나 한국 통일과 관련하여 조약분야의 국가승계에 관한 비엔나협약(Vienna Convention on Succession of States in respect of Treatis, VCSST)의 적용에는 제한이 있다. 첫째, 두 한국 중 어느 하나도 VCSST의 당사자가 아니므로 이 조약 자체가 두 코리아

15) 1978 VCSST, Art. 2(1)(b).

에 구속력이 없다. 둘째, VCSST의 당사자 나라들은 23개 국가뿐이며, 전체 조약이 CIL(관례 국제법)로 적용되지 않았으며 특정 규정이 CIL로 수용된 조약이다. VCSST와 국가 실무에 따르면 조약은 일반적으로 (1) 국경 및 지역화된 조약, (2) 순수 정치적 조약, (3) 기타 조약의 세 가지 범주로 나눈다.

국경 조약은 국경을 설정하고, 지역화된 조약은 "특정 영토, 강, 운하 등에 의무를 적용하는 것으로, 일부 국가 또는 모든 국가의 이익을 위한 것"이다.[16] 국경 조약은 일반적으로 국가 계승이 발생해도 영향을 받지 않으며, 이러한 조약은 보다 전송의 성격이라고 간주되어 조약에 의해 설정된 국경이 영구히 지속된다.[17] 국경 조약의 계속이 없다면 국가 계승이 발생할 때마다 혼란이 생길 것이며, 이로 인해 국경에 관한 분쟁이 발생할 것이다. 국가 간의 국경의 안정성은 "국제 공동체의 회원 국가들의 영토적 한계의 안정성이 평화와 안전의 필수적 선결 조건"이라고 국제법에서 강조하고 있다.[18] 마찬가지로 지역화된 조약은 국가 계승의 경우 영향을 받지 않는다.[19] 게다가 많은 국가 정부는 이러한 지역화된 영토 조약의 특수한 성격을 선언하고 국가 계승의 경우에도 영향을 받지 않을 것이라고 확인했다. 예를 들어 1935년 프랑스 정부는 "영토 및 지역 적용 조약으로서 지리적 상황에 기초한 것이며, 상속 국가가 어떤 이유로 상속하든, 상속 국가는 그러한 조약에서 명시된 이익과 함께 발생하는 부담을 감수해야 할 것"이라고 밝혔다.[20]

두 번째 범주인 순수 정치적 조약은 경계적이고 국지적인 조약에 반대이다. 순수 정치적 조약은 순수 정치적 조약의 특수성 때문에 국가 승계 시에

16) Draft Articles of the 1978 VCSST 204, para 30.

17) D.P. O'Connell, The Law of State Succession 49 (2015).

18) P.K. Menon, The Succession of States in Respect to Treaties, State Property, Archives, and Debts 12 (1991).

19) Draft Articles of the 1978 VCSST 202.

20) Draft articles of the 1978 VCSST 202, para 22.

종료될 수밖에 없다. 순수 정치적 조약은 프랑스 정부가 언급한 바와 같이 "국가의 실제 인격과 관련하여" 체결된 조약을 말한다.[21] 이러한 조약에는 우호 및 동맹, 중재, 중립 또는 기타 정치적 성격의 조약이 포함된다.[22] 국제법 학자인 O'Connell은 국가가 더이상 존재하지 않을 때 개인 조약은 "국가가 전제하는 정치적, 경제적 관계의 조정을 조건으로" 운영되기 때문에 소멸한다고 설명한다.[23] 조정이 잘못되면 조약의 근거는 파괴된다. 결과적으로 이전 국가와 다른 자국의 이익과 가치를 가지고 있을 때 후임 국가가 그러한 조약을 계속할 가능성은 거의 없다.[24]

다른 모든 조약들로 구성되어 있는 세 번째 범주는 국가 승계의 유형에 따라 사안별로 결정된다. 통일의 경우에는 각 국가의 추가 협의의 대상이 되는 조약의 계속성 추정이 있는 것이 일반적인 원칙이다. 통일은 국가의 합병 또는 국가의 편입이라는 두 가지 형태로 이루어질 수 있다. 국가의 합병은 두 개 이상의 국가가 통합하여 새로운 국가를 구성하는 것이다.[25] 국가의 편입이란 하나의 국가가 다른 기존의 국가로 통합되어 편입된 국가가 소멸하고 그 영토가 확장되어 편입된 국가의 존속을 포괄하는 것이다.[26] 양 유형의 통일을 위한 조약에 관한 일반적인 규정이 추가 협의와 동의의 대상이 되는 계속성 추정인 반면, 조약의 계속성 추정 방식은 다르다.

합병의 경우, 국가 관행은 다음의 사유에 근거하여 당사자들이 달리 합의

21) Draft articles of the 1978 VCSST 202, para 22.

22) Stefen Oeter, "German Unification and State Succession" ZAOERV 363 (1991).

23) D.P. O'Connell, The Law of State Succession 16 (2015).

24) O'Connell, 26-27.

25) Draft articles on the 1978 VCSST, 253, para 1 : See also, "Taking Reichs Seriously: German Unification and the Law of State Succession"(1990) 104(2) HarvLRev 588, 590 (Harvard Note).

26) "Taking Reichs Seriously : German Unification and the Law of State Succession" (1990) 104(2) HarvLRev 588, 590 (Harvard Note).

하지 않는 한, 기존의 조약들이 연합국의 각 영토 내에서 계속 효력을 갖는다는 것을 보여 준다. (1) 각 영토 내에서의 조약들의 계속성은 조약들의 목적 및 목적과 양립할 수 없게 만든다. (2) 각 영토 내에서의 조약들의 계속성은 조약들의 운영 조건을 근본적으로 변경시킨다. 또는 (3) 동일한 성격의 당사자가 있는 조약들이 존재하여 두 조약을 모두 존속시키는 것은 불필요하고 무의미해진다. 편입의 경우, 국가 관행이 결여되어 있는 반면, 독일 통일의 예와 이동조약 변경의 원칙은 (1) 편입국의 조약들은 계속 효력을 가지며, 그 적용은 편입국의 영토까지 확대되어야 하며, (2) 편입국의 조약들은 당사자들의 동의하에 종료되어야 한다고 규정한다. 예를 들어, 독일 통일 조약에 따라, 두 독일 국가는 국제조약들의 운명에 대해 합의하였다. 통일 조약 제11조는 "독일연방공화국이 체약 당사자인 국제조약들과 협정들은 그 효력을 유지하며, 부록 1에서 명명된 조약들을 제외하고는 그로부터 발생하는 권리와 의무들도 본 조약 제3조에 규정된 영토와 관련된다"라고 규정한다.[27] 제12조는 "독일민주공화국의 국제조약들은 신뢰보호, 관련국들의 이익, 독일연방공화국의 조약 의무, 독일연방공화국의 조약의무 등을 고려하여 그 지속적인 적용, 조정 또는 만료를 규제하거나 확인할 목적으로 체약 당사국들과 논의되어야 한다"라고 규정한다.[28]

## 2. 한국 통일 이후 조약의 영향

한국 통일 시 조약은 다음과 같은 영향을 받게 된다. (1) 국경선 및 국지화 조약은 영향을 받지 않고, (2) 순수한 정치적 조약은 종료의 대상이 되며, (3) 그 밖의 양자투자조약, 무역협정, 항공운송협정 등의 조약은 효력이 계속

27) The Unification Treaty between the FRG and the GDR, Article 11 (31 August 1990).
28) The Unification Treaty between the FRG and the GDR, Article 12 (31 August 1990).

유지되지만 예외의 대상이 된다. 대한민국의 국경 조약의 예로는 양국에 인접한 대륙붕 북방지역의 경계 설정에 관한 협정(1974)을 들 수 있다. 이 조약은 양국에 인접한 대륙붕 북방지역의 경계를 설정하고 양국이 각각의 구역에서 광물자원을 탐사하고 이용할 수 있는 주권적 권리를 부여한다.[29] 한국 통일 시에는 국가의 합병이나 국가의 편입 형태를 불문하고 조약에 의해 설정된 경계는 영향을 받지 않고 유지된다.

국경과 지역화된 조약들은 영향을 받지 않는 반면, 정치적인 조약들은 당사국들의 동의하에 대부분 종료될 것이다. 예를 들어, 북한은 마르크스-레닌주의와 프롤레타리아 국제주의의 원칙에 기초하여 1961년에 중국과 우호조약을 맺었다. 게다가 우호조약에 따르면, 중국과 북한은 모두 "계약당사국은 상대방에 대해 지시된 동맹을 체결하거나, 상대방에 대해 직접적인 블록 또는 행동이나 조치에 참여해야 한다"고 동의했다.[30] 동시에, 대한민국은 1953년 10월 1일에 외부의 무력 공격이 발생할 경우 서로를 방어하기로 합의하면서 미국과 상호방위조약을 체결했다.[31] 남북한이 합병이나 통합을 통해 통일될 때, 적어도 남북한 중 한 나라의 법인격은 더이상 존재하지 않을 것이고 따라서 상호방위조약이나 우호조약의 필요성은 더이상 필요하지 않을 것이다. 그 이유는 미국과 중국이 각각 대한민국과 북한과 동맹조약을 체결한 것이 바로 그 특정한 국가 때문이다. 만약 북한이 더이상 존재하지 않는다면, 북한과의 동맹조약의 지속은 더이상 필요하지 않을 것이다. 따라서, 남북한이 체결한 모든 동맹이나 우호조약은 한국 통일 시 종료될 가능성이 높다.

29) Agreement concerning the establishment of boundary in the northern part of the continental shelf adjacent to the two countries (with map and agreed minutes) (30 January 1974).

30) Treaty of Friendship, Co-Operation and Mutual Assistance Between the People's Republic of China and the Democratic People's Republic of Korea, Article 3 (1961).

31) Mutual Defense Treaty Between the United States and the Republic of Korea (1 October 1953).

경계 및 국지화된 조약과 순수하게 정치적인 조약으로 규칙이 명확한 반면, 다른 모든 조약에 대한 규칙은 명확하지 않다. 다만 예외가 적용되는 조약의 연속성 추정이 존재할 것임을 암시할 수 있다. 남북한 합병의 경우, 기존의 조약들은 새로운 통일 한국과 상대방이 특정 조약의 지위에 대하여 합의할 때까지 그들의 지역 영역 내에서 효력을 계속한다. 편입의 경우, 승계국의 조약들은 효력을 계속하며 편입되는 영토에도 적용된다. 편입국의 조약들은 조약의 효력을 계속해야 하는지, 변경해야 하는지, 또는 종료해야 하는지에 관하여 승계국과 상대방의 협의를 거칠 것이다. 예를 들어, 중국은 2005년과 2000년에 각각 북한과 한국과 양자 투자 조약을 체결하였다. 남북한 합병의 경우, 양자 투자 조약은 각각의 영토 내에서 효력을 계속 유지하지만, 양자 모두 효력을 계속 유지하는 것은 불필요하기 때문에 새로운 한국은 두 투자 조약의 지위에 관하여 중국과 협의할 필요가 있을 것이다. 새로운 통일 한국과 중국의 두 가지 선택지는 아마도 (1) 조약들 중 하나의 조약을 계속하여 다른 조약을 종료하거나, (2) 기존의 조약들을 모두 종료하고 새로운 투자 조약을 협상하는 것이었을 것이다. 한국이 북한을 편입할 때와 같은 편입의 경우, 한-중 양국 투자 조약은 이동 조약 변경 규칙에 따라 효력을 계속하며 북한의 영토에도 적용된다. 한-중 양국 투자 조약이 우세할 것이기 때문에, 북한-중국 양국 투자 조약은 더이상 효력을 갖지 않게 된다.

이에 따라 "통일 한국"과 조약의 상대방 당사자의 동의가 가장 중요하다. 국제법은 주로 당사국의 의사에 의존하며, 따라서 통일 한국은 기존 조약으로부터 발생할 수 있는 모든 권리 또는 의무에 관하여 의사표시권을 갖게 되며, 동시에 조약의 모든 권리 또는 의무에 관하여 상대방도 의사표시권을 갖게 된다.

# Ⅳ 통일과 그 외 국가 승계 문제

국가 승계 문제는 조약에만 국한되지 않는다. 부채와 재산, 국가 국적, 국가 책임 등 다양한 문제가 존재한다. 따라서 이러한 문제들도 한반도 통일과 관련하여 고려되어야 한다. 국제법위원회(ILC)는 국가 재산, 문서 및 부채, 국가 국적, 조약과 관련된 국가 승계 문제를 포함한 다양한 주제에 대해 광범위하게 연구해 왔다. 국제법위원회는 1983년 4월 8일 "국가 재산, 문서 및 부채에 관한 국가 승계에 관한 비엔나 협약"(1983년 비엔나 협약)을 초안했다. 또한, 1999년에는 "국가 승계와 관련된 자연인의 국적에 관한 초안 조항"(1999년 국적 초안 조항)을 작성했다. 현재 국제법위원회는 "국가 책임과 관련된 국가 승계" 문제를 연구하고 있다.

## 1. 국가 재산, 문서 및 부채

1983년 비엔나 협약은 현재 7개 국가만이 당사국으로 참여하고 있으며, 아직 발효되지 않았다. 비록 발효되지 않았지만 국가 재산과 부채와 관련된 승계 법률은 관습법에 의해 규제된다.[32] "국가 재산"은 "국가 승계 날짜를 기준으로 전임 국가의 국내법에 따라 그 국가가 소유한 재산, 권리 및 이익"을 의미한다(제8조). 1983년 비엔나 협약은 "전임 국가의 국가 재산의 이전은 해당 국가의 권리 소멸과 후임 국가가 이전된 국가 재산에 대한 권리를 취득함을 수반한다"고 규정한다(제9조).

국가 재산과 부채 문제는 주권 이전으로 인해 영향을 받는 영토 외부에 위치한 동산 및 부동산의 분할과 같은 문제에서 발생할 수 있다. 그러나 국가

32) Stefen Oeter, "German Unification and State Succession", ZAOERV (1991) 379.

통일의 경우, 국가 통합이 이루어질 경우 후임 국가는 통합된 부분의 모든 자산과 부채를 승계한다는 규칙이 명확하다.[33] 따라서 한국 통일의 경우, 통합 또는 합병 형태로 이루어진다면, 전임 한국(들)의 국가 재산은 통합하는 한국 또는 새로운 통일 한국으로 이전될 것이다.

## 2. 국가 국적

1999년 국적 초안 조항은 아직 채택되거나 발효되지 않았다. 그럼에도 불구하고, 초안 조항에 포함된 원칙들은 주로 국적에 대한 권리와 무국적 상태 방지와 같은 기본적인 국제 인권에 기반한 관습국제법에 기초하고 있다. 국가 승계 시 국적 문제는 국적에 대한 권리가 기본적인 인권이라는 점에서 매우 중요한 문제이며,[34] 무국적 상태로 인한 가능성 있는 문제를 고려해야 한다.

무국적자란 "어떠한 국가의 법률에 따라 그 국가의 국민으로 간주되지 않는 사람"을 의미한다.[35] 국적이 없기 때문에 무국적자는 교육, 고용, 사회복지, 주거, 의료 등 국적을 가진 사람들이 누릴 수 있는 기본적인 권리를 누릴 수 없다.[36]

국가 승계 과정에서, 전임 국가의 법적 성격이 소멸되고 전임 국가의 국민이 후임 국가의 국적을 취득하기 전에 무국적 상태가 될 수 있다. 사람들의 무국적 상태를 방지하기 위해, 국제법위원회(ILC)는 1999년 국적 초안 조항에서 무국적 방지(제4조), 국적의 추정(제5조), 국적 및 기타 관련 문제에 대한 입법(제6조)과 같은 일반 규정을 제공했다. 이러한 일반 규정을 이해하기 위해,

33) Oeter, 380.
34) Article 15, Universal Declaration of Human Rights (1948).
35) Article 1(1), Convention Relating to the Status of Stateless Persons (1954).
36) See UNHCR, "What is Statelessness?"https://www.unhcr.org/ibelong/wp-content/uploads/UNHCR-Statelessness-2pager-ENG.pdf (last accessed 28 Oct 2024).

다음 조항이 제공한다.

제4조는 “관련 국가는 국가 승계 날짜에 전임 국가의 국적을 가졌던 사람이 그러한 승계의 결과로 무국적 상태가 되는 것을 방지하기 위해 모든 적절한 조치를 취해야 한다”고 규정하고 있다. 제5조는 “국가 승계로 영향을 받는 영토에 거주하는 관련 사람들은 국가 승계 날짜에 후임 국가의 국적을 취득하는 것으로 추정된다”고 명시하고 있다. 제6조는 “각 관련 국가는 부당한 지연 없이 국가 승계와 관련된 국적 및 기타 연결된 문제에 대해 본 조항의 규정과 일치하는 입법을 시행해야 한다.”고 규정하고 있다.

국가 통합의 경우, 1999년 국적 초안 조항은 “두 개 이상의 국가가 통합되어 하나의 후임 국가를 형성하는 경우, 후임 국가는 국가 승계 날짜에 전임 국가의 국적을 가졌던 모든 사람에게 자신의 국적을 부여해야 한다”고 규정하고 있다. 예를 들어, 1958년 시리아와 이집트가 아랍연합공화국(United Arab Republic)으로 통합되었을 때, 새로운 국가는 당시 시리아와 이집트 국민에게 아랍연합공화국의 국적을 부여했다. 이는 해당 국가의 임시 헌법에 명시된 바에 따라 “아랍연합공화국의 국적은 시리아 또는 이집트 국적을 가진 자 또는 이 헌법 발효 당시 시리아 또는 이집트에서 유효한 법률이나 규정에 따라 자격을 가진 자가 가진다”고 규정되었다. 독일 통일은 약간 다르게 이루어졌다. 먼저, 독일연방공화국(FRG)은 독일민주공화국(GDR)이 존재하는 동안에도 독일 국적의 단일성을 유지하는 개념을 고수했으며, 이에 따라 독일연방공화국의 보호를 받는 지역에 거주하는 독일민주공화국 국민을 독일연방공화국 국민과 동일하게 대우해야 했다.[37] 둘째, 1967년 GDR 국적법이 발효되기 이전에 GDR 국적을 취득한 사람들은 독일연방공화국에 머물 경우 해당 법의 혜택을 받을 수 있었다. 그러나 1967년 GDR 국적법 발효 이후 GDR 국적을 취득한 사람들

37) Vaclav Mijulka, Special Rapporteur, Third Report on Nationality in Relation to the Succession of States, 1997 Vol. II(1), 57.

의 경우, 기본법의 의미 내에서 독일 국적을 획득한 것으로 간주되지 않았다. 이에 따라 독일 통일 이후 1967년 전에 독일민주공화국 국적을 취득한 시민들과 후에 시민권을 취득한 시민들 간 차이가 있다.

마찬가지로 한국 통일의 경우, 합병을 통해 이루어진다면 새로운 통일 한국은 전임 국가의 국민들에게 국적을 부여해야 한다. 만약 흡수통일 방식을 통해 통일이 이루어진다면, 먼저 흡수하는 국가의 현재 법률과 그 법률이 1945년 한반도 분단 이전의 국민을 어떻게 인식하는지에 따라 달라질 수 있다. 또한 흡수된 국가에서 시민권을 취득하는 법률이 존재하는지 여부에도 좌우될 수도 있다.

따라서 국가 승계와 한국 통일과 관련하여, 통일 이전 국가의 재산이 어떻게 처리될 것인지, 그리고 통일 이전 국가 국민의 국적이 어떻게 될 것인지 등 여러 문제가 발생할 수 있다. 그러나 한국 통일의 경우, 통일과 관련된 국가 재산 및 문서에 대한 규칙과 국적에 대한 규칙이 잘 정립되어 있기 때문에 큰 우려가 되지 않을 가능성이 높다.

## V 결론

오늘날 대한민국과 조선민주주의인민공화국은 다른 국가들과 외교관계를 수립하고, 양자 조약을 체결하며, 다자 조약에 가입함으로써 국제사회의 일원으로 활동하고 있다. 한반도 통일은 단순히 남북한 간의 문제일 뿐만 아니라 국제적인 문제이기도 하다. 국제법적 문제 중 하나는 조약, 국가 재산과 부채, 국적 및 국가 책임과 같은 국가 승계 문제와 관련이 있다.

조약과 관련해서는 조약의 운명은 (1) 관련 조약의 유형과 (2) 관련 국가 간의 합의에 따라 결정된다. 국가 재산과 부채와 관련해서는, 한반도 통일의 경우 국가 재산의 권리가 후임 국가에 승계된다는 점이 명확하기 때문에 이는 중요한 문제가 되지 않을 것이라고 보인다. 마지막으로는, 국적과 관련해서는 (1) 통일의 유형과 (2) 남북한의 시민권 관련 국내법에 따라 달라질 것이다. 따라서 국제법은 한반도 통일 시 국제법적 권리와 의무 측면에서 중요한 역할을 한다.

## 생각해 볼 거리

1. 통일 이후 국가 승계 문제 이외 국제법 이슈들이 존재하는데, 어떤 이슈가 제일 중요할까요?

2. 국제법을 통해 평화로운 통일을 이루어 내기 위해 어떤 역할을 해야 할까요?

3. 국제법과 통일의 연관성에는 무엇이 있는지 또 왜 국제법 관점으로 통일을 바라보아야 하는지 본인의 생각을 적어 봅시다.

## 참고자료 및 더 읽어볼 거리


〈Treaties, Constitutions, and Statutes〉

Agreement Concerning the Establishment of Boundary in the Northern Part of the Continental Shelf Adjacent to the Two Countries (30 January 1974)

Constitution of the Republic of Korea (29 October 1987)

Convention Relating to the Status of Stateless Persons (28 September 1954)

Development of Inter-Korean Relations Act (29 December 2005)

Draft Articles on Nationality of Natural Persons in relation to the Succession of States (1999)

Mutual Defense Treaty Between the United States and the Republic of Korea (1 October 1953)

Provisional Constitution of the United Arab Republic (5 March 1958)

Rome Statute of the International Criminal Court (17 July 1998)

Statute of the International Court of Justice (24 October 1945)

The Unification Treaty Between the FRG and the GDR (31 August 1990)

Treaty of Friendship, Co-Operation and Mutual Assistance Between the People's Republic of China and the Democratic People's Republic of Korea (11 July 1961)

United Nations Charter (24 October 1945)

Universal Declaration of Human Rights (10 December 1948)

Vienna Convention on Succession of States in Respect of Treaties (23 August 1978)

Vienna Convention on the Law of Treaties (24 May 1969)

〈Books, Journal Articles and Other Sources〉

O'Connell, D. P.(2015). *The Law of State Succession.*

Harvard Note(1990). Taking Reichs Seriously : German Unification and the Law of State Succession. *Harv. L. Rev., 104*(2), 588.

Menon, P. K.(1991). The Succession of States in Respect to Treaties, State Property, Archives, and Debts. (1 January)

Commentaries on the 1999 Draft Articles on Nationality(1999). Report of the International Law Commission on the Work of its Fifty-First Session.

Stefen Oeter(1991). "German Unification and State Succession." ZAOERV.

UNHCR(2024). "What is Statelessness?" https://www.unhcr.org/ibelong/wp-content/uploads/UNHCR-Statelessness-2pager-ENG.pdf (last accessed 28 Oct 2024).

Vaclav Mijulka(1997). "Third Report on Nationality in Relation to the Succession of States." Vol. 11(1).

네 번째 강의

# 해외 사례를 통해서 본 통일 노력과 교훈

최용준

## 최용준

|

한동대학교 ICT 창업학부 교수

저자는 1·4 후퇴 때 황해도에서 남한으로 피난 오신 부모님의 자녀로 태어났다. 그런 의미에서 절반은 북한, 절반은 남한 사람이라고 할 수 있을 것이다. 서울대학교에서 사회복지와 사회학을 공부한 후 필라델피아의 웨스트민스터 신학대학원에서 신학석사(M. Div), 암스테르담 자유대학교에서 철학석사(Drs.) 그리고 남아공 노스웨스트 대학에서 철학박사(Ph.D)를 받았다. 화란한인교회, 쾰른한빛교회 그리고 브뤼셀한인교회에서 사역하였고 밴쿠버 세계관대학원(VIEW), 한반도국제대학원(KUIS), 벨기에신학대학원(ETF : Evangelische Theologische Faculteit)에서 강의하였으며 현재 한동대 교수 및 네덜란드 Driestar Univ.에서 객원교수로 섬기고 있다. 통일된 독일을 보고 해외 여러 나라가 통일을 위해 기도하며 섬기는 모습에 감동을 받고 통일될 한반도에 하나님의 나라가 임할 비전을 공유하면서 교수님들과 협력하며 학생들과 나누고 있다.

# 해외 사례를 통해서 본 통일 노력과 교훈

## I 독일 통일의 교훈

### 1. 크리스티안 퓌러(Christian Führer)의 리더십

'기독교 세계관으로 본 통일과 화해'라는 주제로 먼저 '독일 통일의 교훈'에 대해 알아보겠다. 특히 독일의 통일에 결정적으로 기여한 크리스티안 퓌러의 리더십을 구체적으로 이해하여 한반도 평화통일에 적용할 수 있게 되길 바란다.

독일의 통일은 누구도 예측하지 못한 방식으로 일어났다. 그 과정을 자세히 살펴보면 국제 정치의 변화 및 지도자들의 역할도 있었지만 적어도 독일 내에서는 개신교회의 역할이 매우 중요했음을 알 수 있다. 특별히 독일의 평화통일에 결정적 도화선이 된 라이프치히(Leipzig)의 니콜라이 교회(Nikolaikirche) 담임 목회자였던 크리스티안 퓌러(Christian Führer, 1943~2014)의 리더십을 살펴보겠다.

#### 1) 크리스티안 퓌러의 생애

퓌러의 생애는 크게 다섯 단계로 구분할 수 있는데 먼저 그의 집안이다. 그는 1943년 구 동독 지역인 랑언로이바-오버하인(Langenleuba-Oberhain)의 목회사 가정에서 태어났다. 그의 가문은 전형적인 개신교 집안이었다. 그의 부친은 제2차 세계대전 당시 독일군 군목으로 사역하다가 포로가 되었고 종전 이후 석방되어 고향으로 돌아와 목회를 계속하였다.

두 번째는 그의 학력 및 소명의식이다. 퓌러는 김나지움을 다닐 때부터 부모 곁을 떠나 아이제나흐(Eisenach)에 있는 에른스트-아베-김나지움(Ernst-Abbe- Gymnasium)에서 공부한 후, 1961년부터 1966년까지 카를 마르크스(Karl Marx) 대학이라고 불렸던 라이프치히 대학에서 신학을 공부하였다. 당시 동독에서 신학을 공부한다는 것은 전혀 미래가 없었다. 하지만 그는 부친의 영향을 받아 이를 선택하였고 그 후에도 이에 대해 후회한 적이 없었다.

세 번째는 대학 졸업 후 1968년 25세라는 젊은 나이에 목사 안수를 받아 작센주의 라스타우(Lastau)와 콜디츠(Colditz) 두 군데서 12년간 목회한 기간이다. 이곳에서 평생의 동반자였던 모니카(Monica)와 결혼하여 네 자녀를 낳아 기르면서 목회자로서 많은 훈련을 받았고 앞으로 귀하게 쓰임 받을 준비를 하게 된다.

네 번째로 그의 삶에서 절정의 시기라고 할 수 있는 라이프치히에서 가장 크고 동독에서 중심적인 개신교회 중 하나인 니콜라이 교회 담임 목사로 1980년에 부임하여 2008년 은퇴할 때까지 사역한 기간이다. 니콜라이 교회로부터 초청받았을 때 그는 시골 목회에 만족했기에 세 번이나 사양했지만, 마침내 수락한다. 이 교회에서 그는 월요 평화기도회(Friedensgebete)를 인도하기 시작하였고 이것이 나중에는 평화적인 월요시위(Montags demonstration)로 확산하여 결국 동독 정권이 무너지고 베를린 장벽이 허물어지면서 통일이 되는 기적을 낳게 된다.

다섯 번째, 독일이 통일된 이후에도 그는 동독 지역의 실직자들을 돕기 시작하였고 평화기도회를 계속 주관하다가 2008년 3월 30일 마지막 예배를 인도한 후 공식 은퇴하였다. 그 후 아내 모니카와 함께 그들의 사역을 정리한 책인 『그리고 우리는 거기에 있었다 : 교회에서 시작된 혁명(Und wir sind dabei gewesen : Die Revolution, die aus der Kirche kam)』이라는 자서전을 2010년에 출판하였고 필자가 한국어로 번역하여 지난 2015년에 출판했다.[1] 이 책을 보면 통독 과정과 이 분의 리더십에 대해 잘 알 수 있다.

퓌러는 평화적인 독일 통일에 기여한 공로를 인정받아 2005년에 구 소련의 서기장 미하엘 고르바초프(Mikhail Gorbachev)와 함께 아우구스부르거 평화상(Augsburger Friedenspreis)을 받았다. 그 후 2013년 아내 모니카가 먼저 소천하자 약 일 년 후인 2014년 6월 30일 그도 세상을 떠났다. 이 두 분은 그의 부모님이 묻혀 있는 고향인 라스타우 교회에그의 부모님과 함께 안식하고 있다.

퓌러의 리더십에서 핵심 단어는 '평화'라고 할 수 있다. 그리고 이 평화 사상은 그가 사역한 니콜라이 교회와 분리될 수 없다. 독일 중동부의 상업 도시 라이프치히는 30년 전쟁과 나폴레옹의 침입으로 큰 피해를 보았고 제2차 세계대전이 끝날 무렵 연합군의 집중 폭격으로 도시 4분의 1이 파괴되기도 했다. 그러나 라이프치히 시민들은 오랜 상업 전통으로 확립한 국제성과 수준 높은 문화의식도 갖추고 있었다. 이 도시 중심에 니콜라이 교회가 있는데 1165년 루마네스크 양식으로 지어졌다가 16세기 초에 고딕 양식으로 완성되었다. 주목할 점은 이 교회가 평화의 상징인 종려나무 가지들로 가득하다는 것이나.

퓌러는 이 교회를 '축복의 장소(ein Raum des Segens)'라고 하면서 내부를 '천국의 정원'으로 소개하는 동시에 세상과 연결된 통로로 이해하여 동독 정권을 무너뜨린 기도의 능력을 강조한다. 나아가 니콜라이 교회는 그 이름도 의미가 깊다. 원래 성 니콜라우스는 기업인들의 수호성자였는데 당시 무역이 왕성하던 라이프치히를 대표하는 교회에 이 성인의 이름이 붙여진 것이다. 그런데 니콜라이(Nikolai)라는 말은 그리스어로 니코스(Nikos, 승리자)와 라오스

1) 독일어는 2010년에 Ullstein 출판사, 한국어 번역판은 2015년에 예영출판사에 의해 출간되었다.

(Laos, 백성)라는 말의 합성어로 '승리자는 백성이다'라는 뜻이다. 이는 나중에 나타난 평화혁명을 암시하는 뜻깊은 이름이 아닐 수 없다(Führer, 2015 : 161).

### 2) 크리스티안 퓌러의 리더십

퓌러의 리더십을 다섯 가지로 살펴보겠다. 먼저 주목할 부분은 그가 기도와 함께 구체적 행동을 취했다는 점이다. 그가 니콜라이 교회에 부임한 1980년부터 동독 개신교 청년들의 저항운동이 일어나기 시작하자 매년 가을에 열흘간의 기도회를 개최하였다. 이 모임은 독특한 방식으로 진행되었는데 기도와 말씀을 나눈 후, 함께 성찰하는 시간을 가지는 동시에 현실 상황에 대한 다양한 정보도 제공하였다. 이와 함께 여러 구체적인 행동들도 취했는데 가령 평화를 지향하며 군비 증강, 군사 행동 및 동독 학교 교육에서 군국화에 반대하는 시위 등을 벌인 것이다. 그에게 있어 '기도와 행동(Beten und Handeln)', '교회와 세상(drinnen und drauβen)', '제단과 거리(Altar und Straβe)'는 하나였다. 그가 이 어려운 사역들을 잘 감당하자 평화기도 기간은 동독 정권에 분명한 반대 의사를 표현할 수 있는 플랫폼이 되었다(Führer, 최용준 역, 2015 : 161).

두 번째로 중요한 점은 그가 동독 정권의 온갖 방해와 위협에도 불구하고 낙심하거나 좌절하지 않고 이 기도회를 발전시켜 나간 것이다. 1982년 9월 20일부터는 매주 월요일 저녁 5시에 청년들을 중심으로 정기적인 평화기도회를 개최하기 시작했다. 물론 동독 교회는 슈타지(Stasi)라는 비밀경찰의 감시 대상이었지만 비교적 정권의 통제를 덜 받았는데 이는 동독 교회를 향한 서독 교회의 지원과 유럽 사회의 평화를 위해 기도회를 한다는 명분 그리고 동독 내 자유로운 종교 활동이 보장되어 있다는 동독의 대외선전 때문이었다. 하지만 퓌러는 동독 정권의 요주의 대상이었으며 그를 완전히 제거하기 위한 열 단계 계획도 주도면밀하게 세워 놓았다.[2] 하지만 그는 낙심하지 않고 계속해서 기도했다.

세 번째로 1986년부터 퓌러는 "내게로 오는 사람은 내가 물리치지 않을 것이다"라는 신약 성경 요한복음 6장 37절을 근거로 '니콜라이 교회는 모든 이들에게 열려 있다(Nikolaikirche-offen für alle)'는 구호를 내걸었다. 그러면서 청년들이 팝 콘서트도 개최할 수 있도록 해주는 등 소외된 계층과 비그리스도인들, 나아가 시위 그룹들에게 문호를 개방하고 그들을 품어 그들의 마음이 교회로 향할 수 있도록 노력했다(Führer, 최용준 역, 2015 : 190). 이때부터 니콜라이 교회에서는 진정한 의미의 자유가 체험되기 시작했고 억압받던 시민들이 제대로 숨쉴 수 있다는 느낌을 받았으며 바깥세상에서는 언어장애인 같은 사람들이 자신들의 목소리를 낼 수 있었다. 결국, 이 기도회를 통해 장차 다가올 비폭력 평화혁명과 통독의 뿌리가 내리기 시작하였고 니콜라이 교회는 라이프치히 시민들의 영적 · 정신적 중심이 되었고 동독 정권에 저항하는 운동의 본거지가 된 것이다.

네 번째로 1987년에 그는 올로프-팔매(Olof-Palme) 평화순례 대행진을 처음 주관하여 당국의 온갖 방해에도 불구하고 결국 시행하였으며 "동독에서의 삶과 체류(Leben und Bleiben in der DDR)"라는 특별 강연회도 개최했다. 당시 동독 정권이 해외 여행을 금지하자 불만을 품은 많은 재야인사가 참여하였고 해외 이주를 하려는 젊은이들과 동독에 체류하려는 두 그룹 간에 진지한 논쟁이 이루어지면서 더 많은 사람의 주목을 받았고 궁극적으로 호네커 정권에 대한 저항의 시발점이 되었다.

마지막으로 평화기도회에서 퓌러는 일관성 있게 평화의 메시지를 전했다. 특히 그는 산상수훈을 본문으로 평화와 비폭력 및 원수 사랑을 집중적으로 전하면서 본회퍼(Dietrich Bonhoeffer)도 이 길을 직접 걸어갔으며 인도의 마하트마 간디(Mahatma Gandhi)도 이 사상의 영향을 받아 전쟁이나 수많은 인명의

2) www.youtube.com/watch?v=jASlH-3409g

희생 없이 영국으로부터 인도를 독립시켰음을 상기시켰다. 또한, 그는 미국에서 마틴 루터 킹 주니어(Martin Luther King Jr.) 목사가 비폭력 정신으로 인종차별에 저항하다가 피살당했지만 40년 후 버락 오바마(Barack Obama)가 대통령에 당선됨으로써 산상수훈이 현실화되었고 나아가 남아공 최초의 흑인 대통령이었던 넬슨 만델라(Nelson Mandela)와 데스몬드 투투(Desmond Tutu) 주교 또한 비폭력 정신으로 저항하여 마침내 인종차별정책을 종식했음을 강조했다.

이러한 퓌러의 메시지와 리더십은 라이프치히의 월요시위에서 '친구 아니면 적'이라는 이분법적인 틀을 넘어서게 하였고 그리스도의 평화와 비폭력 정신은 강박관념에 사로잡혀 있던 시민들의 불안과 두려움 그리고 혀와 주먹으로 하는 폭력을 넘어 승리했음을 보여 준다. 그러므로 우리는 이 퓌러의 영성과 성숙한 리더십을 깊이 이해하고 본받아야 하겠다.

## 2. 라이프치히의 평화시위

계속해서 통독의 원동력이 된 라이프치히 평화시위에 대해 살펴보겠다. 당시 퓌러는 핵무기 배치를 반대하며 '칼을 보습으로(Schwerter zu Pflugscharen)'라는 구호를 내걸었다. 이것은 구약성경 이사야 2장 4절과 미가 4장 3절을 근거로 한 것이다. 즉, 그의 메시지는 언제나 평화에 초점이 맞추어져 있었고 이것은 결국 나중에 시작된 월요평화시위에 수많은 군중의 마음을 사로잡았으며 심지어 시위를 진압할 모든 준비가 되어 있던 경찰들과 군인들조차도 무기력하게 만든 원동력이 되었다.

월요일 저녁의 평화기도회에 1982년부터는 초신자들도 니콜라이 교회로 몰려들면서 숫자가 급증하였고 주일예배에 참석하는 인원도 증가하기 시작했다. 그들 모두가 신앙 때문에 교회에 온 것은 아니었지만 니콜라이 교회에서는 바깥세상에서 말할 수 없는 자신들의 문제를 찾을 수 있었고 거기에 대해 말할 수 있었기 때문이었다. 그러면서 이 평화기도회가 점점 더 동독 전역에 알려지게 되면서 다른 지역에도 영향을 주기 시작하였다.

그러자 1989년 처음 몇 달 동안 동독 정권은 이 기도회를 점점 더 억압하면서 중단시키려 했다. 이를 위해 교회로 가는 모든 도로를 차단하였고 교회 주변으로 몰려드는 수상한 사람들을 무작위로 체포하기도 하였다. 그러나 결국 이것은 모두 실패로 끝났고 오히려 더 큰 반발을 불러일으켜 월요평화기도회에는 더 많은 사람이 참여하기 시작하였으며 마침내 동독 정권과 베를린 장벽을 무너뜨린 월요평화시위의 출발점이 되었다.

월요시위가 본격적으로 시작된 것은 1989년 9월 4일부터이다. 이날 이후부터 '평화기도회'는 양상이 달라졌다. 이날은 기도회가 끝났어도 사람들이 교회를 떠나지 않고 오히려 교회 앞 광장으로 모여들었다. 시민들도 이에 합세하기 시작했으며 슈타지의 강력한 경고에도 불구하고 이들은 거리로 행진하면서 "슈타지는 물러가라", "여행의 자유를 달라"는 구호를 외쳤다. 그러자 무력진압이 시작되었고 70명의 재야인사가 체포되었다. 퓌러는 이러한 상황의 악화에 대해 매우 분노하면서도 침착함을 잃지 않았고 계속 평화의 메시지를 전했다.

9월 11일에는 더 많은 사람이 모였고 동독을 변화시키려는 월요시위가 본격적으로 시작되었다. 슈타지는 이에 맞서 체포와 강제 진압으로 대응했다. 하지만 9월 25일 평화기도회가 끝난 후 시작된 월요시위에는 8천 명이 합류하면서 저항운동은 더 거세져 갔고 일주일 후인 10월 2일 시위에는 2만 명이 참가하여 슈타지와 시위대 사이에 유혈 사태가 발생하기도 했다. 물론 이 부분을 본다면 월요시위가 처음부터 완벽한 평화적 시위라고 보기는 어렵다.

1989년 10월 7일에 동독 정권은 건국 40주년 행사를 성대히 거행했다. 그러면서 반동적 데모에 대해서는 얼마 전 천안문 사태를 진압한 중국식 해법을 적용하여 무력진압도 불사하겠다고 동독 국민을 공공연히 위협했다. 그것은 구체적으로 실행되어 슈타지는 계속해서 퓌러에게 압력과 위협을 가하였으나 그가 타협하지 않고 사태가 악화되자 10월 9일 8천 명의 중무장한 동독 군인들과 경찰 병력이 니콜라이 교회 앞에 집결하였다. 그날 아침에는 익명의 전화가 걸려와 평화기도회를 계속하면 교회를 불 질러 버리겠다고 협박하는 사람도 있었다.

그런데도 그날 저녁 평화기도회는 다시 열렸다. 놀라운 사실은 그날 오후 2시부터 동독 비밀경찰 요원들과 당원들 600여 명이 이 기도회에 참여한 것이다. 이들은 기도회를 감시, 통제하러 왔으나 퓌러는 당황하지 않고 그들에게도 니콜라이 교회가 열려 있음을 상기시키며 환영했고 결국 그들은 처음으로 퓌러를 통해 복음을 듣게 되었으며 이 평화의 메시지는 그들의 마음과 행동까지도 사로잡았다.

그 후 기도회는 놀라울 정도로 침착하면서도 집중하는 분위기 속에서 진행되었다. 기도회가 끝나기 직전 퓌러는 "6인의 호소"로 역사에 기록된 호소문을 낭독했고 마주르(Kurt Masur) 교수도 라이프치히 라디오 방송에서 같은 호소문을 낭독했다. 그 후 라이프치히 게반트하우스(Gewandhaus) 수석 지휘자와 희극인 베른트 루쯔 랑에(Bernd-Lutz Lange)가 비폭력을 선포함으로써 교회, 미술, 음악과 복음이 하나로 연합되었고 주교의 축도로 끝나게 되었다. 주교는 방문객들 및 참석한 600여 명의 비밀당원에게도 선동에 휩쓸리지 말며 폭력에 끼어들거나 대응하지 말 것을 강력히 촉구했다.

교회 문이 열려 2천여 명의 사람들이 교회당을 나섰을 때 놀랍고 감동적인 광경이 나타났는데 교회 마당과 주변에 만여 명의 시민들이 손에 양초를 들고 기다리고 있었다. 퓌러는 "우리는 당신들과 함께하기 원한다"라고 소리쳤고 문 앞에 있던 사람들에게 교회 안의 사람들이 나갈 수 있도록 자리를 비켜달라고 부탁했을 때 사람들은 기꺼이 자리를 만들어 주었다. 그들은 한 손에 비폭력을 의미하는 양초를 들었고, 다른 한 손은 촛불이 꺼지지 않도록 바람을 막아야 했기 때문에 다른 돌이나 몽둥이를 들 수 없었고 따라서 기적이 일어났다. 예수 그리스도의 비폭력 정신은 군중들을 사로잡았고 평화적인 힘으로 나타났다.

이날부터 시작된 본격적인 월요시위는 그 양상이 평화적으로 달라지기 시작했다. 퓌러는 월요시위의 준비 상황을 회상하며 모든 이에게 열려 있던 니콜라이 교회가 많은 압력에도 불구하고 결국 구 동독의 모든 사람을 연합시켰다고 증언한다. 결국 1989년 10월 9일은 가장 결정적인 날이었으며 독일을 통일로 이끈 평화혁명의 분수령이었기에 지금도 니콜라이 교회 앞마당에는 이 날짜가 돌판에 새겨져 있다.

시위 행렬은 서서히 시내를 관통하여 행진하기 시작했고 폭력을 거부한 평화의 힘이 대중들의 마음을 사로잡아 능력을 발휘하기 시작했다. 이렇게 수많은 인파 속에는 당연히 폭동을 계획한 사람이 있었을 것이지만 이런 사람들이 도발하려고 하면 사방에서 사람들이 초를 들고 '비폭력'이라는 구호와 함께 그들을 막아섰다. 몇몇 시위대는 '비폭력'이라고 쓴 띠를 두르기도 했으며 심지어 시위하던 사람들은 근처에 서 있던 군인들과 경찰관들까지도 대화로 이끌어 들였다.

나중에 독일의 소설가 에리히 루스트(Erich Loest)가 니콜라이 교회 이야기를 소설로 썼는데(Loest, 1997) 이 소설을 근거로 프랑크 바이어(Frank Beyer)는 '니콜라이 교회(Nikolaikirche)'라는 영화도 만들었다. 여기에서도 이 시위 장면은 잘 묘사되었다. 전해지는 이야기에 의하면 당시 동독 비밀경찰의 총책임자였던 홀스트 진더만(Horst Sindermann)은 1989년 10월 9일을 회상하며 "우리는 모든 것을 계획했다. 그리고 모든 상황에 대해 준비되어 있었다. 단지 촛불과 기도에 대해서만 제외하고 말이다"라고 말했다고 한다(Führer, 최용준 역, 2015 : 365).

시위 행렬이 그림마이쉔거리(Grimmaischen Strasse)에서 출발하여 오페라하우스와 중앙역을 지나 비밀경찰들이 있는 구역으로 향하자 그들은 퇴각했으며 건물 안의 불도 모두 꺼졌다고 한다. 이날 저녁에는 승리자도, 패배자도 없었다. 누구도 승리를 자랑하지 않았고 아무도 체면을 잃지 않았다. 창문 하나도 깨지지 않았으며 목숨을 잃은 사람도 없었다. 이처럼 비폭력은 교회 안에서만 머무르지 않고 거리와 광장에서 실천되었다.

군중 중 일부는 투쟁적이고 무신론적인 교육을 받았음에도 불구하고 의식적으로 폭력에 저항하겠다고 결정했다. 이는 그들의 세계관이 근본적으로 변화되었음을 입증한다. 비폭력의 전통이 전혀 없고 오히려 두 번이나 세계대전을 일으켜 무지막지한 폭력을 행사했던 독일 민족에게 역사상 최초로 무혈 평화혁명이 기적처럼 성공한 것이다. 여기서 분명히 알 수 있는 것은 퓌러가 평화기도회를 인도했을 뿐만 아니라 월요시위도 주도했으며 그와 함께한 사람들과 지혜롭게 동역할 줄 아는 리더였다는 것이다.

그 결과 일주일 후인 10월 16일 월요시위는 동독 전역으로 퍼졌고 라이프치히에는 12만 명의 시민들이, 11월 6일에는 무려 40만 명이 참여했다. 당시 라이프치히 인구가 55만 명이었음을 고려한다면 놀랄 만한 수치가 아닐 수 없다. 이처럼 민주적인 변화를 촉구하며 동독 전체로 퍼진 이 혁명은 끝까지 평화롭게 진행되어 "우리가 주인이다(Wir sind das Volk). 우리는 하나의 국민이다(Wir sind ein Volk)"를 외치며 통일된 독일 지도를 들고 행진하던 군중들은 마침내 독일 통일을 이루어 낸 것이다.

사태가 걷잡을 수 없이 확대되던 10월 18일, 동독의 최고 권력자였던 호네커는 수많은 군중의 시위를 더는 통제할 수 없다고 판단했는지 권좌에서 물러나 도피했다. 그가 부인과 함께 우선 은신처로 선택한 곳은 소련의 영내나 동독 군대의 병영, 독일 사회주의통일당이나 자유독일노총(FDGB : Freie Deutsche Gewerkschaftsbund)의 휴양지도 아닌, 역설적으로 로베탈(Lobetal)의 한 개신교 목회자 가정이었다. 그러자 1989년 11월 9일 베를린 장벽은 너무나 쉽게 무너졌고 서독의 헬무트 콜(Helmut Kohl) 총리의 주도하에 1990년 10월 3일 동서독은 드디어 법적으로 통일되었다.

지금도 독일은 매년 10월 3일은 통독 기념일로서 국가 공휴일로 지킨다. 독일이 이렇게 통일될 것으로 예측한 사람은 거의 없었다. 이것은 진정 '기적'이었다. 퓌러의 확고한 결단과 리더십 그리고 그와 함께 기도한 니콜라이 교회 성도들, 나아가 평화와 비폭력 정신으로 무장한 라이프치히 시민들의 참여로 철의 장벽을 무너뜨린 평화시위와 그로 인한 독일의 통일은 우리에게 매우 중요한 교훈을 준다. 이 교훈들에 대해 좀 더 깊이 살펴보겠다.

## 3. 독일 통일의 교훈

결국, 독일의 통일은 다른 외부적인 요소들도 있겠지만 무엇보다 한 목회자의 철저한 헌신과 그를 통해 선포된 평화의 메시지에 대해 니콜라이 교회를 중심으로 모인 라이프치히 시민들의 온전한 응답의 결과 역사적으로 전무후무한 평화적 무혈 혁명이라는 방법으로 이루어진 것임을 알 수 있다. 나아가 이 사건은 동구권에 강력한 민주화 운동의 시발점이 되었고 소련 역시 붕괴하면서 전 세계의 역사를 바꾸어 놓는 놀라운 결과를 낳게 되었다.

여기서 추가로 언급해야 할 중요한 사실은 1989년에 일어난 독일 통일의 배후에는 분단 기간에도 서독 교회 성도들이 동독 교회를 잊지 않고 꾸준히 도왔다는 것이다. 니콜라이 교회의 평화기도회가 동독 교회와 국민 전체를 깨우는 역할을 하였지만, 서독 교회는 매년 동독 교회에 물질 및 헌금으로 도와줌으로써 그들이 믿음의 한 형제자매임을 실제로 보여 주었다. 결국, 베를린 철의 장벽에도 불구하고 동서독 교회 간에는 '특별한 유대관계(Die besondere Gemeinschaft)'라는 결속감이 살아 있었으며 이것이 베를린 장벽도 하루아침에 무너뜨린 것이다.

동독의 개신교회들은 원래 서독의 독일 개신교회(Evangelischen Kirche in Deutschland) 소속이었다. 하지만 동독 교회는 동독 정부의 압력으로 1969년에 '동독개신교회연맹(Bund der Evangelischen Kirchen der DDR)'을 만들었다. 하지만 동독 교회는 서독 교회와 하나의 공동 교회를 추구하였으며 그들도 독일 개신교회 소속임을 절대 포기하지 않았다. 그러나 이 때문에 여러 문제가 발생하기도 하였는데 이것이 동독 정부에게는 계속해서 눈엣가시 같은 역할을 했기 때문이다.

그런 와중에도 동독 교회는 여전히 서독 교회와 자매결연 형태로 깊은 유대 및 결속 관계를 맺고 있었다. 퓌러 또한 이러한 유대관계가 결국 동독 정권에 대해 동독 교회가 '사회주의를 위한 교회도 아니며 사회주의를 반대하는 교회도 아니라 사회주의 내에서의 교회'로 순응하는 동시에 지속해서 저항하여 동독의 종말에 결정적으로 기여할 수 있는 큰 힘이 되었다는 사실을 인정하고 있다(Führer, 최용준 역, 2015).

'동독개신교회연맹'이 출범한 후 동서독 교회들은 교회법 제4조 제4항에서 "동독과 서독의 모든 개신교회가 각자의 기관을 통해 동반자적 자유를 가지고 함께" 만나기 위하여 "특별한 유대 관계"가 있음을 명시하였다(주도홍, 1999). 동서독 교회는 이 특별한 관계를 지속시키기 위해 양편 회원들로 "자문단(Beratergruppe)"과 "협의단(Konsultations gruppe)"을 구성하였는데, 전자는 교회적인 문제를 위해, 후자는 사회 참여적인 세계 평화와 화해의 문제 등을 의논하기 위함이었다.

이러한 모임은 두 교회의 공식적인 모임을 위한 사전 모임의 성격도 있어 어떤 때는 서로 일상적인 안부와 소식을 전하기도 하였고 분단된 민족의 형제 사랑을 나누는 현장이 되기도 하였으며 나아가 서로 간의 사업 계획을 의논하고 필요할 때는 은밀한 도움을 요청하는 통로이기도 하였다. 이러한 모임이 그리 쉬운 것은 아니었지만 그런데도 이 모임은 통일이 이루어지는 순간까지 계속되었으며 결국 서로를 이해하며 사랑하는 관계로 이끌어 서독 교회가 동독 교회를 돕는 프로그램으로 연결된다(주도홍, 1999).

그렇다면 서독 교회는 어떻게 동독 교회를 지원했을까? 첫째로 서독 교회는 언제나 명목 있는 재정 지원을 했다. 분단 당시 동독 교회는 신앙적 · 물질적으로 극심한 어려움에 처해 있었는데 그 이유는 무엇보다 교회가 자멸되도록 하는 동독 정권의 여러 종류의 말살 정책 때문이었다. 가령 교회의 유일한 재정 수입원이었던 교회세를 법으로 금하는 동시에 신도들은 동독 시민들이 누리는 보험 및 연금제도 등의 혜택을 누리지 못하게 했다. 심지어 신앙 활동을 범죄 활동으로 규정하면서 감옥에 가두는 등 박해전략도 실시하였다.

이러한 동독 교회를 서독 교회는 순수한 사랑에 의해 물질적으로 도왔는데 언제나 명목 있는 도움으로 도움을 받는 상대방의 자존심을 지켜 주었고 그러면서도 단 한번도 도와준 돈의 사용처를 확인하지 않았다고 한다. 사용 용도를 묻게 되면 재정 지원을 계속할 수 없음을 알았기에 그들은 어려운 형편에 처한 형제자매들을 그저 사랑으로 은밀히 도왔다는 사실만 확인하였다. 이처럼 서독 교회는 지혜롭게 동독 교회를 도와주었다.

둘째로 서독 교회의 재정 지원은 단회적이거나 과시적이 아니라 지속적이고 인격적이었다. 매년 동독 교회를 위한 지원은 한화로 약 300~400억 원에 달하였으며 이러한 도움을 주면서도 금전을 지급하는 동시에 그들이 필요로 하는 물자들을 공급하기도 했다. 이 금액에서 절반 정도는 동독 교회의 재정으로 충당되었고 20% 정도는 교회의 사회봉사 활동에 사용되었으며 나머지는 청소년 사역, 교육기관 또는 휴양 시설을 유지하는 데에 사용되었다(Heidingsfeld, 1993).

또한 이를 위해 서독 정부의 적극적 도움 및 동독 정권의 묵인 내지는 협조도 있어야만 했는데 실제로 서독 정부도 교회의 재정 지원 프로그램을 배후에서 은밀히 지원했다. 이러한 프로그램에는 동독 교회를 돕는 형태와 정치범 등의 석방을 위한 형태가 있었는데 전자를 위해서는 반액을, 후자를 위해서는 전액을 담당하였다. 그러면서도 서독 정부는 결코 생색내거나 드러내지 않았다. 이는 서독 교회의 프로그램일 뿐이었으며 서독 정부는 법적 · 재정적 도움만 주었다. 이러한 서독 교회의 지원은 결국 동독의 교회뿐만 아니라 동독을 돕는 결과를 가져왔다. 즉, 외화 획득뿐 아니라, 신앙의 박해 가운데 처한 동독 교회를 활성화했던 것이다(주도홍, 1999 : 83-85).

물론 이러한 재정 지원 정책을 반대하는 사람들도 없지 않았다. 그 이유는 동독의 공산정권을 더욱 견고히 유지하는 결과가 된다는 것에서였다. 그러나 서독 교회의 재정 지원은 결국 동독 교회의 계속된 활동을 가능케 함으로써 동독인들의 삶에 중요한 원리를 제공하여 유물론적 사회주의를 대적할 수 있는 토양을 형성시켜 결국 동독 정권의 붕괴를 재촉하는 결과를 가져오게 했다는 점을 우리는 잊어서는 안 될 것이다.

이러한 재정 지원의 다른 축을 형성하고 있던 그룹은 바로 "디아코니(Diakonie) 재단"의 활동이었는데 이들이 갖고 있던 철학은 "섬김의 신학"이었다(주도홍, 1999 : 86-91). 앞서 언급한 동서독 교회의 "특별한 유대 관계"는 이미 1958년부터 시작되어 동독에 대해 물자 지원을 계속했으며 이 프로그램은 통일된 이후인 1991년에 비로소 종료되었다. 디아코니의 활동은 병원, 양로원, 고아원 등을 위시하여 도움의 손길이 필요한 기관에 찾아가 그들의 이웃이 된 것이다. 이러한 활동은 결국 동서독의 관계를 견고히 묶어 주는 "사랑의 띠"였다.

그렇다면 독일의 통일을 보며 우리는 어떻게 해야 할까? 무엇보다 먼저 한국 교회는 니콜라이 교회처럼 지속해서 기도해야 할 것이다. 북한 동포들과 평화통일을 위해 낙심하지 말고 인내하면서 기도해야 한다. 현재 한국의 일부 교회도 '평화통일 기도회'를 실시하고 있는데 이는 매우 고무적이며 이를 다른 교회에도 확장할 필요가 있다. 동시에 기도와 함께 구체적인 행동을 통해 복음이 말하는 평화와 비폭력 그리고 원수 사랑을 보여 주어야 한다. 따라서 한국 교회도 모든 이에게 열린 공간이 되어 기도와 더불어 현실적이고 구체적인 이슈에 대해 바른 관점을 제시하며 다양한 사랑과 봉사를 구체적으로 실천함으로써 남북 간에 평화적인 분위기가 정착되고 북한이 더욱 열린 사회가 될 수 있도록 여러모로 노력하여야 할 것이다.

남한 정부도 서독 정부에 배울 교훈이 있다. 지금까지 한국 정부는 남한 교회가 하는 대북 사역을 감시, 통제 및 간섭하는 경우가 많았다. 하지만 앞으로는 교회와 좀 더 협력해야 한다. 교회가 하는 일들을 뒤에서 조용히 후원하면서 권위적인 자세를 취하지 않고 교회와 지혜롭게 협력하여 마침내 통일의 대업을 이루어 낸 서독 정부의 역할을 기억하면서 국제사회와 공조하여 한반도의 통일 정책을 주도해야 할 것이다.

남한 교회도 북한 교회의 재건 및 통일에 대해 지금까지는 다소 물질적인 접근이 지배적이었다. 가령, 통일되면 북한에 예배당을 지어야 한다는 명목으로 헌금을 모으는 일에 제한되는 경우가 적지 않았다. 하지만 이보다 북한의 현실적 필요에 민감하면서 보다 실질적이고도 일관성 있게 그리고 진정한 사랑과 겸손한 봉사의 자세로 섬겨야 할 것이다. 동시에 이미 남한에 있는 새터민들이 잘 정착할 수 있도록 정부와 협력할 뿐 아니라 그들의 생활에 필요한 모든 지원을 아끼지 말고 그들이 통일의 마중물이 되고 통일 이후 북한을 섬길 수 있도록 준비시켜야 할 것이다.

현재 일부 남한 국민은 통일 비용에 대해 말하면서 현재 상태(status quo)를 유지하는 것을 선호하는 예도 적지 않다. 하지만 통일 비용보다 현재 분단 유지 비용도 천문학적임을 고려한다면 이러한 논리는 설득력이 약하다. 나아가 천만 이산가족들의 아픔을 치유하고 민족의 동질성을 회복하는 통일은 이 시대에 우리에게 주어진 운명이며 역사적 사명임을 잊지 말아야 할 것이다.

독일과 한국의 상황은 매우 다르지만, 독일에서 일어난 기적이 한반도에서 일어나지 말라는 법은 없다. 끝까지 포기하지 않고 기도하며 평화와 비폭력으로 헌신했을 때 독일은 이 놀라운 축복을 받았다. 사실 '퓌러'라는 그의 독일 이름은 '리더'라는 의미이다. 이처럼 진정한 영적 지도자로서 그는 낙망하지 않고 기도와 평화에 헌신함으로써 철의 장막을 무너뜨린 퓌러를 보며 한반도에도 이러한 리더가 나타나길 희망한다. 결국, 비폭력과 평화는 칼을 쳐서 보습으로 만드는 능력이 있음을 기억하고 이를 지혜롭게 적용할 때 한반도에도 우주 만물의 주권자이신 주님께서 역사하셔서 더 큰 기적이 일어날 것이다.

## Ⅱ 해외에서의 통일 노력

### 1. 네덜란드의 탈북민 지원

'해외에서의 통일 노력'에 대해 제일 먼저 언급하고 싶은 나라는 네덜란드이다. 네덜란드가 도대체 한반도의 통일과 어떤 상관이 있나 의아해할 수 있겠다. 하지만 필자는 1989년부터 약 10년간 네덜란드에 살면서 여러 가지를 경험했는데 그중에 특히 오픈도어스(Open Doors : www.opendoors.nl)라는 단체가 북한과 탈북민들을 지원하는 내용을 소개하려고 한다. 이 단체는 전 세계적으로 인권을 침해당하는 나라들, 특히 박해받는 크리스천들을 위해 기도하면서 돕는 단체이다.

이 단체를 1955년에 설립한 사람은 브라더 앤드류(Brother Andrew)라는 분이다. 네덜란드 정식 이름은 안느 판 드 베일(Anne van de Bijl)이다. 앤드류는 1960년대 전후 소련과 중국 그리고 동구권을 여행하면서 그곳으로 성경을 비밀리에 전달하는 사역을 하면서 '하나님의 밀수꾼(God's Smuggler)'이라는 별명을 얻게 되었으며 이 제목으로 책을 출판하기도 했다(Van der Bijl, 2015).

이 단체는 전 세계적으로 인권을 침해받고 박해를 가장 많이 받는 50개국을 매년 발표하는데 북한은 항상 1등을 차지해 왔다. 북한의 헌법은 종교의 자유를 보장하고 있지만, 실제로는 그렇지 않다. 특히 그리스도인들은 가장 심한 박해를 받고 있다. 다른 인권보호단체인 Human Rights Watch에 의하면 북한에는 더는 종교의 자유가 없으며 전 국민이 감시당하고 있다. 신앙의 자유가 있는 것처럼 선전하기 위해 정부가 주도하는 교회가 있기는 하지만 이것은 대외선전용일 뿐이다.

오픈도어스는 오랫동안 탈북자들도 많이 지원해 왔는데 이 탈북자들의 증언에 의하면 현재 북한에는 나치 수용소보다 더 심한 강제 노동수용소에 약 15만 명에서 20만 명이 수용되어 있다고 한다. 거기서 고문, 기근, 강간과 살인, 인체 의약 실험, 강제 노동 그리고 인공 낙태 등이 자행되고 있다. 북한 정권을 반대하는 정치범과 그의 가족들은 이러한 수용소로 끌려간다.

북한에서 김일성과 김정일은 거의 신격화되어 우상처럼 군림하고 있어 모든 음악, 예술, 조각 등 문화 활동이 김일성, 김정일 우상화에 초점을 맞추고 있다. 그래서 김일성은 언제나 '위대한 영도자'로 추앙받으며 그 아들 김정일은 '친애하는 동지'로 존경하도록 전 국민을 세뇌하였다. 김일성은 사망 후에도 '영원한 주석'으로 신격화시켰으며 북한에서 제일 좋은 대학은 김일성대학, 제일 좋은 경기장은 김일성 스타디움이며 제일 좋은 광장은 김일성 광장이다. 나아가 김일성의 생일은 북한에서 가장 중요한 공휴일이다.

오픈도어스는 매년 두 차례 북한을 방문한다. 형식적인 방문 목적은 관광이지만 실제 참가자들은 거의 신실한 그리스도인들로서 북한의 박해받는 성도들을 위해 기도하며 돕는 분들이다. 북한 정부도 이들의 정체를 알고 있지만 묵인하며 오히려 가장 모범적인 관광객들로 인정한다. 이 분들도 평양에 가면 김일성, 김정일 동상 앞에 가지만 절할 필요는 없으며 주일이 되면 대표적인 개신교회인 봉수교회에 가서 예배를 드리는데 한국어로 '죄 짐 맡은 우리 구주'라는 찬송가를 함께 부를 정도로 북한에 관해 관심이 깊다. 하지만 이런 부분들은 그들의 사역 보안 문제로 인터넷에 노출되지 않는다.

오픈도어스 분들은 북한을 방문할 때마다 가슴에 나무 십자가 목걸이를 달고 다닌다. 언어가 통하지 않지만, 그들이 여행하면서 북한 주민들을 만날 때 어떤 분들은 그 가슴의 십자가를 보면서 표정으로 반응을 보이거나 고개를 끄덕이기도 한다고 한다. 오픈도어스는 아직도 북한에 지하 교회가 있다고 보며 탈북한 주민들을 물질적 · 정신적으로 돕고 있다. 이 분들을 비밀리에 안전한 집으로 안내하여 그곳에서 생활하도록 도우면서 가능하다면 남한으로 갈 수 있도록 다양한 지원을 하고 있다. 하지만 오픈도어스가 일하는 곳은 어디나 감시자들과 밀고자들이 있다. 지금도 북한 사람들이 중국으로 탈출하고 있지만, 종종 망명자로 가장한 보안요원들이 조직망을 망가뜨리기도 한다. 그 결과 적지 않은 남한 사역자들이 중국 감옥에 갇혀 있으며 대부분의 탈북자는 다시 북한으로 끌려가 인권을 유린당하며 여러 고난을 겪고 있다.

오픈도어스의 중요한 탈북자 사역 중 하나는 훈련세미나이다. 이 분들은 북한, 중국 등지에서 온 지하 교회 사역자들과 함께 체포되어 고문당할 때, 지도자가 죽임을 당하게 되거나 모임 시 총격이나 폭격을 당하면 어떻게 할 것인지 깊이 생각한다. 그리고 기도를 통해 자신들의 결단을 굳히게 된다. 그들은 믿음에 굳게 서서 원수를 사랑하며 생명의 위협이 닥칠 때도 흔들리지 않는다.

오픈도어스는 일 년에 한 번 전국대회를 네덜란드에서 개최한다. 이때는 북한을 위해 기도하며 수천 명의 후원하는 회원들이 모이는데 이때 보통 탈북자 한 분을 초청하여 경험을 듣기도 한다. 필자도 이 대회에 참가한 적이 있다. 나아가 이 단체는 탈북자들의 생생한 경험을 책으로 출판하여 보급하기도 하고 북한을 위해 기도하면서 모금 활동을 하여 다양한 방법으로 그들을 돕고 있다.

이 전국대회에 탈북자로 초청된 분의 강연을 네덜란드어로 통역하는 분은 하애린(Evelin Huizinga) 사모이다. 이 분은 1980년대 한국에 남편과 함께 선교사로 왔던 네덜란드 분으로 한국어에 능하다. 필자가 독일에서 이 분을 초청하여 북한의 인권 침해 및 박해의 실상에 대해 들은 적이 있다. 그때 이 분은 실제로 북한의 지도를 걸어 놓고 그 주변을 가시나무로 둘러 엮은 후 북한은 나라 전체가 하나의 감옥과 같다고 증언한 적이 있었는데 이것을 보면서 많은 사람이 공감하기도 했으며 함께 성금을 모아 오픈도어스에 전달하였고 그 기금으로 탈북자들 및 북한 내 지하 교회를 돕기도 했다.

한 예로 탈북자 김태진 씨는 지난 2006년 11월 4일, 네덜란드의 츠볼레(Zwolle)에서 개최된 오픈도어스 전국대회에 초청되어 다음과 같이 자신의 경험을 나누셨다.

> 저는 1956년 4월 3일 중국에서 태어났다. 저의 부모님은 이혼했으며 저는 어머니와 함께 북한의 청진에 와서 초등학교, 원산에서 중고등학교를 나왔다. 필자가 탈북을 결심하게 된 결정적인 동기는 북한의 공포 정치로부터 탈출하고 싶은 갈망 때문이었다. '북한은 인민의 낙원'이라는 선전이 허위라는 것을 알게 되었다. 김정일은 김일성이 상처를 받으면 오래 못 산다면서 흉년도 풍년이라고 보고하게 했다.
>
> 국민을 거짓말쟁이로 만들고 폐쇄된 사회 속에서 맹목적인 충성을 강요했으며 김 부자의 비위에 거슬리면 3대가 처벌받았다. 이를 목격한 후 저는 더는 속으며 살고 싶지 않았다. 국경 지역에 가려고 '무산 광산 대형 자동차 운전기사'로 지원해서 무산으로 갔다. 중국의 개혁, 개방 또한 저의 탈북을 재촉하였는데 삼촌이 중국에서 북한에 왔을 때 저는 더욱 자유를 갈망했으며 중국에서 저의 삶은 더 나아질 것으로 생각했다. 당시 저는 결혼하여 아들 두 명이 있어 가족들을 데려가고 싶었지만, 제가 가야 하는 곳이 어떤 곳인지 몰라 일단 혼자 가기로 했다. 저는 두만강을 건너 험한 산속에서 낙엽을 덮고 자며 천신만고 끝에 탈북에 성공하였다.
>
> 그 후 중국 용정시 노두구진 탄광에서 일했다. 하지만 1987년 7월 25일 중국 공안에

체포되어 북한으로 보내졌다. 북한 당국은 저를 당 정책 훼방죄, 국가 반역죄 그리고 반혁명분자라는 죄명을 씌워 8개월 동안 심한 고문과 조사를 하였다. 그 후 1988년 3월 31일에 함경남도 요덕군에 있는 15호 정치범 수용소에 재판도 없이 강제 수용되었다. 저는 심한 영양실조로 몸을 가누지 못하였지만 그런데도 강제 노동을 해야만 했다.

4월에 저는 산에서 부식토를 지게에 져 나르는 작업을 하였는데 힘이 없어 다른 사람보다 적게 담았다. 이를 하수인이 발로 차서 저는 산 아래로 굴러 떨어졌다. 사무실로 불려가 내부 지도원에게 나무 장작으로 심하게 맞아 실신하기도 했다. 8월에도 영양 상태가 나쁜 저는 지게에 무거운 것을 진 채 머리를 숙이고 가다가 경비병이 지나는 것을 보지 못하였고 인사를 안 했다고 저녁에 경비병들로부터 심한 구타를 당했다. 그 후 나를 벌거벗기고 마당 한가운데 쇠고랑을 채워 세워 놓았다. 그때 나는 추위에 떨며 맞는 것보다 이 멸시가 더 고통스러움을 느꼈다.

한번은 한 경비대원이 저의 손에 쇠고랑을 채웠는데, 채울 때 발로 수갑을 조여 손이 금방 새까맣게 죽었다. 그런 나를 생석회 위에 앉혀 놓았는데 비가 내려 생석회가 피어 온도가 100도 가까이 올라가기 시작했다. 그때 엉덩이에 화상을 입어 한 달 정도 바로 눕지도 못하고 변을 볼 때도 엉덩이 살이 당겨 너무 고통스러워 한동안 바지를 못 입었다. 상처에서 진물이 나와 옷에 붙으면 그 고통은 이루 말할 수 없었다. 수용소에서는 자신이 인간임을 잊어야 한다. 저는 개 먹이를 훔쳐 먹기도 하고 뱀과 개구리, 쥐 등 영양 보충만 할 수 있으면 살기 위해 가리지 않고 먹었다. 수용소 안에는 일이 너무 고되어 자신의 손가락을 자르거나 미친 것처럼 위장하는 사람도 있었다.

5년 후 기근으로 통제가 덜 심해지자 저는 그 틈을 이용하여 중국으로 재탈출하였다. 그 후 2001년까지 중국에 머물다 다시 몽골로 갔다. 거기서 마침내 남한으로 올 수 있었다. 지금 저는 신학을 공부하면서 다른 탈북자들과 함께 북한, 중국 그리고 남한에 있는 여러 탈북자를 돕고 있다. 저의 이야기를 들어주셔서 대단히 감사하다. 계속 북한을 위해 그리고 한반도의 평화적 통일을 위해 기도해 주시기 바란다.

오픈도어스는 전 세계적으로 일 년에 한 번 '박해받는 교회를 위한 주일' 캠페인을 한다. 북한을 비롯해 오늘날 고난받는 교회의 상황에 대해 자세한 정보를 제공하면서 이들을 위해 함께 기도하는 동시에 도움을 줄 수 있도록 모금도 한다. 또한, 네덜란드 외에도 전 세계에 지부가 있으며 철야 기도회도 있다. 참여하기 원하는 사람들은 보통 주말에 모여 1박 2일간 밤을 새워 북한 등 인권을 유린당하는 나라들을 위해 기도한다.

## 2. 벨기에의 탈북민 지원

필자는 2006년 여름부터 5년간 브뤼셀에서 사역했는데 당시 탈북동포들이 유럽으로 들어오고 있었다. 여러 나라에 난민 신청을 하여 이미 난민 지위를 확보한 후 언어교육과 함께 직장을 잡고 뿌리내리는 분들도 계신다. 영국에도 적지 않은 탈북민들이 있으며 상당수 현지 한인 교회에 출석하여 직·간접적인 도움을 받았다. 벨기에에도 탈북동포들이 왔다. 유럽 연합 국가들이 이들에 대해 철저히 조사하지만 적법하게 난민으로 인정되면 모든 복지 서비스를 제공하기 때문에 탈북동포들에게는 큰 도움이 되고 있다.

필자가 벨기에에 있을 때 한 병원에 입원하신 분을 방문했던 적이 있다. 함께 가신 다른 분들도 계셨는데 우연히 한 분이 그 병원에 한국 여자아이가 있어 말을 걸었다. 알고 보니 그 아이는 북한에서 왔으며 아빠가 폐결핵이 심해 치료받고 있다는 것이었다. 하지만 아빠는 접촉할 수 없어 필자가 일하던 교회 주소만 주고 헤어졌는데 거의 반 년이 지난 후 이 분이 딸과 함께 어느 일요일 오후에 갑자기 교회를 방문하러 오신 것이다. 이 분은 당시 남부 국경 지역에 벨기에 정부가 운영하는 난민수용소(www.fedasil.be)에 머물고 있었는데 온종일 기차를 몇 번 갈아타고 물어물어 찾아오셨다.

알고 보니 그 병원에서 만났던 분임을 알고 기뻐하며 환영하였다. 이 분은 탈북한 후 시베리아 횡단 열차를 타고 유럽으로 오셔서 난민 신청을 했으나 건강이 극도로 악화되어 입원 치료를 받은 후 회복되어 교회로 찾아오신 것이다. 필자가 직접 그 수용소까지 모셔다 드리고 선물도 드려 위로하였는데 얼마 후 이 부녀는 벨기에 정부로부터 난민 자격을 취득하여 자리를 잡아가고 있다. 그사이에 또 다른 분이 오셨는데 이 분도 정부 지원을 받다가 이제는 스스로 열심히 일하여 생활하고 있다.

또 한 가정이 오셨는데 이 분들의 사연은 더욱 감동적이다. 남편은 황해북도 신평군에서 출생하였으며 군대에 가서도 계속 승진을 했으나 성분이 좋지 않아 결국 제대하였다. 그 후에 생활이 어려워지면서 중국으로 탈북하였고 교회에 가면 도움을 받을 수 있다는 소문을 듣고 3일 동안 거의 먹지 못한 채 걸어서 마침내 한 조선족 교회에 가니 거기서 한 분이 식사를 주셨고 다시 하얼빈까지 갈 수 있도록 도와주셨다.

하얼빈에서 열심히 일하여 돈을 모은 후 다시 북한에 가서 가족들을 만나려 하다가 중국 공안에 체포되었다. 결국, 북한 보위부에 넘겨져 거기서 모든 것을 빼앗겼으며 무시무시한 고문을 받았다. 한 평 남짓한 감방에 수십 명의 탈북자가 체포되어 누워서 잘 수도 없는 고통을 겪다가 다행히 돈을 부당하게 빼앗아간 관리가 이 분을 밤에 몰래 풀어주어 도망갈 수 있도록 해 주었다. 왜냐하면, 그 관리는 돈을 몰래 빼앗은 것이 드러나면 위험에 처하기 때문이었다.

이렇게 극적으로 탈출하여 다시 압록강을 건너게 되었지만, 건강이 너무 약해져 결국 수영하다가 의식을 잃었고 강물에 정처없이 떠내려갔다. 다행히 중국 쪽 강가로 밀려갔고 거기서 구사일생으로 정신을 차려 다시 탈북에 성공했다. 먼저 국경 근처에 있는 조선족 교회에 찾아가 도움을 청하여 하얼빈으로 가서 과거에 일하던 곳으로 갈 수 있었다. 나중에는 베이징으로 가서 여러 가지 일을 하다가 마지막에 조선족 동포가 운영하는 식당에서 주방장으로 일하게 되었고 거기서 지금의 부인을 만나 결혼하게 되었다.

부인은 함경북도 새별군이라는 곳에서 태어났다. 평양에서 결혼하여 두 자녀를 두었으나 식량난이 닥치면서 살기 위해 가족을 떠나 친정에 가서 장사하기 시작했다. 하지만 어느 날 사기를 당해 가진 것을 모두 빼앗기고 말았다. 너무 절망하여 무엇을 어떻게 해야 할지 몰랐다. 그 와중에 여동생이 친딸을 고아원에서 찾아 데리고 왔지만, 이 딸은 그동안 너무 건강이 약해져 결국 어머니 품에 안겨 숨졌다. 그러는 중 중국에 가면 돈을 벌 수 있다는 소식을 듣고 무작정 다른 몇 여성들과 함께 두만강을 건넜다. 알고 보니 그들을 인도한 사람은 인신매매꾼이었다. 결국 이 분은 헤이룽장성 지역의 한 농장에서 몇 년간 일한 후 다시 연길에 와서 일하다가 중국 공안에 체포되어 북송되었다.

북한에 돌아와 여러 감옥과 강제노동수용소를 거치면서 온갖 고통을 겪었다. 그중에 가장 어려운 것은 하루에 한 끼 식사를 주는데 옥수수죽 한 그릇뿐이었다. 결국, 병에 걸려 거의 죽어가게 되었는데 마침 옛날 남자 친구가 도와주어 병보석으로 출옥하게 되었고 그 분 집에서 건강을 조금이나마 회복할 수 있었다. 그 후 다시 탈북하여 베이징으로 가서 한 식당에서 일하게 되었는데 거기서 지금의 남편을 만나 결혼하게 된 것이다.

2008년 베이징올림픽이 다가오자 중국 공안의 검문검색이 강화되어 이 두 분은 더는 그곳에 있을 수 없음을 깨닫고 식당 주인의 도움으로 벨기에로 와서 난민 지위를 신청하게 되었다. 1차와 2차 인터뷰 및 심사를 거친 후 마침내 벨기에 정부에서 이 두 분을 난민으로 인정해 주어 지금은 귀한 딸 리나와 아들 다니엘과 함께 잘 살고 있다.

이 분들이 벨기에 정부로부터 지원을 받기 시작하면서 벨기에에서 세 번째로 큰 리에쥬(Liege)라는 도시에 정착하였다. 이곳은 프랑스어를 사용하는 지역이어서 이 가정은 아는 사람이 아무도 없었다. 하지만 현지 교회에서 이 분들에게 필요한 모든 것을 도와주었다. 이 분들은 교회에 처음으로 북한 가족들이 왔지만, 형제자매처럼 따뜻하게 맞아주셨고 아파트를 구하는 일부터 모든 가구와 이기용품까지 제공해 주셨으며 기타 관공서에 통역까지 해주면서 정착하는 데 어려움이 없도록 도와주셨다.

그러나 아직 이 분들에게는 한 가지 소원이 있다. 친아들 두 명이 북한에 있기 때문이다. 북한에서 부모가 탈북한 경우 그 자녀들은 아무런 미래를 보장받을 수 없으며 오히려 많은 불이익을 받는다. 그래서 어떻게 해서든 이 아이들을 데리고 오려고 하는데 문제는 경비가 너무나 많이 드는 것이다. 다행히 부인이 북한 국경에 있는 여동생과 중국 핸드폰으로 통화를 한 것이다. 북한의 국경 지역에는 중국 핸드폰으로 통화가 가능하기 때문이다.

나중에 알게 되었지만 이 분도 앞의 탈북동포처럼 폐결핵이 심하여 병원에서 치료를 받았으나 지금은 부인 사이에 예쁜 딸과 아들도 선물로 받게 되었다. 놀라운 사실은 이 두 탈북자가 과거에 알던 친구들이어서 이제는 이웃 동네에 함께 살며 새롭게 언어도 배우며 밝은 미래의 꿈을 가지고 열심히 살려고 노력하고 계신다. 필자는 이 분들을 섬기며 이제 탈북민들을 돕는 일은 단지 북한 내에서나 국경 접근 지역뿐만 아니라 한국과 전 세계 디아스포라 한인들이 함께 섬겨야 할 일임을 다시금 깨닫게 된다. 앞으로 이 분들이 해외에 있지만, 통일에 도움이 되는 일을 할 수 있기를 희망한다.

필자가 브뤼셀에 있을 때 벨기에로 오신 모든 탈북자를 초청한 적이 있다. 앞서 언급한 네덜란드의 오픈도어스 관계자들도 오셨다. 거기서 필자는 북한에서 최근에 어떤 일들이 일어났는지 그리고 왜 북한 동포들이 이곳까지 올 수밖에 없었는지 그리고 그들이 이곳까지 오기 위해 얼마나 많은 고통을 겪었는가에 대해서도 알려 드렸다. 오픈도어스 관계자와 당시에 유럽의회에 근무하시던 분도 발표하는 시간을 가진 후 마음 모아 모금하여 오픈도어스를 후원했다.

마지막으로 함께 기도하는 시간을 가졌는데 특별히 함께 나누고 싶은 내용은 탈북민들이 직접 작성한 다섯 가지 제목이었다. 첫째 우리의 소원은 통일입니다. 한반도에 전쟁이 종식되고 평화통일을 주십시오. 둘째, 북한의 굶주린 7백만 백성들에게 일용할 양식을 주십시오. 셋째, 북한의 지도자 김정은이 회개하게 해 주십시오. 넷째, 국경을 열어 주십시오. 더는 탈북자들을 북송하지 않게 해 주십시오. 마지막으로 다섯째는 북한의 모든 정치범 수용소를 해방해 주십시오. 이 제목들은 우리가 계속해서 기억해야 하겠다.

필자가 탈북민들을 도우면서 가장 어려웠던 부분 중의 하나는 그들이 너무나 주체사상에 세뇌를 받아 그 생각을 바꾸는 것이었다. 이 분들은 김일성 '신격화'라는 말을 들으면서도 사람이 신이 될 수 있다는 사실이 얼마나 거짓인지 모르고 있었다. 그동안 북한은 노동당 일당 체제로 김일성과 김정일 그리고 김정은이 세습하면서 주체사상으로 북한 주민들을 억압해 왔다. 이 세 가지는 기독교의 삼위일체와 비슷하다. 그래서 김일성을 성부 하나님, 김정일을 성자 예수 그리스도, 주체사상을 성령 하나님으로 설명하니 이 분들이 기독교의 삼위일체 교리를 매우 쉽게 이해하는 것을 체험한 적이 있다.

또 한 가지는 한 벨기에 변호사가 북한 주민들의 인권을 위해 유럽에서 매우 헌신적으로 활동하고 있다는 사실이다. 이 변호사는 Human Rights Without Frontiers International(hrwf.eu)이라는 단체를 만들어 활동하고 있는 윌리 포트레(Willy Fautré) 씨다. 이 단체는 2001년에 브뤼셀에서 창립되었으며 전 세계 20여 개국에 지부를 두고 있는데 특히 북한의 상황을 예의주시하면서 어떤 이슈가 있을 때마다 유럽연합에 이를 알리고 필요한 경우 특별 세미나도 주최하여 북한의 인권 증진을 위해 노력하고 있다. 이 인권 이슈는 우리가 계속 관심을 가져야 하겠다.

마지막으로 한 가지 경험을 나누겠다. 한 탈북자 부부가 아들 한 명을 데리고 벨기에로 와서 제2의 도시인 안트베르펜(Antwerpen)에 정착하게 되었다. 아들을 가까운 학교에 보냈는데 놀랍게도 이 아이가 잘 적응할 뿐만 아니라 외국어를 쉽게 터득하는 것이었다. 먼저 네덜란드어를 배우고 집에서는 한글을 사용하며 또한 중국어도 잘했다. 그 후 영어를 배우고 프랑스어를 배우는데 학교에서 공부를 너무 잘해 선생님도 칭찬하고 부모님도 너무나 기뻐하는 모습을 보면서 저는 '비록 1세 부모들은 죽을 고비를 넘어 이곳까지 왔지만 2세들 중에는 탁월한 인재가 나오겠구나' 하는 생각이 들었다. 앞으로 전 세계에 흩어진 탈북민 디아스포라가 평화통일에 큰 자산이 될 수 있다고 생각한다.

## 생각해 볼 거리

1. 독일이 통일되는 데 가장 중요한 요소는 무엇이었다고 생각하나요?

2. 네덜란드의 오픈도어스 사역을 보면서 어떤 교훈을 얻었나요?

3. 벨기에로 온 탈북동포 이야기는 우리에게 어떤 도전을 주나요?

4. 통일될 한반도를 위해 내가 해야 할 일은 무엇이라고 생각하나요?

## 참고자료 및 더 읽어볼 거리

주도홍(1999). 독일 통일에 기여한 독일 교회 이야기. 기독교문서선교회.

Führer, C.(2010). *Und Wir sind dabei gewesen : Die Revolution, die aus der Kirche kam*. Ullstein Verlag. 최용준 역, (2015). 그리고 우리는 거기에 있었다 : 교회에서 일어난 뜨거웠던 무혈 혁명. 예영커뮤니케이션.

Heidingsfeld, U-P.(1993). Die "besondere Gemeinschaft" der Kirchen-Stabilisierung der DDR? in : Trutz Rendtorff(Hg.), *Protestantische Revolution?*, Goettingen (pp. 98-100).

Loest, E.(1997). *Nikolaikirche dtv ;* Auflage : 1.

Van der Bijl, A. with Sherrill, J. and E.(2015). *God's Smuggler*. Chosen Books.

다섯 번째 강의

# 탈북민의 적응과 삶 이해

전명희

**전명희**

|

한동대학교 상담심리사회복지학부 교수

한동통일평화연구원 사회통합센터장

한동대학교 상담심리사회복지학부 교수로 재직 중이며, 연세대학교에서 사회복지학 박사와 상담코칭학 박사학위를 받았다. 현재 한동통일평화연구원 사회통합센터장을 맡고 있으며, 교양수업인 「통일한국개론」의 코디네이터 교수의 책임을 담당하고 있다. 교내외에서 탈북민 대학생들을 지원하는 일을 담당해 왔으며, 남북하나재단 권역별 슈퍼바이저를 역임하였다. 관련 연구로 북한장애인인권연구, 탈북민의 신앙발달연구, 북한 아동 및 탈북 여성과 가족에 관한 연구 등을 수행하여 다수의 논문을 발표하였고, 현재는 탈북민 트라우마 치료와 회복 등의 주제에 관심을 가지고 연구를 진행 중이다. 관련 주요 저서로는 『유엔장애인권리협약에 비추어본 북한장애인인권』(2019), 『탈북민 이해하기』(2023) 등이 있고, 최근 한동대학교의 탈북 대학생들과 통일에 대한 '소통과 공감'을 목적으로 『서로서로 배우는 중입니다-캠퍼스에서 나눈 탈북청년들의 솔직담백 토크북』(2024)을 집필하였다.

# 탈북민의 적응과 삶 이해

## I 탈북민을 이해하기 위한 관점

조선 시대 문인 유한준(兪漢雋)의 '사랑하면 알게 되고 알면 보이나니 그때 보이는 것은 전과 같지 않으리라'라는 말씀은 유홍준 교수의 『나의 문화유산 답사기』의 서문에 인용되면서 유명해진 문구이다. 이 글의 엄밀한 의미는 자세히 알게 되면 더 사랑하게 되고, 사랑하면 참되게 보게 되며, 볼 줄 알면 그 이전과 같게 되지 않는다고 해석할 수 있겠다. 사람을 돕는 전공을 공부하면서, 그리고 세상을 살아가는 한 사람으로서 자주 생각하게 된 것은 사람들이 생각보다 많은 고통 속에 살고 있으며, 그러한 고통은 깊이 들여다보고 사랑의 마음으로 들여다보아야 비로소 보이는 것들이 있다는 것이다. 오늘날의 시대에 통일에 대해 관심을 가진다는 것은 자신의 삶을 너머서 누군가의 삶에 대한 깊은 관심과 사랑을 기반으로 하고 있으며, 그렇기에 탈북민의 삶을 이해해 보고자 하는 일 자체가 의미 있는 일이라 하겠다. 본 장에서는 통일 준비 과정에 관심을 갖는 청년들이 통일을 이루기 위해 북한 사람들과 탈북민의 실존에 대해 조금이나마 이해해 보는 시간을 갖고자 한다.[1]

1) 본 글은 저자의 저서인 『탈북민 이해하기』(2023)의 일부를 발췌 및 요약하였음을 밝혀둔다.

## 1. 상호문화적 감수성을 가지고 보기

탈북민에 대한 이해에 앞서 먼저 상호문화적 관점을 포용하고 문화적 감수성을 가진 눈으로 바라보아야 한다는 점을 강조하고 싶다. 다문화 상담의 대가인 수(Sue) 박사는 한 개인의 정체성 형성 과정을 탐색할 때 개인적·집단적·보편적 수준을 이해해야 한다고 하였는데, 이는 아시아의 오랜 속담에서 비롯되었다고 하였다(Sue & Sue, 2011 : 62-65). 이를 탈북민을 이해하기 위해 역량을 갖추고자 하는 마음으로 소개하며 시작하고자 한다.

문화적 역량(cultural competency)이란 인간의 다양성을 인식하는 다문화적 이해와 나와 다른 타인에 대한 민감성을 높이는 것으로, 돕는 사람들에게 요구되는 자질이다. 따라서 돕는 사람은 다음과 같은 세 수준에 대한 깊은 이해가 있어야 하는데, 인간을 이해할 때 모든 사람은 같은 측면이 있고(보편성), 부분적으로 같거나(집단 특유성), 모든 사람은 다른 사람과 전혀 같지 않다(개인 고유성)"는 점을 이해해야 한다(이장호, 2008). 이 세 가지 측면을 모두 고려할 수 있을 때 문화적 역량을 갖추고 있다고 말할 수 있는데 하나씩 살펴보면 다음과 같다.

### 1) 개인적 수준에서의 이해

먼저 개인적 수준에서는 개인들이 가진 독특한(unique) 측면이 모든 사람에게 있다는 것을 숙지해야 한다. 사람들은 모두 비슷하게 보이기도 하고 또는 집단별로 문화적으로 비슷한 측면들이 있다. 그럼에도 불구하고 개인은 모두 천부(天父)로부터 부여받은 자신만의 생물학적 독특성을 가지고 있다. 누구를 대하든 사람은 다 다르다는 점을 충분히 인식하고 다름에 대해 환대의 마음을 가져야 한다.

### 2) 보편적 수준에서의 이해

두 번째는 보편성에 관한 것으로 모든 사람은 보편적(universal) 수준에서 인간이라는 공통점을 가진다. 우리는 모두 인간이라는 유한성을 지닌 존재이며 신체-심리-사회-영적 존재로 태어났다. 밥을 먹어야 살고, 잠을 자야 하는 것처럼 생존과 안전의 욕구뿐 아니라 자기 성장으로 지향하고 있으며, 관계를 맺고자 하고 사회적 공동체를 이루어 살고자 하는 보편적 욕구와 원리를 가지고 있다. 따라서 우리는 언어가 전혀 통하지 않는 사람과 만났을 때도 쉽게 바디 랭귀지로 의사소통을 할 수 있고 함께 뭔가를 먹으며 교제할 수 있다. 내가 알지 못하는 문화와 환경 속에 있었더라도 인간에게 공통적으로 가지고 있는 욕구와 공통적으로 행하는 매일의 삶의 루틴이 있기 때문에 통할 수 있는 여지가 있다.

### 3) 집단적 수준에서의 이해

마지막으로 우리가 고려해야 하는 점은 집단적 수준이다. 이 집단적 수준에는 각자 자라나고 살아온 사회적 · 문화적 맥락이 포함된다. 남한과 북한은 70년 이전에 같은 반만 년이 넘는 한국사를 공유하고 있다. 따라서 한국인으로서의 공통점을 제외할 수 없다. 그러나 남한과 북한은 뿌리가 같았다 하더라도 분단 이후 지난 70년을 떨어져 살면서 전혀 다른 정치적 · 사회적 체제 속에서 이질적 경험을 하였다. 따라서 집단 간의 상이점이 가져오는 차이를 이해하기 위해서 이렇게 탈북민을 이해하는 과정도 필요한 것이다.

이러한 문화적 유능성과 감수성을 가지고 탈북민들을 이해해 보도록 하자.

## 2. 탈북민을 이해하기 위한 관점들

탈북민을 이해함에 있어서 여러 가지 렌즈가 필요하다. 어떤 관점으로 이해해야 할지에 대해 다음과 같이 정리해 보았다.

#### 1) 한민족의 정체성을 공유한 대한민국 국민

앞서 말한 바와 같이 탈북민은 한민족의 정체성을 함께 공유하고 있는 한국인이다. 쓰는 단어나 표현의 차이는 있지만 같은 언어를 사용하고 있으며, 이질성보다는 동질성이 훨씬 많다. 그럼에도 불구하고 북한이라고 하는 정치사회체제의 특이성으로 인해 우리는 탈북민을 이해하는 데 있어 처음에는 저항감을 느끼게 된다.

탈북민에 대한 공식 명칭은 법률상으로 '북한이탈주민'으로 명시하고 있다. 북한이탈주민은 탈북한 상태에서 자발적으로 대한민국의 영향 아래로 들어온 사람을 말하며, 「북한이탈주민법」 제3조에서는 "이 법은 대한민국의 보호를 받으려는 의사를 표시한 북한이탈주민에 대하여 적용한다"라고 규정하고 있다(김현귀, 2019, 전명희, 2023에서 재인용). 남한으로 들어온 탈북민들은 대한민국에서 국민으로서의 지위를 획득하게 된다.

#### 2) 새로운 문화와 세계에의 적응과 정체성 형성을 위한 과제를 지닌 문화 이주자

문화 적응(acculturation)은 한 개인이 특정한 문화 속에서 거주하다가 다른 문화로 옮겨갔을 때 주어진 문화의 사람, 그룹 또는 계층을 통해 새로운 문화의 요소를 점진적으로 채택해 가는 과정을 의미한다(Sam & Berry, 2006). 탈북 과정은 문화 적응의 과정이며, 탈북민들은 이주민의 특성을 지니고 있다. 정치적 · 문화적 · 사회적으로 매우 다른 사회로의 이주로 인해 탈북민들은 이주민들이 겪어야 하는 문화 적응의 과제를 안게 된다. 탈북민은 북한이라는 폐쇄적이고 억압적인 문화를 떠나 남한이라는 새로운 문화로 들어오는 과정에서 문화 적응을 경험하게 된다. 탈북 청소년의 문화 적응에 관한 연구에서는 전반적으로 동화, 주변화, 분리 등의 과정을 거쳐서 전반적으로 U자형의 적응 정체감 변화 과정을 겪게 되며, 문화적 통합이 이루어지는 데 3년 정도 걸린다고 한다(금명자 · 권해수 · 이희우, 2004). 청소년들이 적응 유연성이 훨씬 높다는 점을 고려한다면 장년과 노년기의 탈북민들이 정착 이후의 삶을 통합하는 데는 상당한 시간이 필요함을 알 수 있다.

### 3) 되돌아갈 곳이 없는 난민적 특성

유엔난민기구(United Nations High Commission for Refugees : UNHCR)에서는 난민이란 "인종, 종교, 국적, 특정한 사회적 그룹 및 정치적 견해 등을 이유로 조직적으로 박해와 고통을 당하므로 자국에 더이상 머물 수 없는 사람"이라고 규정하고 있다(UNHCR, 2003). 난민 이주자는 자국의 상황으로 인하여 밀려 나온 개인을 의미하며, 미래를 위한 준비가 안 된 상태에서 이주가 이루어지고, 다시 자국으로 돌아가는 것이 불가능하며, 자국에서와 이주 과정에 상당한 외상 경험이 있다는 점 등이 일반적 이주자와는 다른 점이다. 탈북 후 중국에서의 생활은 북송의 위험, 여성의 경우 인신매매 등 안전을 위협하는 위험에 처하게 되므로 이들은 자신의 존재가 보장받을 수 있는 정착지로의 이주를 해야만 하는 처지에 놓이게 된다. 2012년 봄부터 국내 및 국제사회의 거대한 움직임으로 일어난 중국 내 탈북자들의 북송반대운동은 이들의 중국에서의 삶이 얼마나 빈인권적인지를 조명해 주었다. 현재 중국에 거주하고 있는 탈북자들의 수는 정확한 집계가 불가능한 상태이나 적게는 수만 명에서 최대 30만 명으로 추산되기도 한다(경향신문, 2012. 2. 28). 이 중 현재 3만여 명이 한국에 입국한 것으로 본다면 아직도 정착지를 찾아 헤매고 있으나 북한으로 돌아갈 수 없는 탈북민의 수가 매우 많다는 것을 알 수 있다.

미국은 2006년 5월 여섯 명의 탈북자들을 난민으로 받아들이는 것을 승인하였다. 미국은 이미 1980년도에 「난민지원법(Refugee Act)」이 있었으며 그동안 미국은 비미, 이라크, 베트남 등 다양한 배경을 가진 난민들의 정착과 관련하여 상당한 경험을 가지고 있으며, 이 법안에서 탈북자도 적극적으로 받아들일 것을 결정한 것이다(Chang et al., 2006). 탈북민들은 이렇듯 미국, 영국, 캐나다 등에서 난민 지위를 인정받아 입국을 할 수 있게 되었다. 남한으로 입국하는 탈북민들은 대한민국 국민이라는 자격은 얻게 되지만 태어나서 살아온 북한으로 돌아갈 수 없으며, 돌아갔을 때에 자신과 가족에게 처해지는 강한 억압과 위험이 존재한다는 사실에서 탈북민들은 난민과 같은 성격을 지니고 있다고 볼 수 있다.

#### 4) 탈출 과정에서 극심한 정신적 고통 및 외상(trauma)을 경험

탈북민들이 난민적 특성을 가지고 있다는 점은 이들이 겪은 고통으로 인해 이해될 수 있다. 그동안의 문화 적응에 관한 연구들은 난민을 이주민이나 일시적 체류자 등과 달리 문화적 통합을 성공적으로 이루어 내기에 더 어려운 집단으로 분류하고 있다(정진경 · 양계민, 2004 ; 김현경, 2009). 그 이유는 난민 이주 전 과정에서 일어났던 '인권에 반하는 충격사건 경험(human rights violations traumatic experiences)'들이 그들의 삶에 지속적으로 영향을 미치기 때문에 단순한 문화 적응의 문제를 넘어서는 총체적 적응 과정이 필요하기 때문이다(Sam & Berry, 2006). 이주민들도 새로운 국가에 도착해서 스트레스 장애를 겪게 되는데, 공황 상태, 테러 공포, 슬픔, 절망, 악몽 등에 시달리게 되고, 확신감의 상실로 인한 의존성, 무기력, 수동성뿐만 아니라 우울증, 낮은 자긍심, 소외감, 불안감, 관계갈등, 막다른 골목에 다다른 느낌, 정체성 혼미 등을 경험하게 된다(Williams & Berry, 1991). 탈북민들도 북한에서의 이주 과정에서 극심한 고통의 상황 가운데 놓이게 된 경험이 있으므로 남한에 정착하게 되었을 때 이러한 외상 회복을 위한 시간이 꼭 필요하다.

우리 사회의 탈북민은 인간다움을 유지하며 살아갈 수 있는 '안전한' 생존 환경을 침탈

> 당한 피해자들이다. 전체주의 체제에서 탈북민은 정치적·경제적·문화적 폭력은 물론 개인적 영역에서도 가정폭력·성폭력·아동학대·경제적 결핍 등 다층위 폭력에 고질적으로 내몰렸던 사람들이다. 많은 탈북민이 1990년대 수십만(수백만)이 굶어 죽은 '고난의 행군'이라는 끔찍한 사건을 경험하며 탈북했다. 그들은 중국살이에서도 체포와 북송, 인신매매 등 극한적인 경험을 반복적으로 겪으며 복합적인 트라우마를 경험하게 된다. 북한 체제가 발현하는 이 끔찍한 사회적 트라우마 현상이 곧 심각한 인권 유린, 인권 침해의 경험이다.
>
> 감희(2024), 『탈북민 트라우미 이해』 중

감희(2024 : 23)는 그의 저서 『탈북민 트라우마 이해』에서 탈북민을 '인간다움을 유지하며 살아갈 수 있는 '안전한' 생존 환경을 침탈당한 정치적 · 사회적 · 문화적으로 피해를 입은 사람들이라는 점을 이해해야 한다고 하였다. 분단의 이데올로기가 그동안 한반도를 지배하고 있었기에 남북한 분단 체제에서 탈북민은 통일의 주역이나 마중물로 여겨지기는 하지만 '인권'이 유린당하였던 한 인간으로서 잘 표현되지 않았다. 트라우마를 증언한다는 것은 우리가 살아가는 생태체계환경의 치유와 회복, 전인적 인간성 치유와 회복과 같은 평화적 · 인권적 가치와 결을 같이하는 것이다.

### 5) 탈출 과정에서 가족과의 생이별, 상실, 재결합, 혼합 등의 가족사를 경험

분단 이후 남북한 대치 상황에서 1985년[2] 처음 시작된 이산가족찾기는 가족 이산의 아픔을 겪었던 많은 사람에게 희망을 주었고, 그 결과 많은 가족이 상봉하는 모습이 매스컴에 보도되어 그동안의 비자발적 이산의 아픔을 달래는 시간을 가졌다. 지금도 정부는 적십자사를 통해 이산가족찾기를 지속하여 진행하기를 기대한다. 2018년에 마지막으로 이산가족찾기가 있었는데, 이는 이미 대량 탈북으로 3만 명에 가까운 탈북민들이 남한에 정착한 이후에 이루

2) 행정안전부 국가기록원 '이산가족상봉'(https://www.archives.go.kr/next/search/listSubjectDescription .do? id=003358&sitePage=)

어진 것이다. 이 사이에서 돌연변이처럼 돌출된 대상들인 탈북민들은 북에 있는 자신의 가족들을 이산가족으로 등록할 수도 없고 가족을 찾을 수도 없다. 그들은 브로커를 통해 몰래 북한에 있는 가족들에게 송금을 하면서 북한의 가족을 먹여 살리느라 현재의 삶에 상당한 영향을 받고 있으면서도 그것은 불법적으로 암암리에 이루어져야 하므로 떳떳이 가족 재상봉을 그리며 지원을 바라기는 어려운 처지다.

'탈북민들을 만나면 어떤 대화에 조심해야 하는지요?'라는 질문을 가끔 받을 때가 있다. 저자는 서슴지 않고 북에서 오신 분들은 단 한 명도 예외 없이 한국까지 오는 길에 가족과 생이별하거나, 가족을 잃거나, 혹은 북에 두고 나와 몇 년씩 보지 못하고 있으며, 어떻게든지 재상봉하기 위해 애를 쓰고 있음을 강조한다. 또한 중국과 제3국을 거쳐 오는 동안 생존의 문제와 관련하여 매매혼을 경험하거나 거기서 낳은 자녀를 데리고 오려고 하는 등의 가족과 관련된 아픔을 모두 지니고 있다는 점을 강조한다. 따라서 가족과 관련된 정보는 민감한 상처를 건드릴 수 있는 내용이므로 보다 존중하며 조심해야 할 것이며, 탈북민들이 더 건강하게 살아가기 위해서는 가족과 관련된 상처와 갈등을 회복하고 관계를 돕고 지원하는 일이 매우 중요할 것이다.

### 6) 지금 여기에서 삶을 살아내는 강인함과 회복력을 지님

앞서 설명한 많은 이유로 인해 탈북민들이 강을 건너 남한까지 오면서 얻게 된 삶에 대해 강인함과 강점들이 강조되지 못하는 경우가 많다. 그러나 탈북민들은 생존이 위협받는 상황에서 자신들의 새 삶을 개척하기 위해 나서는 용기를 지니고 있으며, 탈북 과정에서의 여러 가지 트라우마를 극복해 온 강인함을 지니고 있다(전명희, 2016a, 2017 ; 전주람 · 곽상인, 2021). 때로는 자신의 삶의 경험을 왜곡해야만 살아갈 수 있을 만큼 강도 높은 고통에 처하게 되고 이로 인해 정신건강에 적신호가 생기기도 하지만, 탈북민은 시간이 거듭할수록 내면의 저력과 회복력을 보이는 특징을 가지고 있다. 따라서 탈북민들을 도움이 필요한 대상자로만 보아서는 안 되며 이들이 지닌 열정과 강인함, 그리고 낯선 땅에서도 뿌리를 내리고 살게 되는 회복력에 대해 충분한 경의를 표하며 그들의 경험으로부터 배우고자 하는 마음을 가지는 것도 이들을 대하는 관점과 태도여야 한다는 점을 강조하고 싶다.

## Ⅱ 최근의 통계로 살펴본 탈북민의 삶 이해

현재 대한민국으로 넘어온 탈북민의 수는 2016년 이후 3만 명을 넘어섰는데, 2021년 기준 거주하고 있는 탈북민은 그 숫자가 다소 줄어든 29,880명이다. 탈북민은 2000년대 초반까지 매년 3,000명가량 입국하였으나 2012년 김정은 정권이 들어선 이후 입국하는 탈북민의 수가 현저히 줄어들었다. 코로나19가 시작된 후부터는 더욱 감소하여 2020년부터는 입국하는 탈북민의 수가 1,000명 미만이다. 또한 국내에 들어온 탈북민들이 고령화되어 가면서 그 수

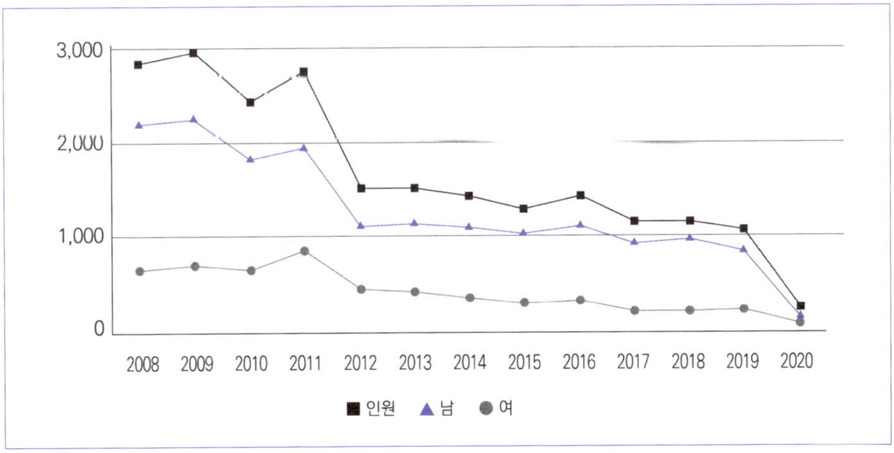


[그림 5-1] 북한이탈주민 입국 현황

출처 : 통일부.

가 30,000명 미만으로 감소하게 되었다(남북하나재단, 2021).

남북하나재단에서는 매년 북한이탈주민 정착실태조사와 사회통합조사를 실시하고 있는데 이러한 통계 결과를 통해서 현재 탈북민의 모습을 그려 보자.

## 1. 탈북민의 성별·연령대별 인구 분포

최근 몇 년간의 북한이탈주민에 관한 실태조사와 사회통합조사 등의 자료를 살펴보면 다음과 같다.[3] 2023년도 조사의 남녀 성별 비율을 살펴보면, 여성이 75.3%, 남성이 24.7%로 조사되어 탈북민 가운데 1/4이 남성, 3/4이 여성이라고 볼 수 있다. 연령대별로 살펴보면 40대가 27.0%로 가장 많았고, 그다음 50대(26.0%), 30대(23.4%), 20대(9.1%), 60대 이상(12.7%), 10대(1.8%) 순으로 나타났다.

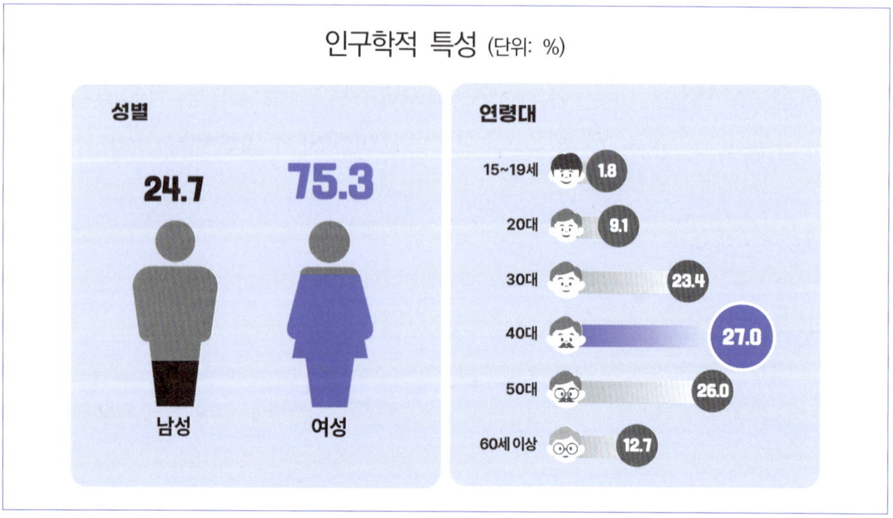


[그림 5-2] 2023년 탈북민의 성별·연령대별 인구 분포

출처 : 남북하나재단, 2023년 북한이탈주민 사회통합조사(요약 p.3에서 발췌).

3) 이 절에서 소개된 통계자료는 남북하나재단 홈페이지(www.koreahana.or.kr)의 북한이탈주민 정착실태조사와 사회통합조사 2012년부터 현재까지의 자료를 참고하였다.

코로나 시기를 지나면서 2021년부터 현재까지는 어떤 변화가 있을까? 2021년에는 전체 입국 숫자가 총 63명, 2022년에는 67명으로 극소수였으나, 2023년에는 196명으로 다소 늘었으며 현재도 점차 조금씩 늘고 있는 전망을 보여 주고 있다.

탈북민들의 남한살이는 2020년을 지나면서 10년 넘게 산 사람이 50%를 넘어섰고, 2023년 통계에서는 72%에 이르렀다. 즉, 남한 거주기간이 5년 미만인 사람이 10% 미만으로 90%가량이 5년 이상 거주자임을 알 수 있었다. 이는 탈북민이 더 이상 잘 모르는 새롭게 터전을 다지기 위해 온 이방인이 아닌 우리와 함께 삶을 영위하고 있는 이웃임을 알 수 있다.

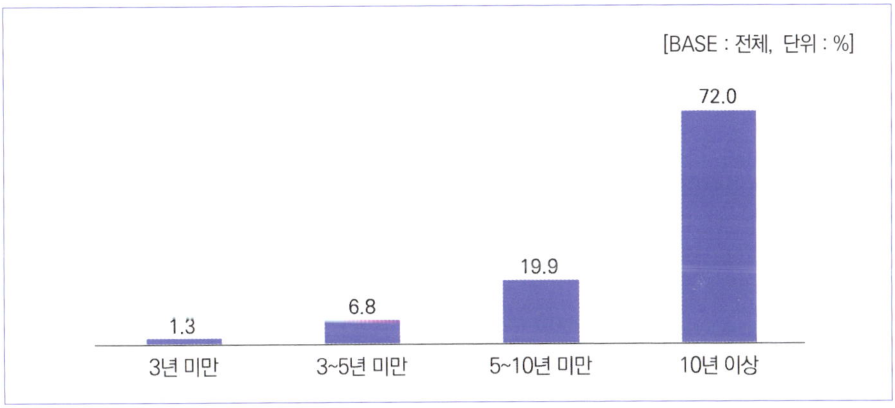


[그림 5-3] 2023년 탈북민의 남한 거주기간

출처 : 남북하나재단, 2023년 북한이탈주민 사회통합조사(p.23에서 발췌).

## 2. 탈북 동기

2023년 정착실태조사에 따르면 주된 탈북 동기로는 '식량이 부족해서'가 21.6%로 가장 높았고, 그다음으로 '북한 체제의 감시 · 통제가 싫어서(자유를 찾아서)'(20.4%), '가족(자녀 등)에게 더 나은 생활환경을 주려고'(10.7%) 등의 순으로 나타났다.

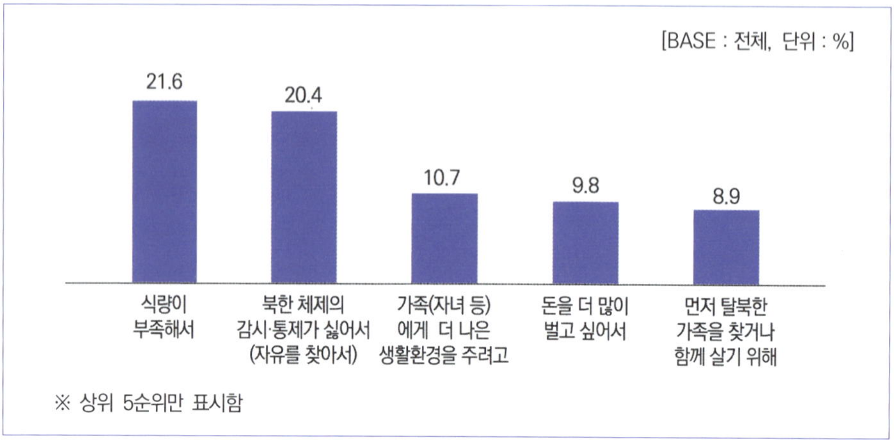


[그림 5-4] 2023년 탈북민의 탈북 동기

출처 : 남북하나재단, 2023년 북한이탈주민 정착실태조사(p.25에서 발췌).

이를 연령대별로 살펴보면, 10대와 20대는 '먼저 탈북한 가족을 찾거나 함께 살기 위해', 30대는 '북한 체제의 감시 · 통제가 싫어서', 40대 이상은 '식량이 부족해서'가 1순위를 차지하고 있음을 알 수 있다. 즉, 먼저 온 가족들이 자녀들이 탈북하여 국내에 입국하도록 도와서 들어오게 된 경우가 많음을 보여 주고 있다.

<표 5-1> 연령대별 탈북 동기

| Base=전체 | | 식량이 부족해서 | 북한 체제의 감시·통제가 싫어서 (자유를 찾아서) | 가족(자녀 등)에게 더 나은 생활 환경을 주려고 | 돈을 더 많이 벌고 싶어서 | 먼저 탈북한 가족을 찾거나 함께 살기 위해 |
|---|---|---|---|---|---|---|
| 2023년 | | 21.6 | 20.4 | 10.7 | 9.8 | 8.9 |
| 연령대 | 15~19세 | 3.5 | 3.1 | 8.8 | 0.5 | 10.7 |
| | 20대 | 4.4 | 11.4 | 7.1 | 6.4 | 20.1 |
| | 30대 | 13.6 | 19.3 | 10.5 | 10.7 | 14.3 |
| | 40대 | 24.4 | 23.5 | 12.1 | 11.0 | 5.1 |
| | 50대 | 29.7 | 22.7 | 11.9 | 12.2 | 1.8 |
| | 60대 이상 | 29.0 | 20.1 | 8.7 | 4.2 | 12.8 |

## 3. 남한 생활 만족도

통계 자료가 보여 주고 있는 데이터 중에 남한 생활 만족도는 지난 몇 년간 꾸준하게 상승하고 있는데, 2015년 63.8%에서 2022년 77.4%를 보여 주었다. 이는 그동안 탈북민을 지원하고 원조하는 남북하나재단을 위시한 하나원과 하나센터 등의 조력 전문가들의 노고의 결과라고 말하고 싶다. 남한 생활에 만족하고 있는 이유는 자유로운 삶과 경제적 보상이 있는 삶, 그리고 가족에게 기회를 줄 수 있다는 점 등을 들고 있었다. 그러나 이들이 남한 생활에 불만족하는 대표적인 이유로 "가족과 떨어져 살아야 해서"(2021년 29.8% / 2022년 29.1%)를 가장 높게 꼽고 있었다. 이 응답은 30대가 가장 높았는데, 코로나 시대를 살면서 새로운 가족을 만들기는 어렵고 원가족으로부터의 지원은 없는 20~30대 청년 세대들은 외로움과 고독감을 느끼며 정서적 결핍을 경험하게 되는 것 같다.

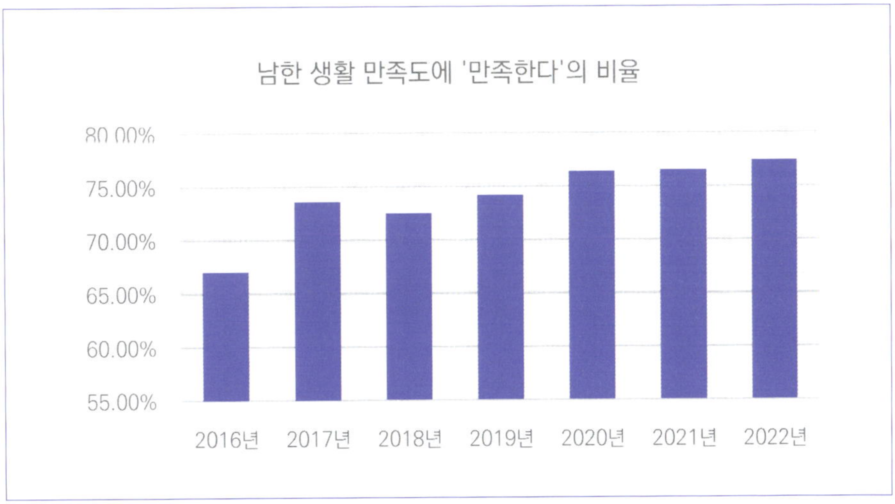


[그림 5-5] 통계로 본 남한 생활 만족도 추이

출처 : 남북하나재단, 2015~2022년 사회조사 및 정착실태조사 참조.

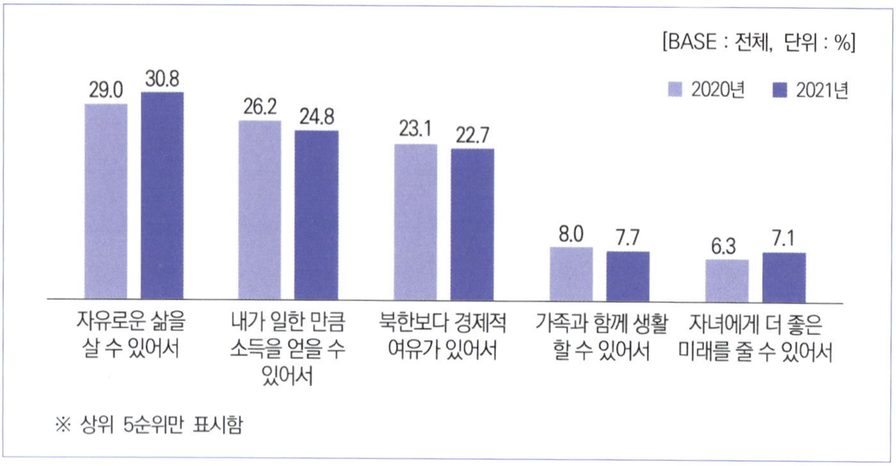


[그림 5-6] 남한 생활에 만족하는 주된 이유(1순위, 상위 5순위)

출처 : 남북하나재단, 2023년 북한이탈주민 정착실태조사 참조.

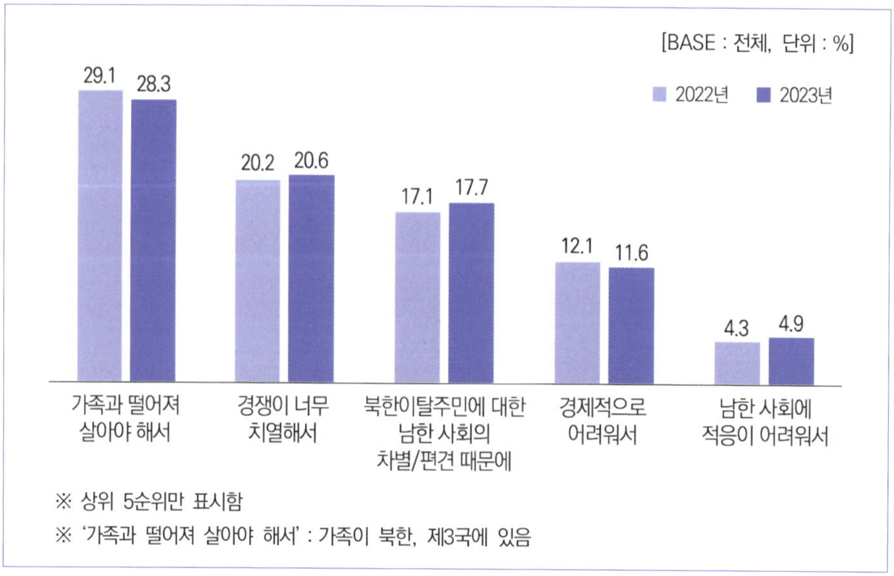


[그림 5-7] 남한 생활에 불만족하는 주된 이유(1순위, 상위 5순위)

출처 : 남북하나재단, 2023년 북한이탈주민 정착실태조사 참조.

## 4. 사회관계망

사회관계망을 알아보는 세 가지 질문에 대해서 남한 사회의 일반인들과 비교한 결과를 살펴보면 다음과 같다. 먼저, '몸이 아플 때 도움을 받을 수 있는 사람'의 유무는 75.2%로 남한의 일반인보다 높게 나타났다. 또한 사람 수에 있어서도 북한이탈주민의 경우 3.1명으로 응답하였으나, 일반 국민들은 2.3명으로 응답하여 오히려 탈북민들이 친밀한 관계망을 유지하고 있음을 알 수 있다.

또한, '낙심하거나 우울해서 이야기 상대가 필요한 경우' 도움을 받을 수 있는 사람이 있다는 응답에 대해 비율은 비슷하였으나(있다 응답의 경우 북한 77.7%, 남한 79.6%), 그럴 경우의 인간 자원으로서의 사람 수가 3.2명으로 이 역시 2.9명이라고 응답한 남한의 일반인보다 다소 높은 비율로 나타났다. 그러나 경제적 지원망에 관한 질문인 '갑자기 많은 돈을 빌릴 경우'는 41.2%로 일반 국민의 51%보다 약 10% 낮게 나타났다.

인간관계망에 관한 조사에서 알 수 있는 점은 탈북민들이 국내에 정착한 기간이 길어지면서 사회적 지지체계와 인간관계망이 점차 확대되고 있으며 남한 주민들과 크게 다르지 않게 몸이 아프거나, 마음이 힘들 때, 그리고 경제적 지원이 필요할 때 관계망을 형성하고 있다는 점이다. 그러나 전반적으로 결혼하여 배우자가 있는 경우가 줄어들고 있으며, 1인 가구는 늘고 있어서 남한 사회와 같이 혼자 사는 탈북민들이 늘어나는 점, 이미 정착한 탈북민들이 고령화되면서 노령의 빈곤이 나타나는 점 등이 향후 탈북가정의 안정성에 영향을 미치게 될 것이라 생각된다.

[그림 5-8] 통계로 본 탈북민의 사회관계망 조사 결과

출처 : 남북하나재단, 2023년 북한이탈주민 사회통합조사(요약파트 p. 9에서 발췌)

# Ⅲ 탈북민의 남한 적응 과정

## 1. 생존에 내몰려 선택한 탈북

인본주의 심리학자 매슬로우(Maslow, 1943)는 인간이 가지는 욕구는 위계적으로 충족됨을 설명하면서 가장 하위의 욕구인 생리적 욕구로부터 시작하여 안전의 욕구, 애정과 소속감의 욕구 등이 충족된 후에라야 자아 존중의 욕구 및 자아실현의 욕구가 실현될 수 있다고 보았다. 최근에는 상위적 욕구를 더 세분화하여 8단계까지 설명하고 있으나, 가장 바닥이 되는 기본적 욕구가 충족되어야 비로소 인간다운 삶을 살 수 있게 되며, 생존 모드(survival mode)가 아닌 삶의 질(quality of life)을 추구하는 삶을 살 수 있다.

이러한 이론을 중심으로 탈북민의 삶의 여정을 비춰 보면 다음과 같다. 먹고 살 길이 없어지거나 자유를 갈망하며 생사를 걸고 나온 여정의 끝에서 이들은 이제 적어도 인간의 기본권에 해당되는 생존의 욕구와 안전의 욕구의 위협을 받지 않는 곳에 발을 디뎠다. 북한에서의 삶은 인간으로서의 기본적 생존을 보장받지 못하는 곳이었고, 먹고 살 거리는 있었어도 편안하게 살 수 없는 피폐한 삶의 경험들이 있어서 그곳을 나올 수밖에 없었다. 그들이 자신이 태어나고 자라온 고향을 등지고 도망치다시피 나올 수밖에 없었던 점을 생각할 때 이는 자의적 선택이었다기보다는 생존을 건 사투였다고 볼 수 있다. 이들은 중국에서 생존 욕구는 거의 해결되었으나 안전이 보장되지 못하는 삶을 살아왔다. 당장 공안에게 붙잡혔을 때 죽음과 수용소를 연상시키는 북송의 위협이 도사리고 있었으며, 신분을 증명할 호구조차 없어 사회적 안전망이 전혀 없는 삶에 노출되어 있었다. 특히 여성의 경우 인신매매의 위협과 착취, 폭력 등이 그들의 삶을 위협하였다. 만약 중국에서 안전하게 신분보장만 될 수 있었다면 중국에서 계속 살았을 것이라는 한 탈북민의 말처럼 중국에서의 삶은 굶어 죽을 어려움이 아니라 안전의 위협으로 한시도 평안할 수 없었다. 이들이 선택한 정착지는 한국이든 타국이든 적어도 인간으로서의 최하위 욕구가 보장되는 곳이어야 했다(전명희, 2012).

생존과 안전이 보장된 최종 정착지에 이른 탈북민들에게 이제 필요한 것은 당장의 생존 문제는 아니다. 물론 앞으로 이 낯선 땅에서 어떻게 살아남아야 하는가라는 측면에서 탈북민들은 정착의 어려움에 직면하게 되지만, 이는 당장의 표피에 다가오는 생존과 안전 위협의 상황은 아니다. 기초생활수급권자로서의 최소한의 생활을 보장받고, 임대아파트 등의 주거 지원을 받게 되며, 하나센터 등을 통해 지역 적응의 노력에 참여할 수 있게 된다. 정착지에 왔을 때는 이 땅에서 소속감을 가지고 대한민국 국민으로서 살아가는 것을 반겨주고 받아주는 소속감과 친밀감의 욕구가 채워져야 한다. 그러나 이들에게는 가족의 상실과 해체, 재결합 등으로 소속감과 친밀감 제공의 기초 단위인 가

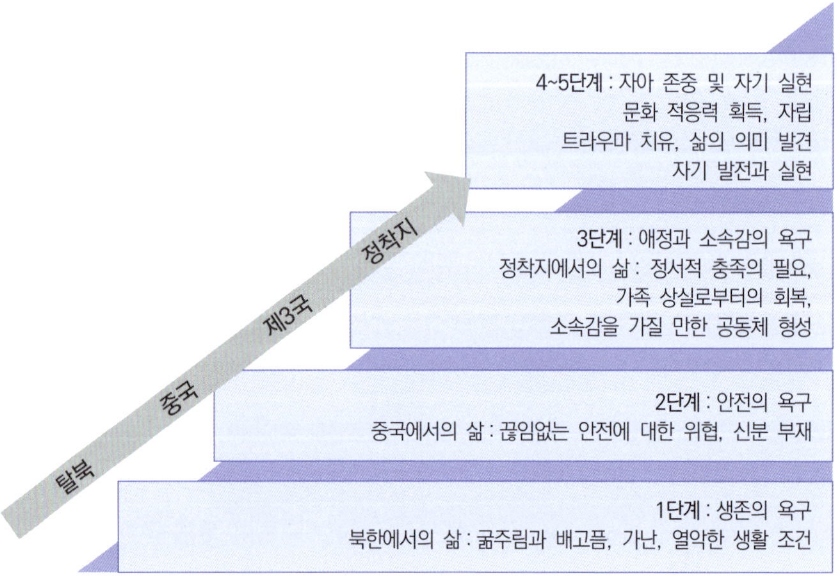


[그림 5-9] 위계적 욕구 이론에 비추어 본 탈북민의 욕구 이해

출처 : 전명희(2012).

족의 지원이 부재하거나 부족하다. 누군가와 관계를 맺고 어딘가에 소속되어 사회적 인간으로서의 삶을 영위해 가며 삶을 살아내는 것이 중요하다. 그러나 낯선 땅을 정착지로 삼고 살아가야 하는 이들에게 이러한 소속감을 느낄 수 있는 공동체가 형성되는 데는 상당히 오랜 시간이 걸린다.

따라서 탈북민들에게 초기 3년 정도의 문화 적응 과정에서 가장 중요한 과제는 친밀하고 내 편으로 여겨질 수 있는 북한 사람과 남한 사람을 만들고 이들을 토대로 한 사회적 관계망을 형성하는 것이다. 가족을 대신할 수 있는 주변의 그룹들이 생겨나야지만 그 안에서 안전함을 느끼며 친밀감도 공유하게 된다. 한 탈북민은 혈혈단신으로 도착한 남한에서 하나원 동기 외에는 아는 사람이 아무도 없어 한 교회를 찾아갔는데, 성도들은 자신을 한 인간으로, 친구로 대하기보다는 먹을 것을 주고 살게 해주는 지원금을 필요로 하는 사람으로 취급하며 돈을 쥐어 주었다고 한다. 어쩌면 남한 사회는 친구로, 이웃으로 찾아온 북한 사람들을 세금을 축내고 도움이 필요한 계급이 낮은 대상으로만 여긴 것은 아닌지 성찰해 보아야 하겠다. 인간은 이러한 안전감과 존중감의 토대 위에 비로소 내가 어떤 사람이며 어떤 인생을 살아왔는지 나누며 고통의 무게를 내려놓게 되고, 앞으로 무엇을 하며 살아야 할지, 궁극적으로 이 사회에 어떤 기여를 하며 자아실현을 해야 할지 등의 상위적 욕구에 응답할 수 있게 된다.

## 2. 탈북민의 정착 과정 이해

### 1) 탈북민 정착 서비스 전달체계 : 하나원과 하나센터

2000년대 탈북민들이 증가하게 되면서 정부에서는 「북한이탈주민의 보호 및 정착지원에 관한 법률」(1997. 1. 13. 제정)에 근거하여 이들의 성공적인 정착을 위하여 보호 대상자의 보호 · 교육 · 취업 · 주거 · 의료 및 생활보호 등의 지원을 위해 노력해 오고 있다. 탈북민들은 법령에 따라 입국 후 정부의 합동 심문을 받고 이후 하나원에 입소하여 3개월간 적응 교육을 받게 된다. 그 이후 거주지 지역으로 전입하게 되는데 지역별로 북한이탈주민 적응센터(하나센터)가 주관하여 지역 적응을 위한 교육과 지원이 이루어진다. 하나센터는 "북한이탈주민의 거주지 적응 교육과 북한이탈주민의 특성을 고려한 심리 및 진로상담/생활정보 제공/취업 서비스 및 사회 서비스 안내 등을 종합적으로 실시하는 지역적응센터"의 역할을 하고 있다. 하나센터는 탈북민에 대한 효율적인 업무 지원과 맞춤형 상담을 위해 남북하나재단에서 파견된 전문 상담사들과 함께 업무를 수행하고 있으며, 2022년 기준 전국에 25개의 지역하나센터가 운영되고 있다.

### 2) 남북하나재단의 지원

남북하나재단은 북한이탈주민재단의 대외 별칭으로서, 「북한이탈주민의 보호 및 정착지원에 관한 법률」 제30조에 따라 '북한이탈주민에 대한 보호 및 정착 지원을 위한 사업과 정부로부터 위탁받은 업무를 수행함으로써 북한이탈주민의 자립 정착 및 통일 환경 조성에 기여함'을 목적으로 한다. 남북하나재단은 한국에 온 탈북민들의 초기 정착부터 생활보호, 취업 및 교육 지원, 통일 미래 리더 양성, 국민 인식 개선 캠페인까지 다양한 사업을 통해 탈북민들의 경제적 자립과 사회적 통합을 돕고 있다. 초기 정착 · 생활안정 지원, 실태조사 및 정책 연구, 자립 및 자활 지원, 정착지원금, 교육 및 인재 양성 지원, 사회통합 지원 등의 사업을 제공하고 있다.[4)]

4) 남북하나재단의 구체적 사업은 홈페이지(www.koreahana.or.kr)를 참고하면 된다. 남북하나재단에서는 종합상담 콜센터(1577-6635)도 운영하고 있으며, 교육상담, 취업상담, 심리상담, 주택상담, 의료상담, 지원제도 상담, 법률상담, 성폭력 피해상담 등을 지원하고 있다.

| | |
|---|---|
| 하나원의 정착준비 | - 사회 적응 교육(12주)<br>문화적 이질감 해소, 심리 안정, 진로지도 상담 등<br>- 가족관계 등록, 주거 알선 등 정착 준비를 마친 후 거주지 진입 |
| ⬇ | |
| 거주지 보호 | - 사회적 안전망 편입(생계·의료급여)<br>- 취업 지원 : 고용지원금, 무료 직업훈련, 자격 인정 등<br>- 교육 지원 : 특례 편입학 및 등록금 지원<br>- 보호담당관제 : 거주지·취업 신변보호 담당관제 운영 |
| ⬇ | |
| 민간 참여 | - 지역적응센터(하나센터) 지정 운영<br>- 정착도우미제 : 민간 자원봉사자와의 연계<br>- 북한이탈주민지원재단(정부 예산 지원)<br>종합상담, 생활안정, 취업, 교육 및 장학, 연구, 인식 개선에 관한 지원 제공과 함께 민간 지원 역량을 연계하는 거점 역할 |

[그림 5-10] 탈북민의 정착 지원 과정

출처 : 남북하나재단 홈페이지(www.koreahana.or.kr).

### 3) 북한이탈주민 상담사 제도

2009년부터는 북한이탈주민의 심리적 안정을 돕기 위하여 '북한이탈주민 전문상담사' 제도를 남북하나재단 사업을 통해 도입하여 2022년 기준 전국적으로 86명의 전문 상담사들이 전국 하나센터에 배치되어 활동 중이다. 「북한이탈주민 전문상담사 운영지침」 제2조에 따르면 "북한이탈주민 전문상담사"라 함은 사회에 진출한 북한이탈주민에 대한 심층적 이해를 바탕으로 거주지에서 심리상담, 의료 · 교육 · 복지 · 취업 지원 등 전문적 종합서비스를 제공하기 위해 북한이탈주민후원회에서 주최하는 전문상담인력 양성교육을 수료한 후 상담사로 선발되어 파견기관과 협력기관 등에 배치되어 활동하는 자"로 규정하고 있다(통일부, 2010). 이러한 제도들을 통해 현장에서 탈북민들의 심리정서적 건강을 위한 활동들이 가능해졌고 실제로 탈북민들을 위한 상담의 전문성을 증진시키기 위해 노력하고 있다. 그러나 탈북민들의 심리 · 정서적 어려움을 다룰 수 있는 다양한 전략이 더욱 필요한 시점이라 생각된다.

## 3. 문화 적응 과정 이해

### 1) 정착 과정에서의 문화 적응

한 개인이 특정한 문화 속에서 거주하다가 다른 문화로 옮겨갔을 때는 일련의 적응 과정이 필요한데, 다른 두 문화집단 사이에서 지속적으로 일어나는 접촉으로부터 파생되는 변화를 문화 적응 과정이라 할 수 있다(금명자 외, 2004). 탈북민들은 북한이라는 폐쇄적이고 억압적인 문화를 떠나 남한이라는 새로운 문화로 들어오는 과정에서 문화 적응을 경험하게 된다. 탈북민들이 사회 통합과 자립의 과정으로 나아갈 때 문화 적응 과정을 이해할 필요가 있다.

문화 적응에 관해 가장 많이 적용되는 존 베리(John Berry)의 이론은 '이민자들이 자신의 민족적, 문화적 정체성이나 특성을 지키는 것을 중요시하는가?'와 '이들이 주류사회와의 관계를 유지하는 것을 중요하다고 생각하는가?'라는 두 가지 질문을 제기하고 새로운 문화에 적응하는 개인이 기존 문화를 유지하는 정도와 새로운 문화에 대한 접촉 및 참여하는 정도의 두 축에 따라 총 4가지의 범주로 문화 변용 전략(acculturation strategies)을 유형화하였다(Berry, 1997). 이는 이전 문화를 거부하고 새로운 문화에 흡수되는 동화(assimilation), 그와 반대로 이전 문화만 고수하고 새로운 문화와 단절되어 있는 분리(separation), 두 문화와의 관계를 단절시킨 상태인 주변화(marginalization), 그리고 이전 문화의 고유성을 유지하면서 새로운 문화와 접촉하는 상태인 통합(integration) 상태로 나누어진다.

국내에 소개된 탈북민들의 문화 적응에 관한 연구 중 탈북민 청소년 70명의 정체성 변화 과정에 관한 연구에서는 탈북 청소년들은 대체로 '동화' 과정에 4개월, '분리' 과정에 4개월~1년, '주변화'에 1~2년, 그리고 '통합' 과정을 거친다고 제시하였다(금명자 외, 2004). 이들은 전반적으로 U자형의 적응 정체감 변화 과정을 겪게 되며 통상적으로 한국에 와서 3년 정도의 시간이 흘러야 문화 적응에 있어서 통합적인 상태가 될 수 있다. 홍순혜와 이숙영(2008)은 탈북 청소년들 90명의 문화 변용 과정을 분석하였는데, '동화' 유형이 자아존중감과 남한 사회 만족도에 유의미하게 높은 수준을 보여 주며 가장 수월한 심리 · 사회적 적응 수준을 나타냈다. 2년 후 후속 연구 진행을 위해 앞의 연구의 동일 대상자 중 추적이 가능했던 46명을 조사한 결과 '주변화' 유형은 급격히 감소되고, '동화' 유형이 2배가량 증가한 양상을 확인할 수 있었다(홍순혜 외, 2010). 이는 탈북 청소년들이 남한 거주기간이 장기화됨에 따라 남한의 문화에 적응한다는 사실을 보여 주고 있다. 그러나, 탈북 청소년들이 자신이 살아왔던 삶과 현재를 의미 있게 통합하기보다는 남한 사람으로 보이기 위해

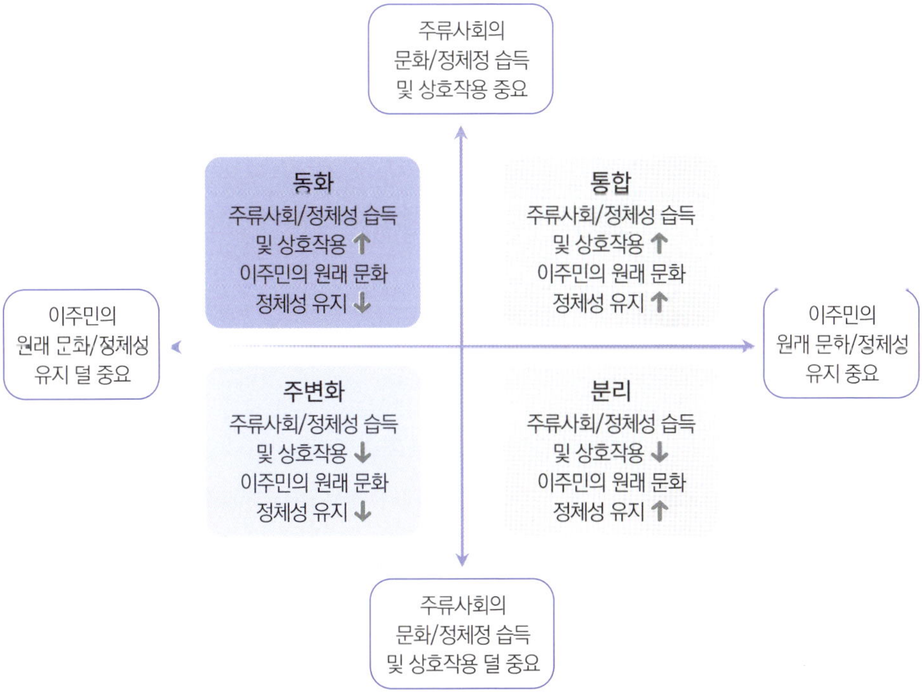


[그림 5-11] Berry(1997)의 문화 적응 이론

무척 노력하는 모습을 보임을 알 수 있다. 청소년들은 이전 문화에 대한 경험이 많지 않고 적응 유연성이 훨씬 높다는 점을 감안한다면 더 고통스러운 현실 속에 처해 있던 탈북민들이 문화 적응을 통한 정체감을 형성하며 그 이전의 삶과 정착 이후의 삶을 통합하는 데는 상당한 시간이 걸릴 것으로 예상된다.

남한에 입국한 지 7년이 넘는 장기 정착자들과 남한 사회의 빈곤층의 수준을 비교한 연구에 의하면 새터민의 가구 소득은 남한 주민의 약 70% 정도로 낮았고, 절대 빈곤선 미만은 남한 주민의 2배, 절대 빈곤선 50% 미만 가구의 비율은 남한 비교층의 8배에 달하고 있어 사회적 통합과 적응이 잘 이루어지고 있는지에 대한 고민을 남기고 있다(김연희 외, 2010). 그러나 김태동(2010)의 연구는 탈북 대학생의 문화 적응 스트레스에 관한 연구 결과로 탈북 대학생들이 문화 적응 스트레스를 겪고는 있으나 효능감이 높을 경우 문화 적응 스트레스를 극복하고 대학 생활을 하는 데 긍정적 영향을 미치고 있음을 보여 주었다. 즉, 자기 효능감을 발휘할 수 있을 때에 문화 적응 상태, 즉 사회 통합을 이룰 수 있음을 보여 주었다. 이주 과정에서의 경제적 적응도 이주 초기 하락하다가 일정 기간이 지났을 때 이주 전의 수준으로 회복되는 U자형의 적응 형태를 가진다고 볼 수 있으므로 보다 장기적인 연구들이 필요하겠다(김연희 · 백학영, 2011).

### 2) 문화 적응 과정에서의 차별과 배제의 경험

탈북민들은 초기 정착 기간 동안 남한 사회의 편견이나 차별에 맞부딪히게 된다. 2021년 북한이탈주민 사회통합조사에서 탈북민들은 지난 1년간 차별이나 무시를 당한 경험이 있다고 응답한 경우가 19.5%로 나타났다. 가장 많은 이유는 '말투나 생활 방식, 태도 등 문화적 소통 방식이 다르다'는 점이 77.7%로 가장 많았고, '남한 사람이 북한이탈주민의 존재에 대한 부정적 인식을 가지고 있어서'가 45.5%로 두 번째를 차지하였다. 그러나 이 통계 자료는 2015년

25.3%로 4명 중 한 명이 편견과 차별의 경험을 하였던 것에 비해 매년 조금씩 줄어들고 있어 고무적이다. 한국 사회는 단일 문화에서 다문화 사회로 가고 있는 과정인데, 이러한 '같지 않음'에 대한 불편감과 무시를 드러내는 사회 속에서 차별당하지 않기 위해 노력해야 하고 이러한 스트레스는 가정 안에서 자녀들을 채근하고 성공시켜야 한다는 신념으로 바뀌는 경우가 많다.

## 4. 탈북민 2.0세대로 가면서 고려해 보아야 할 것들

탈북민들이 처음 국내에 입국하기 시작하면서 탈북민 지원의 전환점을 맞을 시기에 와 있다. 김의혁(2024)은 지난 30년을 탈북민 사역 1.0이라고 규정한다면 다가오는 2025년부터를 탈북민 2.0세대라고 보고 새로운 정비를 해야 한다고 하였다. 탈북민 2.0세대에는 신규 입국 탈북민이 아닌 기존의 탈북민들이 이 사회에서 더욱 건강하게 성장할 수 있도록 도울 필요가 있다는 점이 강조되었다. 특히 제3세계 자녀들이라고 말하는 이들의 입국이 증가되면서 이들의 한국 적응에 대한 고려도 더욱 필요한 시점에 와 있다.

또한, 가족 단위의 탈북민 지원이 필요하겠다. 앞서 설명되었듯이 누구도 예외없이 탈북민들은 탈북 과정에서 가족의 상실, 이산, 재결합 등이 가족 구조의 변화를 경험하기 때문이다. 가족 내에서 마음을 잘 나눠지지 않고, 재혼 및 이혼가족에서는 갈등도 심하다. 한국 사회가 가족 중심의 사회인 것처럼 탈북민들에게 있어서도 가족 간의 행복한 관계를 만드는 것은 매우 중요한 내적-실제적 자원을 형성하는 일이며, 관계 속에서 상처와 갈등이 반복되지 않도록 도와야 한다. '우리집은 남한에 있는 북한 같아요!' 혹은 '나는 집에서 단 한 번도 사랑한다는 말을 들은 적이 없어요!'라고 이야기하던 탈북 청소년들의 목소리가 기억이 나는데, 탈북민들의 가장 아픈 지점, 상실과 갈등, 고통이 혼재된 가족과 관련된 주제를 다룰 필요가 있으며, 부모로서 자녀를 잘 키우기 위한 소그룹 부모교육 등을 통해 가정사역이 이제 탈북민 사역에도 더 잘 스며들게 할 필요가 있다는 점을 강조하고 싶다.

마지막으로, 탈북민의 존재가 갖는 사회적 의미를 재고해 볼 필요가 있다. 탈북민은 한반도 지정학적 폭력성이 양산한 분단 체제의 산물로 거대한 통일 담론에 하염없이 엮여 정치화되는 도구적 존재의 특징을 지닌다고 감희(2024)는 역설하고 있다. 즉, 탈북민을 대할 때에 한 인간으로서 존중하고 평범한 일상을 누리는 존재로 이해하기보다는 정치적으로나 기독교계에서 탈북민에게 부여하는 상징성으로 '통일의 마중물', '미리 온 통일', '통일의 역군' 등으로 대체로 통일 담론과 엮어 이해하는 경우가 많다는 것이다. 물론 탈북민들 자체가 북한에 자신의 고향과 가족을 두고 온 경우도 많으므로 통일이라는 화두에 있어서 당사자에 해당되는 측면이 있다. 그러나 '통일'이라는 짐이 탈북민들을 도구적 존재로 만들며, 개개인의 인격과 개인적 삶의 안녕을 통째로 위협할 수 있기에 보다 신중해야 할 것이다.

최근 저자는 한동대에 다니는 탈북 대학생 다섯 명과 함께 『서로서로 배우는 중입니다 ; 캠퍼스에서 나눈 탈북 청년들의 솔직담백 토크북』이라는 책을 출간하였다. 책 발간은 상호문화적으로 서로를 이해하기 위한 목적으로 학생들은 '공감'과 '소통'을 중요한 키워드로 삼고 있었다. 사람들이 자신을 있는 그대로 봐주기 원하며, 그러면서도 탈북민인 것이 부끄럽거나 창피한 일, 도움이 필요한 사람, 혹은 통일을 위한 역군으로만 비추어지는 것이 아니라 그것 역시 자신들의 일부로 이해해 주길 바란다고 하였다. 그러면서도 더 많은 사람과 통일에 대해서 이야기를 나누고 싶다고 하였다. 이 중 그들의 솔직한 나눔을 적어 보았다.

> 저는 통일에 대해 생각할 때 많은 이유가 떠오르지만, 그중에서도 북한 사람들을 가장 많이 떠올리게 되는 것 같아요. 남한은 이미 자유민주주의를 기반으로 경제적 번영과 사회적 안정을 이루었지만, 북한은 여전히 자유와 인권이 보장되지 않는 상태죠. 통일은 이러한

가치를 한반도 전체로 확산시킬 수 있는 중요한 기회라고 봅니다.

대부분의 탈북민들은 마음의 빚이 있는 것 같습니다. 왜냐하면 저희가 한국에서 살아가면서 통일에 관심 없는 분들은 본인이 잘 먹고 잘 살면서 북한에 남겨진 가족에 대한 어떤 죄책감 그런 마음의 빚을 가지고 있고, 또 저희처럼 사명이라고 하면서 살아가는 사람들도 그 사명의 원인을 찾아보면 … 어찌보면 북한에서 나왔다는 마음의 빚 때문에, 그 남겨진 사람들을 잊지 못하는 마음의 빚 때문에 이런 길을 가지 않을까. 결과적으로 우리가 북한 사람한테 빚진 건 아니지만 … 같은 공동체 속에서 나와, 나만 그들보다 좀 편안하게 살아간다는 것 때문에 … 한국 사람들 입장에서는 그냥 잘사는 건 당연한 거 아닌가 하지만 같은 공동체에서 살던 사람의 입장에서는 남겨진 사람들을 잊지 못하게 돼 있는 그런 상황에 놓인 거죠.

저자는 이들과 함께 책을 쓰는 과정에서 제목에서와 같이 많은 것을 배울 수 있었다. 또한 긴 사귐을 통해 '탈북민'이면서도 '한 인간'으로 균형 있게 바라볼 수 있게 되었다. 학생들이 정말 원했던 것은 김의혁(2024)이 언급한 바와 같은 '북한 사람됨을 인정하면서도 탈북과 새로운 사회의 정착 과정에서 겪는 중층적인 경험을 이해받는 과정'이었다고 할 수 있겠다. 우리가 서로 배우고 권한부여(empowering)를 할 수 있는 시너지를 만들 때 그것이 탈북 청년들이 정체성을 가지고 주체성을 확장해 가는 과정을 진정으로 촉진시킬 수 있다. 탈북민이 끼어 있는 현실은 이와 같이 두 세계 사이에서 공존하는 삶이라 할 수 있다. 쉽게 이해하기 어려운 역사적 아픔과 고통이 함께 담겨 있다. 오늘 우리가 탈북민들의 삶에 대해 조금이나마 엿보고자 하는 것은 그들의 삶을 감싸고 있는 바로 이러한 여러 두께의 맥락을 이해함으로써 글의 서두에서 말한 바와 같이 보다 상세하게 이해해 보고자 노력하는 일일 것이다. 이 짧은 글을 통해 우리는 탈북민에 대해 충분한 이해를 하기란 어렵지만 이러한 시간을 통해 그 시작을 도모할 수 있겠다.

## 생각해 볼 거리

1. 문화적 감수성을 가지고 탈북민을 바라본다면 나는 나와 문화적으로 다른 경험을 가진 이들을 만나게 될 때 개인적, 집단적, 보편적 수준에서 어떤 이해를 하고 있으며, 탈북민을 이해하려 할 때 어떤 영역에서의 개발이 필요한지 적어 봅시다.

2. 여러 가지 통계조사 결과로 탈북민에 대해 살펴보았을 때, 내가 생각하고 있던 것과 다른 점이 있었다면 무엇인가요? 그동안 탈북민에 대해 선입견이나 편견이 있었던 부분은 없었는지, 그리고 새롭게 알게 된 사실은 어떤 것인지 한 번 정리해 봅시다.

3. 탈북민들을 정치적 대상 혹은 통일을 위한 전령사라는 도구적 대상으로만 바라보는 관점이 있었다면 우리가 탈북민들의 삶에 보다 공감하고 소통하기 위해 지금 여기에서 할 수 있는 나만의 일이 무엇인지 한 번 생각하고 적어 봅시다.

## 참고자료 및 더 읽어볼 거리


감희(2024). 탈북민 트라우마 이해. 나눔사.

금명자, 권해수, 이희우(2004). 탈북 청소년의 문화 적응 과정 이해. 한국심리학회지 : 상담 및 심리치료, 16(2), 295-308.

김연희, 조영아, 전우택(2010). 북한이탈주민 정신건강 문제 유병율과 영향요인 : 2007년 입국자 중심으로. 통일정책연구, 19(2), 141-174.

김연희, 백학영(2011). 북한이탈주민의 경제적응지원 프로그램의 성과분석. 한국사회정책, 18(4), 237-269.

김의혁(2024). '탈북민 사역의 과거 · 현재 · 미래', 「한국 교회와 탈북민 어떻게 동행할까?」, 한반도평화연구원-오누리교회 통일위원회 특별공동포럼 자료집.

김현경(2009). 현상학으로 바라본 새터민 (탈북 이주자)의 심리적 충격과 회복 경험. 한국학술정보.

남북하나재단(2023). 2023 북한이탈주민 사회통합조사. 남북하나재단(북한이탈주민지원재단).

남북하나재단(2023). 2023 북한이탈주민 정착실태조사. 남북하나재단(북한이탈주민지원재단).

남북하나재단 홈페이지. https://www.koreahana.or.kr/home/kor/main.do

북한이탈주민의 보호 및 정착지원에 관한 법률(1997). 제5259호.

북한이탈주민의 보호 및 정착지원에 관한 법률(2024). 제20574호.

손병덕, 황혜원, 진미애(2014). 가족복지론. 학지사.

위재천, 전명희, 정숙희, 송인호, 황충만, 황의정, 최용준, 이시연(2019). 유엔장애인 권리 협약에 비추어본 북한장애인인권. 공동체.

전명희(2012). 미국으로 간 탈북자들의 정착과 적응에 관한 질적 연구. 한국사회복지학, 64(4), 89-111.

전명희(2016). 탈북 청년의 가족관계경험에 관한 연구 - 내러티브 - 생애사 분석을 중심으로 -. 한국가족복지학, (51), 219-250.

전명희(2023). 탈북민 이해하기. 지식공동체.

전명희, 김나연, 김한, 송위성, 최수옥, 최단(2024). 서로서로 배우는 중입니다. 페스트북.

전병역(2012년 2월 28일). 중국 매년 수천명씩 북송 추정… 대부분 '생계형'. 경향신문. https://www.khan.co.kr/article/201202282243015/?utm_campaign=list_click&utm_source=reporter_article&utm_medium=referral&utm_content=%EC%A0%84%EB%B3%91%EC%97%AD_%EA%B8%B0%EC%9E%90%ED%8E%98%EC%9D%B4%EC%A7%80

전주람, 곽상인(2021). 절박한 삶. 글항아리.

통일부(2010). 북한이탈주민 전문상담사 운영지침.

홍순혜, 이숙영(2008). 청소년 새터민의 문화변용과 심리사회적 적응에 관한 연구. 청소년학회, 15(6), 121-144.

홍순혜, 이숙영, 김선화(2010). 북한이탈청소년의 문화변용 추적과 남한사회 적응에 관한 연구. 한국사회복지학, 62(1), 343-365.

Berry, J. W.(1997). Immigration, acculturation, and adaptation. *Applied Psychology, 46*(1), 5-34.

Berry, J. W., & Sam, D. L.(2006). *The Cambridge handbook of acculturation psychology*. Cambridge University Press.

Maslow, A. H.(1943). A theory of human motivation. *Psychological Review, 50*(4), 370-396.

Sue, D. W., & Sue, D.(2011). 다문화 상담(5th ed.). 학지사.

Williams, C. L., & Berry, J. W.(1991). Primary prevention of acculturative stress among refugees : Application of psychological theory and practice. *American Psychologist, 46*(6), 632-641.

여섯 번째 강의

# 통일과 납북자 이슈

정모니카

**정모니카**

|

한동대학교 국제어문학부 교수


저자는 미국에서 성장했으나, 하나님의 부르심과 은혜로 한국에 와서 고려대학교국제대학원에서 국제관계학으로 박사학위를 취득하였고 현재 한동대학교 국제어문학부 교수로 재직 중이다. 한국에서 국제관계학을 전공한 만큼 한국 중견국 외교 중점으로 연구해 왔으나, 다가오는 통일을 준비해야 한다는 하나님의 마음을 받아 북한납북자문제의 대한 연구를 시작하게 되었다. 현재 한동통일평화연구원 운영위원과 한반도평화연구원 연구위원으로 동역하고 있으며 Australian Journal of International Affairs, Journal of East Asia Security 편집위원회 위원으로 임하고 있다.

# 통일과 납북자 이슈

## I 잊혀진 사람들[1)]

남북 관계에 있는 문제를 바라볼 때 가장 많이 다루어지는 것은 북의 핵 문제라고 할 수 있다. 어떻게 하면 한반도에 비핵화를 실현할 수 있겠느냐라는 질문은 많은 학자와 학생들의 관심을 받아왔다. 하지만 우리의 일상에서 가장 가까이 있는 남북 문제는 어쩌면 남북 분단으로 인해 흩어진 가족이라고 할 수 있다. '가족'은 누구에게나 중요한 첫 공동체이다. 서로 사랑하며 일상생활을 함께한다. 그러나 남북 사이에는 가슴 아픈 이산가족이 존재하고 있다. 대한민국의 현행법에 따르면 남북 이산가족이란 이산의 사유와 경위를 불문하고, 현재 군사분계선 이남 지역(남한)과 군사분계선 이북 지역(북한)으로 흩어져 있는 8촌 이내의 친척, 인척 및 배우자 또는 배우자이었던 자를 말한다(통일부, 「남북 이산가족 생사 확인 및 교류 촉진에 관한 법률」 시행 2009. 9. 26).

그리고 여기에 국군포로와 납북자도 포함된다. 어떻게 이들이 이산가족으로 분류될 수 있는가? 국군포로는 참전 또는 임무 수행 중 포로로 잡혀 북한에 억류된 군인이며 납북자는 강제로 납치를 당한 민간인이다. 그러나 현행법은 남북 이산가족에 대해 이산의 사유나 강제성 여부를 묻지 않으며 이산

1) 본 글은 2022년 9월에 발간된 North Korean Review Journal, vol. 18 no. 2에 실린 논문 "Why the Stalemate? A Critical Analysis of the South Korean Government's Policy Approach to the North Korean Abductions of South Koreans"를 수정 · 요약하여 정리하였다.

의 시기 또한 특정하지 않고 있어 1945년 분단 이전과 1953년 휴전 이후 여러 사유로 흩어진 모두를 남북 이산가족으로 분류할 수 있다(대한적십자, 2016).

2000년도부터 대한민국 정부는 국군포로와[2] 납북자 문제를 이산가족 문제와 연계시켰다. 그때부터 납북자와 국군포로를 '특별 이산가족'으로 명칭했으며 인도적 방법, 특히 이산가족 상봉 행사로 접근해 왔다(Jeong, 2022). 정부는 왜 이렇게 각각 다른 문제를 인도적 정책 방안으로 해결하려고 하는가? 이 비판적 질문을 바탕으로 필자는 우리 사회에서 어쩌면 가장 잊고 있는, 아니면 전혀 모르고 지나가는 납북자 문제와 정부의 제한된 대응 방안을 논의하고 이 문제를 어떻게 해결할 수 있을지 함께 찾아보기를 바란다.

## 1. 납북자 문제

통일부에서 정의하는 납북자는 "대한민국 국민으로서 자기 의사에 반하여 북한에 의해 군사분계선 이북 지역으로 강제로 끌려간 사람"을 의미한다. 이렇게 납북된 대한민국 국민들은 납북 시기에 따라 나누어져 있다. 2010년 제정된 「6 · 25 전쟁 납북피해 진상규정 및 납북피해자 명예회복에 관한 법률 및 시행령」에 따라 6 · 25 전쟁 시(1950년 6월 25일부터 1953년 7월 27일 정전협정 체결 전까지) 납북된 피해자는 전시납북자로 규정되었고 정전협정 체결 이후 강제로 납북된 피해자는 전후납북자로 분류된다.

과거 정부 발간 납북자 명부에 이르면 전시납북자는 대략 10만 명으로 추정되며 6 · 25 전쟁 납북자가족연합은 총 9만 6,013명으로 파악하고 있다. 하지만 현재 정부가 공식적으로 인정한 전시납북자는 4,777명이다. 그 이유는

2) 정부는 납북자와 국군포로를 같이 묶어 이산가족 틀 안에서 인도적인 방안으로 해결하고 있지만 납북자와 국군포로 문제는 엄연히 다르며 각각 따로 연구할 필요가 있다. 필자의 초점은 납북자이기에 여기에서 다루는 내용은 납북자에 대한 연구이다.

6 · 25 전쟁 중 벌어진 납북사건들이라 파악하기 어려운 점이 있었고 2010년 12월 첫 회의를 가진 국무총리 소속 6 · 25 전쟁 납북진상규명위원회가 2011년 1월부터 2015년 12월까지 피해자 가족으로부터 신청받아 심사한 결과 인정된 전시납북자 피해자 숫자이다. 전쟁 중 납북은 북한 지도자 김일성의 계획적 지시로 남한으로부터 지식인 등 인적자원 수탈과 전쟁에 필요한 인력을 보충하기 위해 정치인, 학자, 종교인, 예술인, 기술인 등 전국적인 납치로 수행되었다(김명호, 2006).

반면 1953년 7월 27일 정전협정 체결 이후 납북된 전후납북자는 총 3,835명이다. 그리고 그중 3,319명이 귀환하였다. 귀환자 중 3,310명은 북한이 송환하였으며, 9명은 북한에 억류 중 자진(시민단체 도움을 받아) 귀환하였다. 정부는 현재까지 북한에 억류된 전후납북자를 516명으로 추정하고 있다. 고명현과 벤 포니(Go & Forney, 2018)는 전후납북자 시기를 세 단계로 구분한다. 첫 번째는 '전략적 단계'(1955~1977)로 부르며 북한이 남한을 파괴하고 무력적으로 통일을 준비하기 위해 의도적으로 납치했다고 설명한다. 북한에 여전히 억류되어 있는 516명의 전후납북자 중 487명(95%)은 이 단계에 속하며 대부분 해상에서 납치된 어부들과 1969년 납북된 대한항공 KAL여객기(YS11)에서 아직도 돌아오지 못한 11명(승객 7명, 승무원 4명)이다. 두 번째 단계는 북한의 납치가 한반도를 넘어 확장되기 시작한 "은밀한 확장 단계"(1977~1990년대)로 분류된다. 북한은 더이상 남한뿐만 아닌 해외에서 납북을 시작했으며 1977년도부터 일본 시민들을 납치하였다. 그중 가장 잘 알려진 사건은 당시 열세 살밖에 안 된 여학생 요코타 메구미의 납북사건이다. 학교를 마치고 집으로 돌아가는 중 납치된 메구미는 1978년 남한에서 납치된 고등학생 김영남과 훗날 결혼한 것으로 확인되었다. 하지만 북한은 메구미가 1994년 4월 13일 병원에서 우울증 치료 중 스스로 목숨을 끊었다며 그녀의 유골을 일본으로 보냈다. DNA 감정 결과 유골은 가짜로 밝혀졌고 지금까지 메구미의 정확한 생사는 확인되지 않고 있으며 김영남은 본인 납치를 부인하고 있는 상황이다(김정환, 2006 ; 최선영, 2006 ; 안소영, 2021).

마지막으로, 고명현과 벤 포니(2018)의 세 번째 단계는 "방어 단계"(1990년대~현재)로 분류된다. 고명현과 벤 포니에 의하면 북한은 1990년대부터 북한 정권의 안정을 직접적으로 위협할 수 있는 개인을 대상으로 납치해 왔다. 특히 중국과 북한 접경 지역에서 활동하는 탈북자들과 남한의 종교 및 인권운동가들이 주요 대상이 되었고 여기에는 중국에서 탈북자들을 남한으로 탈출하게 도와준 김동식 목사의 납북사건도 포함된다. 김 목사는 2000년도 1월 납치된 후 북한에서 고문휴유증과 폐쇄공포증, 직장암 등으로 2000년도 2월 사망했다. 하지만 북한은 김 목사의 납치와 죽음의 대해서 외면만 하고 있다. 고명현과 벤 포니에 의하면 바로 이 방어 단계에서 한국 정부가 공식적으로 인정한 납북사건보다 더 많이 이루어졌다고 주장한다.

이와 같이 수많은 한국인은 본인의 의사에 반하여 북한에 의하여 6·25 전쟁 시 또는 전쟁 후 강제로 납북되어 지금까지 살아서도 죽어서도 가족의 품으로 돌아오지 못하고 있다. 하지만 이 가슴 아픈 고통은 한국에 남아 있는 납북자 가족들의 삶에서도 똑같이 볼 수 있다. 사랑하는 가족을 잃은 정신적 충격과 슬픔은 물론이고 그간 납북자 가족들은 생계를 떠맡던 가장 또는 형제를 잃은 채 생활고에 시달려 왔으며 납북된 피해자들임에도 불구하고 연좌제와 반공주의로 자진 월북자 또는 간첩으로 의심받아 가족들은 취업 제한, 승진 제한, 국외 이주 제한, 신원 조회, 감시 등 다양한 방법으로 인권 침해를 받아왔다(United Nations Human Rights Council, 2014 ; Chung, 2014).

그럼에도 불구하고 납북자 피해자와 가족에 대한 한국 정부의 공식 위로와 보상은 많이 늦어졌다고 할 수 있다. 전후 납북자와 가족에 대한 법률은 긴 세월 후 2007년 「전후 납북피해자의 보상 및 지원에 관한 법률」로 납북자 가족에 지급되는 피해위로금 월 최저임금액 36배의 범위에서 월 최저임금액에 납북기간을 곱한 금액으로 지급되었으며(예 2007년 최대 2,772만 원) 귀환 납북자에게는 정착금 최저임금 월 환산액의 200배의 범위에서 지급되었다(예 2007년 최대 1억 4천만 원). 전시납북자와 가족에 대한 법률은 더 늦은 2010년 3월 국회에서 「6·25 전쟁 납북피해 진상규명 및 납북피해자 명예회복에 관한 법률」로 제정되어 전쟁 중 납북된 사건 조사와 억울한 대우나 비난을 받았던 피해자들의 명예회복을 위한 사업으로 추진되었다. 그리고 이들은 전쟁 중 납북이라는 특수한 상황이어서 실태 파악이 어렵다는 이유로 개인적 피해위로금 또는 정착금 제도로 이행되지 않았으며 2017년도 경기도 파주시 국립 6·25 전쟁 납북자 기념관으로 건축되었다. 기념관은 전시납북자 및 가족의 명예회복을 위한 납북 기록 보전 및 전시의 공간으로 국민 모두에게 열려 있다.

## Ⅱ 정부의 제한된 대응

납북자 문제를 해결하지 못한 가장 큰 원인은 당연히 북한 당국이다. 북한은 납북 자체를 완강히 부인하며 늘 부정적 태도로 임해 왔다. 하지만 한국 정부의 대응 또한 미흡하다는 비판은 피할 수 없다(BBC, 2021 ; 김영권, 2018). 문재인 대통령은 김정은 국무위원장과 2018년도에 세 차례의 정상회담을 가졌음에도 한 번도 납북자 문제를 제기하지 않았으며 2020년 유엔 인권이사회의 북한 인권 침해 결의안에 처음으로 한국인 납치 문제가 포함되었어도 공동제안국으로 참여하지 않았다. 사실 한국 정부는 2019년도 이후 4년 연속 북한 인권 침해 결의안에 공동제안국으로 참여하지 않았으며 2022년에서야 복귀해 초안 협의에 참여했다(정원식, 2023). 이런 모습은 일본인 납북자 17명을 송환시키기 위해 적극적으로 움직이는 일본과는 많이 다르다. 대부분의 일본

총리는 납북자 문제에 대한 해결 방안 지지 및 결의를 위해 다른 정상들에게 자주 표명하며 전 총리 신조 아베 또한 문재인 대통령에게 납북자 문제 해결을 위한 지지 및 도움을 적접 요청한 바 있다(The Japan Times, 2021 ; Yonhap News, 2018). 그 외 일본은 납치 문제 해결을 위한 전략적 접근과 종합적인 대책을 추진하기 위해 모든 국무장관으로 구성된 납치문제대책본부(Headquarters for the Abduction Issue)를 설립했고 국무총리 아래 현재까지 적극적으로 운영되고 있다(Ministry of Foreign Affairs of Japan).

반면 한국 정부는 최근까지도 납북자 관련 담당 부서를 통일부 내에 있는 이산가족부로 지정했으며 형벌보다는 인도적 방안으로 접근해 왔다. 그렇다면 이런 정책 방안은 어떤 과정을 통해 이루어졌는가? 필자는 현재 정책 방안을 시작한 김대중 정부 시기부터 최근 문재인 정부 시기까지 Graham Allison의 세 가지 외교정책 분석 모형(합리적 행위자 모델, 조직과정 모델, 관료정치 모델)을 통해 논의하겠다(Allison & Zelikow, 1999).

## 1. 합리적 행위자 모델 : 김대중 대통령의 합리적인 선택?

Graham Allison's 합리적 행위자 모델에 의하면 정책 결정자는 합리적으로 가장 가능한 결과를 만들어 낼 수 있는 정책 옵션을 선택한다.

2000년도 전을 바라볼 때 한국 정부의 납북자 문제 대응방법은 북한에게 직접 송환을 요구하거나 국제사회의 개입을 촉구해 납북자 문제를 사안별로 처리하는 것이 일반적이었고 송환이 안 될 경우 납북자 가족들에게 위로금을 지급하는 방법으로 마무리되었다. 물론 1994년 국제앰네스티(Amnesty International)의 북한 정치범 및 억류자 명단에 1979년 노르웨이에서 납북된 고등학교 지리 교사 고상문의 이름이 발견되었을 때 김영삼 정부 또한 주목할 만한 조치를 취했다. 향후 납북자 문제를 남북 관계 안에서 포괄적으로 다루고 실효성 있는 송환 대책을 추진하며 북한이 원하는 비전향장기수 송환과 납북자들을 맞바꾸는 문제를 심도 있게 검토하겠다는 계획을 표한 바 있다. 하지만 북한의 완강한 납북 부인과 부정적인 태도로 인해 큰 진전이 없이 끝났다.

사실 북한의 납북 부인과 부정적인 태도는 오래전 이야기이다. 이러한 배경에서 볼 때 김대중 대통령의 인도적 차원, 이산가족 틀에서의 납북자 문제 접근방법은 Allison Graham이 말하는 가능한 결과를 만들어 낼 수 있는 가장 합리적인 정책 선택이라고 할 수 있다. 이산가족 상봉은 이미 1971년부터 남북 합의를 통해 1985년도 9월 처음 이루어졌다. 냉전 시기 때에는 남북 간의 적대감과 불신으로 멈춰졌지만 2000년도 남북정상회담(김대중 대통령과 김정일 위원장의 만남)을 통해 자연스럽게 제기되었고 6·15 공동선언에 이산가족 방문, 비전향장기수 문제 해결 등 인도적 계획을 담았다. 바로 이 맥락 안에 김대중 대통령은 납북자 문제와 이산가족 문제를 통합시켰고 납북자 가족이 이산가족 상봉에 참여할 수 있도록 '특별 이산가족'이라는 명칭을 만들었다. 당시 통일부 장관으로 있던 박재규 장관은 정부의 이런 정책 선택에 대해 다음과 같이 설명했다. "북한 측과 이 문제로 얼굴을 붉히지 않고 인도주의적이고 형제애적 차원에서 해결할 것"이고(김영식 2000) "…남과 북이 비생산적인 논쟁만 계속할 경우 문제 해결보다는 부작용이 클 것으로 판단되어 국군포로 및 납북자를 넓은 의미의 이산가족 범주에 포함시켜 해결점을 모색하는 것이 현실적인 방안이라는 인식하에 … 북측을 설득하며 호응을 계속 촉구해 왔다"고 전했다(대한민국 국회, 통일외교통상위원회, 2000 : 62).

그렇게 2000년 11월 30일부터 12월 2일까지 열린 제2차 이산가속 상봉 때 1987년에 납북된 어부 강희근(49)과 그의 어머니 김삼례(73)가 처음으로 만나 이들의 상봉을 북한 언론이 북한에도 보도해 납북자와 남한에 있는 가족의 만남이 계속 지속될 가능성을 보였다(서화동, 2000). 그리고 그 후 2001년 2월, 제3차 이산가족 상봉 도중 또 한 명의 납북자와 가족이 만났다. 1969년에 납북된 대한항공 YS-11 여객기 승무원 성경희(55)가 그녀의 어머니 이후덕(77)을 30년 만에 만나게 된 것이다(안세득, 2001).

이것뿐만 아니다. 한국 정부는 2002년 9월, 처음으로 전시납북자에 대한 "전쟁 시기 소식을 알 수 없게 된 자들에 대한 생사, 주소 확인 문제를 협의 해결해 나가기"로 한 공식적 남북 합의를 이루었고 2006년 2월, "전쟁 그 이후 소식을 알 수 없게 된 사람들에 대한 생사 확인 문제를 포함시켜 해결해 나가기로" 합의를 성사시켰다(통일부). 비록 이 합의에는 "납북자"라는 공식적 표현이 아닌 "전쟁 시기 및 그 이후 소식을 알 수 없게 된 사람들"이라는 표현이 사용되었지만 한국 정부 차원에서는 의미 있는 성과였고, 이는 북한의 강력한 반대를 완화하기 위해 필요한 조치였다(통일부). 사실 그 당시 김대중 대통령은 한 인터뷰를 통해 납북자(국군포로) 문제 해결을 위해 남북관 교류, 즉 물밑 접촉이 더 많이 필요하다며 "생사의 소식을 전하고 면회도 하고, 그리고 꼭 필요한 사람은 재결합도 하고 이런 식으로 문제를 추진해 나가는 데" 중요성을 두었으며 그토록 논란이 많았던 63명의 비전향장기수들을 조건 없이 송환하기로 한 것 또한 납북자와 전쟁포로에 대한 문제 해결에 도움을 줄 수 있다고 보았기 때문이라고 전했다(강선규, 2000). 더구나 김대중 대통령은 본인의 재임 중 이 모든 과정을 완수하는 것이 목표가 아닌 "쉬운 것부터 벽돌을 쌓듯 하나하나 해 나가고 다 이루지 못한다면 다음 정부가 계속 이어가기를 바라며 문제를 해결하기를 바란다"고 전했다(김진홍, 2000).

## 2. 조직 과정 모델 : 단점 아래 표준적 프로토콜

하지만 이러한 김대중 정부의 합리적 정책 선택은 아주 심각한 한계를 가지고 있다. 왜냐하면 2000년부터 2018년 사이 총 21차례의 이산가족 상봉이 이루어졌지만 생사 확인이 된 납북자는 오직 77명(13명의 전시납북자와 64명의 전후납북자)이며 이산가족 상봉에 참여한 납북자는 19명뿐이다(이산가족과, 통일부, 2022). 9만 6천 명이 넘는 납북자를 생각한다면 이 결과는 너무 미약하다. Allison Graham의 조직 과정 모델과 같이 이산가족 상봉은 통일부 내 이산가족부에서(대한적십자사를 통해) 남북 관계 경색 국면을 제외한 설, 추석 등 한국 명절 기간에 표준적으로 추진되고 있다. 2000년부터 통일부 내 이산가족부는 이산가족 명단에 일부 납북자의 이름을 넣어 북한과 이산가족 상봉 행사를 진행하고 있다. 북한은 남한으로부터 명단을 받아 납북자의 생사를 확인한 후 참여를 결정해 한국에 있는 가족들과 상봉을 허락해 왔다. 그러나 이산가족 상봉의 우선적 목적은 6·25 전쟁 당시 분단된 이산가족들을 만나도록 하는 것이기에 이산가족 명단 200여 명 중 납북자 이름은 10명에서 20명 정도로 제안돼 있고 실제 상봉에 참여할 수 있는 납북자는 북한으로부터 통제되어 있다. 북한은 누가 이산가족 상봉에 참여해야 할지 결정하며 원한다면 쉽게 생사 확인 불가라고 거짓 주장을 할 수 있다. 가령 북한은 2013년 추석 상봉자 명단에 있던 문경식(1967년 납북된 어부)과 이규민(1977년 납북된 고등학생)은 '생사 확인 불가'라고 주장했다. 하지만 끝내 둘 다 생존해 조선노동당 112 남파간첩교육하는 곳에서 근무하고 있는 것으로 확인되었다(대한민국 국회, 외교통일위원회, 2013. 10. 15).

사실 북한의 이러한 주장으로 인해 납북자 참여가 아예 이루어지지 않은 이산가족 상봉도 있다. 2002년 4차 이산가족 상봉과 2004년 10차 이산가족 상봉이 그렇다. 그러나 가장 주목받아야 할 상봉은 2007년 16차 이산가족 상봉이다. 비록 이 상봉이 노무현 대통령과 김정일 국방위원장이 남북정상회담을 가진 같은 10월에 진행되었지만 북한이 상봉 명단에 있던 모든 납북자를 확인 불가 또는 사망으로 명시해 아무도 참여하지 못했고 북한은 그들의 사망 일시나 원인 등 구체적인 정보도 전혀 제공하지 않았다(대한민국 국회, 통일외교통상위원회, 2007). 너구나 공식적으로 남북 사이에 합의된 2002년과 2006년

"전쟁 시기 및 그 이후 소식을 알 수 없게 된 사람들에 대한 생사 확인 문제를 포함시켜 해결해 나가기로" 했던 합의 또한 애초부터 실효를 거두지 못한 게 사실이다. 늘 그래왔듯이 북한은 생사 확인을 할 수 없다며 비협조적이거나 경솔한 반응을 보이고 유엔과 같은 국제적 경로를 통해 확인하려고 해도 같은 반응이었다(Daily NK, 2016).

그럼에도 불구하고 문재인 대통령 아래에서 한국 정부는 이산가족부를 통한 이산가족 상봉으로 납북자 문제를 접근했으며, 납북자 문제를 다루는 이산가족부 담당자 또한 2명뿐이었다. 전시납북자와 전후납북자 각각 1명씩 배정되어 있었으며 1~2년 주기로 순환 배치되었다. 만족스러운 결과 없이 반복적으로 추진하는 이산가족 상봉과 주기적으로 순환 배치되는 납북자 담당자를 통해 납북자 문제는 얼마나 해결될 수 있었을까?

## 3. 관료정치 모델 : 반복되는 정책 의견 충돌

물론 납북자 문제를 전체적인 이산가족 문제의 틀 안에 넣어 접근하는 인도적 정책의 실현 가능성은 처음부터 우려되었다. 2000년 11월 6일 국회 통일외교통상위원회 통일부 국정감사 도중 지적되었듯이 어떻게 본질이 다른 납북자(국군포로) 문제를 이산가족 문제로 해결할 수 있는지, "최종적으로 우리가 송환받아야 하는데 어떻게 이것을 같은 범주에 취급"하는지 또한 "비전향장기수는 이미 송환이 완료되어 있는데 국군포로, 납북자 문제에 대해서는 … 명백한 얘기들이 진전이" 없다는 것이 사실이었다(대한민국 국회, 통일외교통상외원회, 2000 : 13, 23).

마찬가지로 2009년 10월 6일 통일부 국정감사 도중 주장된 바 납북자를 "특수 이산가족"으로 분류해 이산가족 상봉으로 접근한다면 납북자와 가족에게는 일시적인 안전뿐이지 이산가족으로 분류된 엄연히 북한에 거주하고 있는 남한의 국민인 납북자(국군포로)를 북한 주민으로 분류하는 것이었다. 그렇다면 추후 북한 주민을 어떻게 한국으로 송환할 수 있는가?(대한민국 국회, 통일외교통상위원회, 2009 : 5) 또한 2007년 10월 17일 통일부 국정감사 도중 우려된 바 정부의 대북 "퍼주기"는 어떠한가? 사실 김대중 정부와 노무현 정부 시절 인도적 차원으로 북한에게 보낸 쌀과 비료 등 지원은 1조 6천억 원 정도로 알려졌다. 이 뜻은 그때까지 16차례 있었던 이산가족 상봉 행사 동안 한 가족이 상봉하는 데 10억 원 정도의 현물이 지급되었다고 할 수 있다(원재천, 2015에서 재인용). 그런데 정작 2007년 15차 16차 상봉 때 납북자 참여는 전혀 없었다.

납북자 문제와 일반 이산가족 문제를 통합시킨 정책에 대한 불만은 사실 납북자 가족을 통해 정확히 드러났었다. 2004년 10월 21일 통일부 국정감사에 초대된 1987년 납북된 어부(최종석)의 딸이자 납북자가족협의회를 설립한 최우영 대표는 다음과 같이 비판했다. "냉전시대에 저희들은 월북자 의심을 받고 살아왔습니다. 그래서 그동안 납북자 가족들이 고문과 감시의 나날을 보냈는데 화해의 시대에 들어오니까 납북자들을 납북자이기는 하지만 이산가족에 포함시켜서 이 문제를 해결하겠다고 정부에서 얘기했습니다. 그것은 저희 납북자를 두 번 죽이는 일이나 바찬가지입니다. 왜냐히면 이산가족은 전쟁 중에 자신의 선택 여지를 가지고 간 것이고 납치는 정말 평온한 날에 생계를 유지하다가 강제로 납치당한 국제적인 테러입니다. 그런데 이 문제를 원인과 결과를 구분하지 않고 이산가족 속에서 해결한다는 것이 정부의 입장입니다"(대한민국 국회, 통일외교통상위원회, 2004 : 6).

1967년 납북된 어부(최원모)의 아들이자 납북자가족모임의 대표 최성용 또한 깊은 아타까움과 불만족을 2009년 10월 23일 통일부 국정감사에서 다음과 같이 토로했다. "저는 10년 동안 이산가족 상봉장을 보면서 그래도 혹시나 북한이 호응적으로 나올까 하고 빈대를 히년서도 기다렸습니다. 이니다 다를까

1명씩 … 매회 1명, 없으면 없고, 무조건 확인 불가 이런 식으로 북한이 … 그것도 내놓는 사람을 교육을 시켜 가지고 납치가 아니라고 하고 김정일의 덕으로 산다고 이런 식으로 하니까 이산가족 상봉에 포함시키지 말고 별도로 추진해야 한다 이렇게 요구했습니다. 이산가족이 잘 돼서 생사 확인이 잘 됐다고 하면 우리가 뭐라고 하겠습니까? 벌써 생사 확인 다 했을 겁니다"(대한민국 국회, 외교통상통일위원회, 2009 : 13).

이런 최성용 대표의 답답함과 정부의 적극적인 대응 요청은 박근혜 대통령과 문재인 대통령 임기 통일부 국정감사 도중에도 반복되었다. 그러나 그의 요구는 실행되지 않았으며 국정감사에서는 여전히 납북자 문제를 이산가족 범주에 넣어야 하는지라는 의문을 가지고 있다(대한민국 국회, 외교통일위원회, 2018).

## Ⅲ 한반도 프라이카우프 모형

이런 국정감사에서 가장 많이 제안된 접근 방법은 독일의 "프라이카우프" 정책이다. 독일어로 프라이카우프는 "자유를 사다"를 의미한다. 통일 전 서독 정부는 1963년부터 1989년 베를린 장벽이 무너질 때까지 26년 동안 무려 3만 4천 명의 동독 정치범을 교회나 민간 주도로 진행된 사업으로 비밀리 34억 6,400만 마르크의 현물을 주고 데려왔다. 그 당시 환율로 데려오는 데 1인당 약 5천 3백만 원가량이다.

김대중 정부가 납북자를 이산가족 범주로 통합한 직후 위원들은 독일 사례와 유사한 방식으로 납북자의 자유를 구매하자고 제안했다(대한민국 국회, 외교통일위원회, 2000). 그 당시 통일부 장관 박재규는 돈을 지불하는 방식이 아닌 대화로 문제를 해결하고 싶다고 했지만, 이후 정부들은 프라이카우프 방안을 해결방법으로 선택할 의지를 보였다. 예를 들어, 이명박 대통령 시절 통일부 장관 현인택은 프라이카우프 모델에 대한 검토 의지를 2009년 10월 23일 통일부 국정감사에서 표명한 바 있고 뒤늦게 밝혀진 대로 비록 성사는 되지 않았지만 당시 이명박 정부는 납북자와 국군포로 문제를 해결하기 위해 '프라이카우프'의 원형으로 북에 식량과 물자를 지원하는 방안을 모색하며 비밀리 북측과 싱가포르에서 만남을 가졌다(김환용, 2012). 그 후 후임인 류우익 통일부 장관 또한 프라이카우프 모델의 가능성을 2011년 9월 20일 통일부 국정감사 때 동의한 바 있고 박근혜 대통령 시절 류길재 통일부 장관도 같은 의지를 나타냈다(대한민국 국회, 외교통일위원회, 2013).

그렇게 프라이카우프 정책은 자주 제안되었으며 문재인 대통령은 후보 당시 프라이카우프 정책을 "한반도 프라이카우프"라고 부르며 정책 공약으로도 내세웠다. 그 의미는 북한에 병원을 건립하며 인도적 지원과 교환을 통해 이산가족 상봉을 추진하겠다는 것이었다. 하지만 취임 이후 프라이카우프 해법과 관련된 행동은 거의 보이지 않았고 2017년 10월 31일 통일부 국정감사 도중 비판은 왜 납북자, 국군포로, 이산가족 문제 해결을 위해 프라이카우프 정책이 유효하지 않는가였다. 그렇게 문재인 정부 임기에 프라이카우프 정책은 이루어지지 않았다.

북한 전문가들은 이미 윤석열 대통령에게 독일의 프라이카우프 정책을 따라 이산가족 문제와 납북자 문제의 해결 방안을 검토하라고 촉구하고 있다(문동희, 2022). 이와 같이 프라이카우프 정책 제안은 아마 국정감사에 다시 등장할 것으로 보인다. 하지만 이 정책이 성과를 낼 수 있을까? 서독의 프라이카우프가 성공할 수 있었던 이유는 동독의 사회주의 경제가 감당하기 어려울 만큼 실패하고 있었고 동독 정부는 정치범들을 서독으로 이주시켜 돈을 벌 수 있고 사회적 혼란을 제거할 기회로 보았다. 또한 이 모든 과정에는 서독 교회가 최전선에 있었고 통일 이후까지 모든 언론과 교회는 이러한 거래에 대해 침묵했다.

그러나 한반도의 경우, 북한은 납북자의 존재 자체를 부인하고 있으며 프라이카우프와 같은 비슷한 거래를 할 경우 핵무기를 더 발전시키려고 돈을 사용할지 모른다는 우려가 있다. 또한 한국은 서독의 교회들과 같은 인도주의적인 배우가 현재 있는가라는 질문이다. 그러니 프라이카우프 모델이 한국과 북한의 상황에 잘 적용될 수 있을지 우리는 더 광범위한 연구와 검토가 필요하다. 그렇지 않다면 박경서 전 대한적십자사 회장이 표현한 바와 같이 한반도 스타일에 프라이카우프는 "광장히 나이브(순진)한 어프로치(접근)"가 될 수 있다(강태화, 2018).

## Ⅳ 결론

통일이 이루어지기 전 한국 정부와 우리는 납북자 문제에 대해 어떻게 해야 할까? 우리는 한국 정부가 납북자 문제를 해결하는 데 완전히 소홀했다고 단정지을 수는 없다. 납북자를 이산가족 범주로 통합한 것은 어쩌면 그때 가장 현실적인 대북 접근법이라고 할 수 있다. 북한은 과거부터 현재까지 모든 납북 사례를 부인하고 있다. 그러니 김대중 대통령이 말했던 물밑 접촉은 어쩌면 가장 성사 가능한 방안이었을 수도 있다. 하지만 어느새 20년이 지난 지금 이러한 인도적 정책 방안은 현실적 한계를 정확히 보여 주고 있다. 2000년 이후 귀환한 9명의 납북자는 스스로 탈출 시도 및 시민단체의 도움을 통해 전반적으로 이루어졌으며, 정부의 인도적 정책 방안을 통해 송환된 사례라고 보기는 어렵다.

납북자 가족들은 희망을 잃어가고 있다. 세월은 빠르게 지나가며 그들 중 많은 가족은 이미 세상을 떠났다. 통일부 이산가족으로 등록된 우리 국민은 총 133,634명이지만 현재(2023년 9월) 생존자는 40,161명이며 매월 사망자가 급증하고 있다. 북한에 있는 납북자 또한 비슷한 상황일 것이다. 그러므로 납북자 가족들의 유일한 소원은 사랑하는 가족의 생사 확인이며 만일 사망했다면 최소한 사랑하는 가족의 사망일을 전달받아 기일을 지키는 것이다. 하지만 그 또한 얼마나 가능할까?

한국 정부가 오랜 세월 유지한 인도주의적 정책 방안을 탈피할 수 있는 유일한 방법은 지도자인 결정권자가 과감하게 납치 문제와 이산가족 문제를 분리하고 더 많은 자원을 투입하여 다른 대안을 모색하는 것이다. 그리고 그것의 첫 발걸음은 이산가족부와 별개로 납북자 문제를 독립적으로 관리할 수 있는 공식 부서를 설립하는 것이라고 할 수 있다. 2023년 9월 드디어 통일부 장관 아래 납북자 대책팀이 설립되었다. 이 새로운 부서는 납북자 문제에 집중하며 현재 5명의 담당자로 운영되고 있다. 그러나 담당자 배치는 아직도 1~2년 주기로 순환 배치이며 과거부터 현재까지의 진전과 실패를 얼마나 파악하고 공감하며 새로운 실용적 해결책을 모색할 수 있을지는 더 지켜보아야 한다.

그럼에도 불구하고 여태 자국민 보호에 소홀했던 정부가 이런 변화를 한 것은 잘한 일이다. 이는 오랫동안 서운하고 실망했던 납북자 가족들에게 희망을 줄 수 있는 기회라고 생각한다. 그리고 정부와 더불어 우리 또한 납북자 문제를 더 심각하게 인지하고 한국 사회와 국제 사회에 널리 알려 통일 전 납북자 문제를 해결하기를 바란다.

## 생각해 볼 거리

1. 대한민국 정부는 납북자 문제 해결을 위해 무엇을 더 해야 할까요?

2. 대한민국 사회는 납북자 문제 해결을 위해 어떻게 기여할 수 있을까요?

3. 대한민국 대학은 납북자 문제 해결을 위해 어떤 역할을 할 수 있을까요?

4. 개인적으로 납북자 문제 해결을 위해 어떻게 도울 수 있을까요?

## 참고자료 및 더 읽어볼 거리


강선규(2000. 9. 3.). 국군포로-납북자 문제 해결. KBS News. https://news.kbs.co.kr/news /pc/view/view.do?ncd=111930

강태화(2018. 4. 11.). [단독] 北 퍼주기 논란에 文공약 '프라이카우프' 사라졌다. 중앙일보. https://www.joongang.co.kr/article/22524699#home

김명호(2006). 6·25전쟁 납북자의 납북동기 분석에 관한 실증적 연구. 정책분석평가학회보, 16(3), 113-139.

김진홍(2000. 6. 21.). 정상회담 이후 DJ의 자세...'내가 다 못하면 후임자가 하도록.' 국민일보. https://www.bigkinds.or.kr/v2/news/index.do

김정환(2006. 6. 29.). "납북 아니다"..."메구미 자살." KBS News. https://news.kbs. co.kr/news /pc/view/view.do?ncd=1178189

김영권(2018. 5. 11.). 휴먼라이츠워치 "한국 정부, 납북자 문제 사실상 무시해." VOA Korea.https://www.voakorea.com/a/4389261.html

김영식(2000. 9. 7.). 朴통일 "국군포로-납북자문제 인도적차원 해결." 동아일보. https://www.donga.com/news/Politics/article/all/20000907/7580306/1

김환용(2012. 10. 26.). 남북정상회담 거액 요구설 논란. VOA Korea. https://www.voakorea.com/a/1533851.html

대한민국 국회(2000. 11. 6.). 통일외교통상위원회 회의록.

대한민국 국회(2007. 10. 17.). 통일외교통상위원회 회의록.

대한민국 국회(2009. 10. 23.). 외교통상통일위원회 회의록.

대한민국 국회(2013. 10. 15.). 외교통일위원회 회의록.

대한민국 국회(2013. 11. 11.). 외교통일위원회 회의록.

대한민국 국회(2014. 10. 8.). 외교통일위원회 회의록.

대한민국 국회(2015. 10. 13.). 외교통일위원회 회의록.

대한적십자(2016). 이산가족 70년 : 1945-1970 : 이산가족백서. 대한적십자사.

문동희(2022. 3. 14.). 윤석열式 '프라이카우프' 제언… "억류된 우리 국민 석방에 적용." DailyNK. https://www.dailynk.com/20220314-2/

서화동(2000. 12. 4.). [2차 남북 이산가족 방문] 납북자 가족상봉 물꼬.. "남긴 것," 한경. https://www.hankyung.com/politics/article/2000120376351

이산가족과, 통일부(2022. 2. 14.). 정보공개요청을 통해 받은 기록, 행정안전부 운영. https://www.opcn.go.kr/

안소영(2021. 2. 18.). 메구미 모친 "혹독한 시간 보낼 딸 생각에 가슴 아파..바이든 행정부, 목소리 높여주길." VOA Korea. https://www.voakorea.com/a/korea _korea-politics_abduction-dprk-japan/6056271.html

안세득(2001. 2. 27.). 납북자 포로도 이산가족. KBS뉴스. https://news.kbs.co.kr/news/pc/ view/view.do?ncd=165429

원재천(2015). 국제공조를 통한 이산가족 문제 해결방안-인권, 인도주의 원칙을 기반으로.국가인권위원회 국회인권포럼, 이산가족 고령화에 따른 문제와 정책방안 모색을 위환 토론회, p.36.

정원식(2023. 4. 4.). 유엔 인권이사회, 북한 인권결의안 채택…한국 공동제안국 복귀. 경향신문. https://m.khan.co.kr/world/world-general/article/202304041956001#c2b

최선영(2006. 6. 29.). 납북.우울증.벌거.자살...메구미의 비극적 삶. 한겨레. https://www. hani.co.kr/arti/society/society_general/137062.html

통일부(n.d.). 정부의 노력. https://reunion.unikorea.go.kr/abduct/html/effortRelations.html

Allison, G. T., & Zelikow, P.(1999). *Essence of Decision : Explaining the Cuban Missile Crisis*(2nd ed.). New York, NY : Longman.

BBC(2021, November 24). KAL abductee victim Hwang Won's wife dies … North Korea's position that there are no abductees. https://www.bbc.com/korean/news-59399329.

Chung, J.(2014). Performing National Division : South Korean State Politics and the Abduction Victim Movement (Doctoral dissertation). Northwestern University.

Daily, N. K.(2016, July 26). UN calls on North Korea for Answers on South Korea Abductees. https://www.dailynk.com/english/un-calls-on-north-korea-for-answer

Go, M. H., & Forney, B.(2018). Kidnapping as Foreign Policy : North Korea's History of State Sponsored Abductions. *Asan Institute for Policy Studies,* 2, 1-13.

Jeong, M.(2022). Why the Stalemate? A Critical Analysis of the South Korean Government's Policy Approach to the North Korean Abductions of South Koreans. North Korean Review, 18(2), 21-39. https://www.jstor.org/stable/27217164

Ministry of Foreign Affairs of Japan.(n.d.).Abductions of Japanese Citizens by North Korea, Steps Taken in Japan. https://www.mofa.go.jp/a_o/na/kp/page1we_000071.html

The Japan Times(2021, April 3).Suga urged to take up abduction issue at summit withBiden.https://www.japantimes.co.jp/news/2021/04/03/national/suga-biden-north-korea-abductions/

United Nations Human Rights Council(2014). Report of the Detailed Findings of the Commission of Inquiry on Human Rights in the Democratic People's Republic of Korea. UN Doc A/HRC/25/CRP.1. https://www.ohchr.org/en/hr-bodies/hrc/co-idprk/ reportofthe-commissionof-inquiry-dprk

Yonhap News(2018, April 25). Moon Talks with Abe. https://en.yna.co.kr/view/PYH20180425012900341

일곱 번째 강의

# 남북한 언어의 이해:

## 문화적 다양성과 세계시민의식

징지은

## 정지은

|

한동대학교 창의융합교육원 글로벌한국학전공 교수

한국어를 통해 하나님의 복음과 사랑을 전하는 일에 소명을 두고 교육자의 길을 걸어가고 있다. 2005년 한동대학교 국제어문학부를 졸업하고 한국외국어대학교 국어국문학과에서 외국어로서의 한국어교육 전공으로 박사학위를 받았으며, 현재 모교인 한동대학교 창의융합교육원 조교수와 인도네시아 탕으랑세종학당 학당장으로 재직 중이다.
교육은 단순한 지식 전달이 아닌 쌍방향적 소통과 공감을 통한 가치와 삶의 나눔이라는 교육철학으로 학생들과 함께하고 있다. 특히 하나님의 형상으로 창조된 모든 학습자들이 최고의 교육을 받을 자격이 있다는 믿음 아래, 다문화 배경의 학습자와 국내외 외국인 학습자들에게 한국어와 한국 문화를 교육하고 있다. 한국어 발음 습득을 주요 연구 분야로 하여, 한국연구재단 신진연구자지원사업에 선정되어 베트남 결혼이민자들의 발음 습득 과정을 질적으로 연구하는 등 제2언어로서의 한국어 발음 교육 연구를 수행하고 있다. 최근에는 학습자의 모국어와 문화에 대한 이해를 바탕으로 한 상호문화역량에 대한 연구와 함께, 남북한 언어 통합에도 관심을 두고 한국어 어문규범, 발음교육론, 어휘교육론 등의 교과목에서 남북한 언어 비교와 북한이탈주민 대상 교육 방안을 연구하고 있다. 한동대학교의 통일한국개론 교과목에서 언어 분야를 담당하며, 통일 시대를 대비한 언어교육의 방향을 모색하고 있다. 교육과 연구를 통해 학생들이 세상을 사랑하고 섬기는 리더로 성장할 수 있도록 돕고 있다.

# 남북한 언어의 이해:
## 문화적 다양성과 세계시민의식

## I 서론 : 남북한 언어와 세계시민의식

한반도의 분단은 70년 이상 지속되면서 정치, 경제, 사회 전반에 걸쳐 많은 차이를 낳았다. 그중에서도 언어의 차이는 일상생활에서 가장 직접적으로 체감되는 현상으로, 남북한 주민 간의 소통을 어렵게 만드는 중요한 요인 중 하나다. 이러한 언어적 차이는 단순한 의사소통의 장애를 넘어서 각 사회의 문화적 정체성과 세계관을 반영하며, 상호 문화 이해의 중요한 과제가 된다.

남북한의 언어는 정치적 · 사회적 배경에 따라 서로 다르게 발전했고, 이로 인해 발음, 억양, 어휘 등에서 차이가 뚜렷하다. 이 차이는 남북한 주민이 서로의 언어를 이해하는 데 어려움을 겪게 만들며, 특히 남한 사회에 정착한 북한이탈주민에게 큰 도전이 된다.

그러나 이러한 문제는 단순히 언어적 차이를 '극복'하는 것이 아니라, 그 차이를 '이해'하고 '존중'해야 한다는 인식에서 접근할 필요가 있다. UNESCO는 2001년 문화 다양성 선언에서 언어의 다양성을 인류 공동의 유산으로 보존해야 한다고 강조했다. 남북한의 언어 차이도 이러한 맥락에서 극복의 대상이 아니라, 상호 이해와 존중을 통해 한반도의 언어적 · 문화적 다양성을 반영하는 자산으로 인식해야 한다.

이러한 관점은 세계시민의식과 밀접하게 연관된다. 세계시민의식은 지역적·국가적 경계를 넘어 전 지구적 차원에서 인류 공동의 문제를 인식하고 해결하려는 태도를 의미한다. 남북한의 언어 차이를 이해하고 존중하는 태도는 이러한 세계시민의식의 실천이라고 볼 수 있다. 즉, 언어의 다양성을 인정하고 서로 다른 문화적 배경을 가진 사람들과 소통하려는 노력은 세계시민으로서 갖추어야 할 중요한 역량이다.

본고는 남북한의 언어적 차이를 세계시민의식과 상호문화적 존중의 관점에서 분석하며, 북한이탈주민을 위한 언어교육이 단순한 언어 교정에 그치지 않고, 상호문화적 이해를 증진하는 교육 과정으로 나아가야 함을 제시하고자 한다. 특히 남북한 발음, 억양, 어휘의 차이를 구체적으로 분석하고, 이를 바탕으로 북한이탈주민이 남한 사회에 성공적으로 정착할 수 있도록 돕는 언어교육 방안을 모색하는 데 중점을 둘 것이다.

또한, 디지털 시대의 특성을 반영하여 온라인 플랫폼과 AI 기술을 활용한 언어교육 방안을 제시하고, 국제 협력을 통한 남북한 언어 통합의 가능성을 탐색하고자 한다. 이를 통해 남북한 언어 통합이 단순히 한반도 내의 문제가 아니라 글로벌 차원의 문화 다양성 증진과 평화 구축에 기여할 수 있는 방안을 모색할 것이다.

본고는 다음과 같이 구성된다. 먼저 남북한 발음 차이를 비교하고, 북한이탈주민의 발음과 억양 특징을 살펴본다. 이후 이를 바탕으로 북한이탈주민을 위한 발음·억양교육 방안을 상호문화적 관점에서 제시하고, 남북한 어휘 차이에 대한 이해와 교육 방안을 논의할 것이다. 이러한 연구는 단순한 언어교육을 넘어서 북한이탈주민의 사회적 통합을 촉진하고, 남북한 주민 간의 상호 이해와 존중을 증진하는 데 기여할 것이다.

# Ⅱ 남북한 발음 차이의 이해 : 언어적 다양성의 표현

## 1. 남북한 발음법 비교

남한과 북한은 각각 '표준 발음법'과 '조선말발음법'이라는 명칭으로 표준 발음 규정을 제정하여 사용하고 있다. 남한의 표준 발음법은 총칙을 포함하여 7장 30항으로 구성되어 있으며, 북한의 조선말발음법은 총칙 외에 10장 30항으로 이루어져 있다. 이러한 구성의 차이는 각 사회가 중점을 두는 언어 현상과 규범화 방식의 차이를 시사한다. 표준 발음의 기준에서도 주목할 만한 차이가 나타난다. 남한은 총칙에서 '표준어의 실제 발음'을 따른다고 규정하고 있으며, '표준어'는 "교양 있는 사람들이 두루 쓰는 현대 서울말"로 정의되므로, 남한의 표준 발음법은 '현대 서울말'을 기준으로 삼고 있다. 반면 북한은 '혁명의 수도 평양을 중심으로 하여 평양말을 토대로 이룩된 문화어'의 발음을 기준으로 하고 있다. 실제 발음 규칙에서도 뚜렷한 차이가 나타난다. 대표적인 예로, 두음법칙의 적용 여부를 들 수 있다. '노동(勞動)'과 '여자(女子)'는 북한에서 각각 [로동]과 [녀자]로 표기하고 발음된다. 또한, 남한의 표준 발음법은 자음 동화를 인정하지만, 북한의 조선말발음법은 이를 인정하지 않아, 남한에서 [심니]로 발음되는 '심리(心理)'는 북한에서는 [심리]로 발음된다.

## 2. 북한이탈주민의 발음·억양 특징

정경일(2002)은 북한이탈주민의 대부분이 자신의 말투와 억양이 남한과 다르다는 것을 인식하고 있으며, 남북한 발음과 억양의 차이가 실제 의사소통 상황에서 장애가 된다고 밝혔다. 국립국어원(2006)의 조사에 따르면, 북한이탈주민이 남한 말을 이해하지 못하는 가장 큰 이유로 발음과 억양을 꼽았다.

진정미(2010), 국립국어원(2016), 강진웅(2017)의 연구에서도 북한이탈주민이 남한 말을 이해하지 못하는 이유로 어휘가 가장 크게 나타났으며, 그 뒤는 발음과 억양이 이었다.

북한이탈주민들의 발음과 억양은 남한 주민들과 뚜렷한 차이를 보인다. 이러한 차이는 단순한 '사투리' 차원을 넘어 의사소통의 장애가 될 수 있으며, 때로는 사회적 차별의 원인이 되어 북한이탈주민의 남한 사회 정착을 어렵게 만드는 직접적인 요인으로 작용한다. 특히 취업과 관련된 문제에서 이러한 차이가 두드러지며, 북한이탈주민은 남북한의 발음과 억양 차이로 인해 취업이 어려워지고, 직장 생활에서도 자신의 발음과 억양으로 인해 불이익을 받는다고 한다(국립국어원, 2005). 또한 일상생활에서 북한식 발음과 억양으로 인해 오해를 사거나 조롱당하는 경우가 많아, 북한이탈주민은 자신의 신분이 드러나는 것을 꺼려하며 남한식 표준 발음과 억양을 구사해야 한다는 인식이 생겨난다(국립국어원, 2006 ; 배준영, 2013 ; 국립국어원, 2016).

북한이탈주민의 발음 · 억양 특징은 분절음과 초분절음으로 나누어 살펴볼 수 있다. 이호영 외(2009), 배준영(2011), 권순희(2014a, 2014b), 양수경(2014), 조완철 · 조위수(2018)의 연구 결과를 바탕으로 정리하면 다음과 같다. 북한이탈주민들은 /ㅓ/와 /ㅗ/, /ㅡ/와 /ㅜ/, 그리고 /ㅓ/와 /ㅡ/의 구별에 어려움을 겪는 경우가 많다. 예를 들어, '거리'를 [고리]로, '음악'을 [우막]으로, '거기'를 [그기]로 발음하는 경향이 있다. 자음 발음에서도 일부 북한이탈주민, 특히 함북 육진 방언권 출신들은 /ㅈ, ㅉ, ㅊ/를 남한의 표준 발음보다 조음점이 전진하여 치조파찰음 [ʦ/dz, ʦ', ʦʰ]에 가깝게 발음한다.

초분절음의 차이 중 가장 눈에 띄는 것은 성조와 억양이다. 함경도 말을 비롯한 북한의 일부 방언은 성조 언어의 특성을 지니고 있다. 이로 인해 북한이탈주민들은 2~3음절로 된 특정 어휘 발화 시 마지막 음절을 고조로 발현하는 경향이 있다. 예를 들어, 남한에서는 '메밀(LL), 가락지(LLL), 개구리(LHL)'로 발화되는 반면, 북한이탈주민은 '메밀(LH), 가락지(LLH), 개구리(LLH)'로 발음하는 경우가 많다. 문장에서도 성조가 억양과 결합해 실현되며, 함경도 말은 표준어보다 고저의 편차가 큰 억양으로 인식되는데, 특히 문장의 끝을 급격히 떨어뜨리는 억양은 무뚝뚝하거나 불친절한 인상을 줄 수 있다. 또한 남한에서는 '안' 부정어가 들어간 표현을 발화할 때 첫 음절을 낮게 발음하는 경향이 있지만, 북한이탈주민은 부정어 부분의 억양을 높고 세게 발음하는 경향이 있다.

이러한 발음과 억양의 차이는 단순히 '틀린 것'으로 이해해서는 안 되며, 북한의 언어문화를 반영하는 특징으로 보아야 한다. Skutnabb-Kangas(2000)가 주장하듯, 언어의 다양성은 생물학적 다양성만큼이나 인류에게 중요한 가치를 지닌다. 이러한 관점에서 북한이탈주민의 발음과 억양은 한반도의 언어적 · 문화적 다양성을 보여 주는 중요한 현상이다. 조완철 · 조위수(2018)의 연구는 이러한 언어적 특징을 존중하고 인정하는 태도가 북한이탈주민의 심리적 안정과 사회 적응에 긍정적인 영향을 미칠 수 있음을 제시한다. 이는 언어교육이 단순한 '교정'의 차원을 넘어 상호문화 이해의 과정으로 접근해야 함을 시사한다.

북한이탈주민의 발음과 억양 특징은 단순한 언어학적 차이를 넘어 복합적인 사회문화적 요인들의 결과물이다. 이는 북한의 지역 방언, 언어 정책, 그리고 사회문화적 환경이 복합적으로 작용한 결과로 볼 수 있다. 따라서 이를 단순히 '교정'의 대상으로 보기보다는 언어적 다양성의 한 측면으로 이해하고 접근할 필요가 있다. 향후 북한이탈주민을 위한 언어교육에서는 이러한 언어적 특징을 고려한 맞춤형 접근이 필요하며, 동시에 남한 주민들을 대상으로 하는 교육에서도 이러한 언어적 차이에 대한 이해와 존중을 강조해야 할 것이다.

## Ⅲ 남북한 어휘 차이의 이해 : 언어적 다양성의 보고

남북한의 어휘 차이는 70년 이상 지속된 분단의 역사 속에서 형성된 독특한 언어 현상이다. 이는 단순히 소통의 장애물이 아니라, 풍부한 언어적 다양성을 보여 주는 보고(寶庫)로 인식될 수 있다. 이러한 어휘 차이는 양측의 사회·문화·정치적 특성을 반영하며, 언어의 역동성과 적응성을 나타내는 생생한 사례라고 할 수 있다. 이 장에서는 겨레말큰사전 남북공동편찬사업회(2017, 2019a, 2019b, 2020), 김은정(2016), 양영철(2018) 등의 연구를 바탕으로 남북한 어휘 차이를 분석하고자 한다.

남북한 어휘 차이는 크게 세 가지 유형으로 나눌 수 있다.

첫째, 형태가 다르지만 뜻이 같은 말이다. 이는 지역 방언의 영향, 음운 차이, 국어 순화 및 말다듬기 운동의 결과, 어문 규정의 차이, 조어법의 차이 등 다양한 이유로 발생한다. 북한은 평양을 중심으로 한 북부 지역의 방언을 '문화어'로 채택했기 때문에 남한의 표준어와 차이가 있다. 예를 들어, 남한에서는 '거위'가 북한에서는 '게사니'로, '누룽지'가 '가마치'로 불린다. 음운 차이로 인해 '거머리'가 '거마리'로 '색깔'이 '색갈'로 달라졌다. 또한 남한의 국어 순화 운동과 북한의 말다듬기 운동의 결과 외래어나 한자어를 고유어로 바꾸는 과정에서 차이가 생기기도 한다. 예를 들어, 남한의 '도넛'은 북한에서 '가락지빵'으로, '볼펜'은 '원부필'로 불린다. 남북한 맞춤법, 표준어 규정, 외래어 표기법의 차이로도 어휘 차이가 발생하는데, 두음법칙으로 인해 '냉동기'는 북한에서 '랭동기'로, 사이시옷 규정으로 '나뭇가지'는 '나무가지'로 표기된다. 또한, 조어법의 차이로 인해 북한에서는 특정 접사나 어미를 사용하는 방식이 남한보다 더 생산적이다. 예를 들어, 남한의 '놀라게 하다'는 북한에서 '놀래우다'로 표현된다.

둘째, 형태는 같지만 뜻이 다른 말이다. 이는 의사소통에서 가장 큰 문제를 일으킬 수 있는 부분이다. 같은 단어가 남북한에서 전혀 다른 의미로 사용되는 경우는 역사적 변화와 사회문화적 차이에서 비롯된다. 예를 들어, 남한의 '감투'는 '벼슬'을 속되게 이르는 말이지만, 북한에서는 '억울하게 뒤집어쓴 책임이나 누명'을 의미한다. 또한, '경찰'이라는 단어는 남한에서 사회 공공질서를 위한 기관을 뜻하지만, 북한에서는 '인민에 대한 감시와 강제 징벌을 담당하는 특별 무장부대'라는 부정적 의미를 갖는다. 이처럼 같은 단어라도 남북한에서의 체제 차이로 인해 긍정적 혹은 부정적인 어감 차이가 나타날 수 있다. 예를 들어, 남한에서 '소행'은 부정적인 일을 의미하지만, 북한에서는 그저 '행동'의 의미로 긍정적으로도 쓰인다.

[그림 7-1] 북한 유치원의 게시판

출처 : 겨레말큰사전 남북공동편찬사업회, 2019b, p. 179.

셋째, 새로 생겨난 어휘가 있다. 남북한은 분단 이후 정치적 · 경제적 체제가 달라짐에 따라 서로 다른 이념적 배경에서 새로운 어휘가 생겨났다. 남한에서는 자본주의와 관련된 단어들이 많이 만들어졌다. 예를 들어, '누리꾼'(인터넷 사용자), '다이어트'(체중 조절), '러시아워'(출퇴근 시간의 교통 혼잡)가 그 예이다. 반면, 북한은 사회주의 이념과 특수한 사회 현상을 반영한 어휘들이 생겨났다. 예를 들어, '가두녀성'(직장이 없는 가정주부), '꽝포쟁이'(허풍쟁이), '평양속도'(혁명의 수도 평양시를 건설하는 데서 창조된 사회주의 건설의 매우 빠른 속도) 등이 있다.

남북한의 어휘 차이는 단순한 언어적 차원을 넘어, 각 사회의 문화적 정체성과 세계관을 반영한다. 이러한 관점에서 남북한 어휘의 차이는 두 사회가 서로 다른 문화적 특성과 세계관을 보여 주는 창(窓)으로 해석할 수 있다. 따라서 이러한 차이를 단순히 '통일'해야 할 대상으로만 보는 것은 바람직하지 않다. UNESCO(2001)의 문화 다양성 선언에서 강조하듯이, 언어의 다양성은 인류 공동의 유산으로 보호할 가치가 있다. 남북한의 어휘 차이에 대한 교육은 단순한 언어 능력 향상이 아니라, 문화 간 이해를 촉진하는 과정이어야 한다.

결론적으로, 남북한의 어휘 차이는 '극복'해야 할 대상이 아니라 '이해'와 '존중'의 대상으로 인식되어야 한다. 이러한 접근은 의사소통의 효율성을 높이는 데 그치지 않고, 남북한 주민 간 상호 이해와 존중을 증진시키며, 나아가 한반도의 언어적 · 문화적 다양성을 풍부하게 하는 데 기여할 수 있을 것이다.

## Ⅳ 북한이탈주민 대상 언어교육 방안과 남북한 언어 통합 : 상호문화적 접근과 디지털 시대의 도전

북한이탈주민의 언어 적응과 남북한 언어 통합은 단순히 의사소통의 장벽을 허무는 것을 넘어서, 문화적 이해와 사회적 통합을 위한 핵심 과정이다. 이는 발음과 억양, 어휘교육, 그리고 디지털 기술과 국제 협력을 포함하는 다차원적 접근을 필요로 한다.

현재 북한이탈주민을 대상으로 하는 언어교육은 주로 하나원, 지역적응센터(하나센터), 국립국어원, 북한이탈주민지원재단(남북하나재단), 대학 및 관련

기관 등에서 이루어진다. 그러나 이러한 교육에는 몇 가지 한계가 존재한다. 북한이탈주민의 출신 지역, 개인의 경험, 발화 습관과 같은 다양한 변인을 고려하지 않고 일률적으로 접근하는 경향이 있으며, 단순한 발음 교정에 집중하여 실제 의사소통 상황에서의 적용이 부족하다는 지적이 있다. 또한 북한 방언을 단순히 '교정'의 대상으로 보는 시각이 강해 언어의 다양성을 인정하는 접근이 부족하고, 장기적 학습 계획이 부재하여 양적으로는 충분해 보일 수 있으나 질적인 측면에서 개선의 여지가 있다.

발음과 억양 교육에 있어서는 개인별 발음 평가와 맞춤형 교육이 필요하다. 북한이탈주민의 출신 지역, 연령, 교육 배경에 따라 발음과 억양의 특성이 다르므로, 입국 초기 단계에서 개인별 발음과 억양의 특성을 정확히 진단한 후, 이에 기반한 맞춤형 교육 계획을 수립해야 한다. Byram(1997)이 제안한 상호문화적 의사소통 능력(ICC) 모델을 바탕으로, 단순한 발음 교정이 아니라 문화적 차이를 이해하고 존중하는 교육이 필요하다.

멀티미디어 자료의 활용도 중요하다. 남한의 뉴스, 드라마, 영화 등 다양한 미디어 자료를 활용하여 실제 의사소통 상황에 가까운 학습 환경을 제공할 수 있다. 또한 역할극, 모의 면접, 토론 등 다양한 상황별 시나리오를 활용한 실전 훈련을 통해 실제 의사소통 상황에서 발음과 억양을 효과적으로 사용할 수 있도록 해야 한다.

어휘교육에 있어서도 체계적인 접근이 필요하다. 국립국어원(2016)의 연구에 따르면, 북한이탈주민의 68.5%가 남한에서의 의사소통에 어려움을 겪고 있으며, 그 주된 이유로 어휘의 차이(41.2%)를 꼽았다. 특히 외래어, 신조어, 그리고 남한의 사회문화를 반영하는 어휘들에 대한 이해 부족이 두드러진다.

이를 해결하기 위해 체계적인 어휘 선별이 필요하다. 생활 중심 어휘, 난이도별 분류, 주제별 분류, 문화적 중요성 등을 고려한 어휘 선정이 이루어져야 한다. 예를 들어, '아르바이트', '카페', '스마트폰' 등 남한의 일상생활을 이해하는 데 필수적인 어휘들을 우선적으로 선정할 수 있다. 또한 맥락 중심 학습을 통해 단순 암기가 아닌 실제 사용 맥락 속에서의 어휘 학습이 이루어져야 한다. 실제 대화문, 신문 기사, 광고 등 다양한 텍스트를 활용하여 어휘의 의미와 용법을 자연스럽게 습득할 수 있도록 해야 한다.

남북한의 언어 통합은 디지털 기술을 활용하고 국제 사회와의 협력을 통해 이루어져야 할 과제이다. 디지털 시대에는 온라인 플랫폼과 인공지능(AI) 기술을 활용한 언어교육과 교류가 필수적이다. 비대면 교류의 중요성이 부각되면서, 온라인 언어 교환 프로그램이나 AI 기반의 번역 및 언어 학습 도구 개발은 남북한 주민 간의 소통을 돕는 중요한 도구가 될 것이다. 예를 들어, 남북한 청소년이 참여하는 온라인 언어 교환 프로그램은 서로의 언어를 배우고 실시간 소통을 통해 문화적 차이를 이해할 기회를 제공할 것이다.

국제기구와의 협력도 중요하다. UNESCO와의 협력은 남북한 언어 연구와 교육 프로그램 개발에 객관성을 더해줄 수 있으며, 이를 통해 언어 통합의 과정에 국제적 지원을 받을 수 있다. 특히, 남북한 언어 연구의 국제화를 통해 학술 교류와 공동 연구를 추진하고, 남북한 언어교육에 대한 다양한 시각과 접근 방법을 모색할 수 있다.

결론적으로, 북한이탈주민을 위한 언어교육과 남북한 언어 통합은 단순한 언어 습득을 넘어 문화적 가교를 만드는 과정이 되어야 한다. 이를 통해 북한이탈주민들은 남한 사회에 더욱 원활히 적응할 수 있을 뿐만 아니라, 남한 사회 역시 더욱 풍부한 문화적 다양성을 갖출 수 있을 것이다. 상호문화적 교육, 디지털 기술의 활용, 국제 협력을 통한 남북한 언어 통합 방안은 단순히 의사소통의 문제를 해결하는 것을 넘어, 서로의 문화를 존중하고 글로벌 시대에 걸맞은 의사소통 능력을 갖추도록 돕는 중요한 과정이 될 것이다. 이러한 다차원적 접근은 남북한 주민들이 통일 이후에도 서로의 언어와 문화를 이해하며 평화로운 공존을 이룰 수 있는 기반을 제공할 것이다.

## V 결론 : 언어 다양성의 존중, 통일 한국을 향한 첫걸음

남북한의 언어 차이는 단순한 의사소통의 장벽이 아니라, 분단의 역사에서 비롯된 문화적 다양성의 표현이며, 상호 이해의 기회로 인식되어야 한다. 이를 통해 언어적 다양성을 존중하는 태도는 세계시민의식의 핵심인 다양성 존중과 연대 의식 함양에 기여할 수 있다.

남북한의 언어 차이는 도전이자 기회이다. 이를 통해 우리는 언어의 다양성을 존중하고, 문화적 차이를 이해하며, 평화로운 공존과 통합의 토대를 마련할 수 있다. 이러한 노력은 남북한 관계에 그치지 않고, 글로벌 시대에 필요한 세계시민의식 함양에도 중요한 역할을 할 것이다.

북한이탈주민을 위한 언어교육은 단순한 적응 훈련이 아닌, 문화적 가교를 만드는 과정으로 이해되어야 한다. 이 교육은 남한 사회의 문화적 다양성 증진에도 기여하며, 남북한 언어 통합을 위한 정책 수립 시 양측의 언어적 특징을 인정하고 보존하는 접근이 필요하다.

언어의 차이를 통해 문화적 다양성을 존중하는 태도는 평화로운 공존과 상호 이해의 기반이 된다. 이는 통일 한국을 향한 첫걸음이며, 세계시민의식 관점에서 남북한 언어 통합은 한반도의 문화적 다양성을 세계에 알리고, 평화로운 공존의 모델을 제시하는 중요한 기회가 될 것이다.

남북한 언어 통합 과정은 한민족의 정체성을 유지하면서도 세계시민으로서의 역량을 키우는 과정이 되어야 한다. 이를 통해 통일 한국은 언어와 문화의 다양성을 존중하는 성숙한 세계 시민 국가로 성장할 수 있을 것이다.

본고에서 제시한 상호문화적 언어교육, 디지털 기술 활용, 국제 협력 등 다양한 접근 방법은 이러한 목표를 달성하기 위한 구체적인 방안들이다. 이러한 노력은 단순한 언어 통합을 넘어 진정한 문화적 통합과 상호 이해를 이끌어 낼 것이다. 결국 남북한의 언어 차이는 귀중한 자산이자 기회로, 이를 통해 우리는 더 넓은 세계를 이해하고, 더 깊은 문화적 감수성을 키우며, 궁극적으로 평화롭고 번영하는 통일 한국을 향해 나아갈 수 있다. 언어 통합을 위한 우리의 노력은 평화로운 한반도와 더 나은 세계를 만들어 가는 중요한 과정이 될 것이다.

## 생각해 볼 거리

1. 언어는 단순한 의사소통 도구를 넘어 문화적 정체성의 핵심이다. 남북한 언어 통합 과정에서 각각의 언어적 특성을 어느 정도까지 보존해야 할까요? 완전한 통합과 다양성 유지 사이에서 어떤 균형점을 찾아야 할까요?

2. 북한이탈주민과 제3국 출생 탈북 청소년들의 언어 적응 과정에서 나타나는 어려움은 무엇일까요? 이들의 언어교육을 위해 어떤 특별한 접근 방식이 필요할까요?

3. 동서독 통일 후의 언어 통합 과정에서 배울 수 있는 교훈은 무엇일까요? 이를 남북한 상황에 어떻게 적용할 수 있을까요?

4. 디지털 기술의 발전으로 인한 언어 사용의 변화(**예** 줄임말, 이모티콘 사용 등)가 남북한 언어 통합에 미칠 수 있는 영향은 무엇일까요? 이러한 변화를 언어 통합 정책에 어떻게 반영해야 할까요?

5. 세계화 시대에 영어 등 외국어의 영향력이 커지는 상황에서, 남북한 언어 통합은 어떤 방향으로 나아가야 할까요? 한민족의 언어적 정체성을 유지하면서도 국제 경쟁력을 갖추기 위한 언어 정책은 어떻게 설계되어야 할까요?

## 참고자료 및 더 읽어볼 거리

〈논문 및 보고서, 단행본〉

강진웅(2017). 남북한의 언어통합 -북한이탈주민의 언어 사용실태를 중심으로-. 교육문화연구, 23(2), 345-364.

겨레말큰사전 남북공동편찬사업회(2017). 한눈에 들어오는 남북 생활 용어. 한국문화사.

겨레말큰사전 남북공동편찬사업회(2019a). 한눈에 들어오는 남북생활용어 2. 맵씨터.

겨레말큰사전 남북공동편찬사업회(2019b). 한눈에 들어오는 남북 어휘 의미 · 용법. 맵씨터.

겨레말큰사전 남북공동편찬사업회(2020). 한눈에 들어오는 남북생활용어 1. 맵씨터.

국립국어원(2005). 새터민의 언어 적응을 위한 실태 연구. 국립국어원.

국립국어원(2006). 새터민 언어실태 조사 연구. 국립국어원.

국립국어원(2016). 2016년 남북 언어의식 조사 보고서. 국립국어원.

권순희(2014a). 북한이탈주민의 언어 사용 실태와 교육 지원 방향. 이화어문논집, 34, 91-123.

권순희(2014b). 북한이탈주민의 언어 사용 실태에 대한 이해. 새국어생활, 24(4), 87-105.

권순희 · 강보선 · 양수경 · 이슬비 · 박진희 · 이수연(2014). 통일 시대를 여는 생활 필수 어휘. 하우.

김은정(2016). 남북한 어휘의 형태 의미론적 비교 연구. 한국외국어대학교 대학원 박사학위논문.

배준영(2011). 대구지역 새터민의 언어적응 양상 연구 : 음운을 중심으로. 경북대학교 대학원 석사학위논문.

배준영(2013). 북한이탈주민의 언어적응 실태와 교육 방안 연구 -대구지역 정착민을 대상으로-. 어문론총, 58, 105-132.

양수경(2014). 북한이탈주민을 위한 말하기(구어) 특징과 자료 활용 방법. 북한 이탈주민의 언어 적응 지원을 위한 북한 이탈주민 교사연수교재. 국립국어원.

양영철(2018). 남북한 언어 탐구생활. 지식의 숲.

이호영 · 박성현 · 정인호(2009). 새터민 언어 적응 훈련 프로그램 개발 연구. 국립국어원.

정경일(2002). 북한이탈주민의 언어적응실태. 사회언어학, 10(1), 273-274.

조완철 · 조위수(2018). 북한이탈주민의 언어 적응을 위한 발음 · 억양 교육 실천사례 특성 분석. 현대북한연구, 21(1), 208-241.

진정미(2010). 새터민의 말하기 능력 향상을 위한 화행 교육 방안 연구. 우리말 글, 49, 111-138.

Byram, M. (1997). *Teaching and Assessing Intercultural Communicative Competence.* Clevedon : Multilingual Matters.

Skutnabb-Kangas, T. (2000). *Linguistic Genocide in Education—Or Worldwide Diversity and Human Rights?* Mahwah, NJ : Lawrence Erlbaum Associates.

UNESCO(2001). Universal Declaration on Cultural Diversity. Paris : UNESCO.

〈동영상 및 누리집〉

"북에서도 엄마는 엄마라고 합니다" 북한말 오해와 진실 / YTN https://www.youtube.com/watch?v=EUfBWzVzvfY?feature=shared

(2030과정) 남북한 언어정책, 어떻게 다른가 https://www.youtube.com/watch?v=9BIKZpKpBKw?feature=shared

(2030과정) 남북한 표기법 차이_두음법칙과 사이시옷 https://www.youtube.com/watch?v=zBcbbdgTMLY?feature=shared

(2030과정) 남북한의 말과 글, 그리고 겨레말큰사전 https://youtu.be/AnyL4oS8E_c?feature=shared

(2030과정) 표준어와 문화어 https://www.youtube.com/watch?v=ukkGl5-_Zd8?feature=shared

글동무(남북한어 번역기) https://www.geuldongmu.org/

북한 문화어 퀴즈 모음집! (난이도 하) https://youtu.be/ycMcdA1cMNA?feature=shared

북한 사투리편 : 탈북민들이 말하는 사랑의 불시착 https://www.youtube.com/watch?v=o7W4pBzxSPg?feature=shared

북한자료포털(남북한 언어 비교) https://nkinfo.unikorea.go.kr/nkp/word/nskWordCompare.do

우리가 잘못 알고 있는 북한말?! [통일부 평화PICK] https://www.youtube.com/watch?v=gZ5dtDNIl84?feature=shared

탈북 청소년 교육 현황 https://www.hub4u.or.kr/main.do

탈북민들의 북한 사투리 교정 수업기 https://youtu.be/CwQiFkWPy38?feature=shared

여덟 번째 강의

# 통일 한반도의 균형적인 개발과 성장

서덕수

**서덕수**

|

한동대학교 공간환경시스템공학부 교수

저자는 한동대학교 공간환경시스템공학부에서 도시 및 지역계획을 가르치며 후학 양성에 힘쓰고 있다. 서울대학교에서 도시계획공학 박사, 하버드대학교에서 도시설계 석사, 한동대학교에서 도시환경공학 학사를 취득하며 탄탄한 학문적 기반을 다졌다. 그는 국토연구원과 건축도시공간연구소에서 정부 연구과제에 참여했고, 미국 설계사무소 도시설계가와 베트남 NIBC 국제개발연구소장을 역임하며 다양한 국제적 실무 경험을 쌓았다. 이러한 경험을 바탕으로 한반도 통일에 깊은 관심을 가지고 있으며, 현재 한동대학교에서 '통일한반도 개론', '통일한반도 재건 마스터플랜' 수업을 통해 학생들을 지도하며 통일 관련 연구를 이어가고 있다. 또한, 지속가능한 도시 개발을 중심으로 사회 네트워크 분석, 지리정보 모델링 등 첨단 공간 분석 기법을 활용한 연구를 통해 지역계획, 스마트 시티 개발, 참여형 계획 등 현대 도시 문제 해결에 기여하고 있다.

# 통일 한반도의 균형적인 개발과 성장

## I 한국의 불균형적 성장

대한민국은 국내총생산(GDP) 1조 5,512억 달러를 기록하며 세계 10위의 경제 대국으로 발돋움하였다(2020년 기준). 이는 1953년 GDP 13억 달러를 기록한 세계 최빈국에서 출발해 전례 없는 경제 성장을 이룩한 성과라 할 수 있다. 이러한 성장 배경에는 산업화, 도시화 그리고 글로벌화를 통한 생산성과 효율성 향상이 크게 작용하였다. 그러나 이러한 고도 경제성장의 이면에는 수도권 집중화 현상이 깊이 뿌리 내리고 있어, 이로 인해 발생하는 사회적 · 경제적 불균형은 여전히 한국 사회의 큰 문제로 남아 있다.

국토교통부 혁신도시발전추진단(2021)의 자료에 따르면, 2008년 기준으로 전국 100대 기업 본사의 91%, 벤처기업의 70%, 제조업체의 57%, 금융 대출입의 67%, 그리고 공공기관의 85%가 수도권에 위치하고 있다. 이 통계는 한국 경제의 주축이 수도권에 집중되어 있다는 것을 명확하게 보여 준다. 심지어 2019년에는 수도권의 지역 내 총생산(GRDP)이 전국 지역 내 총생산의 52.04%를 차지했으며, 2020년에는 수도권 인구가 지방 인구를 역사상 처음으로 초과하였다. 이러한 수치는 수도권에 몰린 경제적 자원과 인간 자원으로 인해 다른 지역은 상대적으로 소외되고 있음을 강하게 암시한다.

전국적으로 기존의 산업과 일자리 집중이 수도권에 이루어져 있으므로, 지방은 경제적 빈곤과 함께 인구 감소라는 이중적 위기에 직면하고 있다. 많은 젊은이들이 직장을 찾아 수도권으로 이동하고 있으며, 이는 지방의 인구 감소와 고령화를 더욱 가속화시키고 있다. 이로 인해 각 지역의 경제적 기반이 약화되며, 그에 따른 교육, 의료, 문화와 같은 다양한 사회적 인프라의 축소로 이어지고 있다. 특히, 이 같은 지역 간 불균형은 주민들의 삶의 질에도 심각한 영향을 끼치고 있으며, 이는 지역 간의 경제적 격차로 이어져 사회적 불평등을 심화시키고 있다. 이처럼 사회·경제적 인프라가 총 국토 면적의 11.8%에 불과한 수도권에 집중됨으로써, 대한민국은 전례 없는 지역 불균형 및 지방 소멸의 위기에 직면하였다. 서울과 경기 지역에 집중된 자원은 비단 경제 문제만이 아니라, 지역 정체성과 문화의 소멸 또한 초래하고 있다. 많은 지방 도시와 마을들은 정체성을 잃고 있으며, 그 결과 시민들이 지역사회에 대한 애착을 느끼지 못하게 되는 위험에 놓여 있다.

| | 2015 | 2016 | 2017 | 2018 | 2019 | 2020 | 2021 | 2022 | 2023 | 2024 |
|---|---|---|---|---|---|---|---|---|---|---|
| 평양 | 2,970 | 2,993 | 3,015 | 3,038 | 3,061 | 3,084 | 3,108 | 3,133 | 3,158 | 3,183 |
| 청진 | 630 | 633 | 635 | 637 | 640 | 642 | 645 | 649 | 653 | 657 |
| 함흥 | 575 | 569 | 564 | 558 | 553 | 549 | 546 | 544 | 543 | 544 |
| 신의주 | 326 | 326 | 326 | 326 | 326 | 326 | 327 | 328 | 329 | 331 |
| 원산 | 342 | 344 | 347 | 349 | 351 | 353 | 355 | 358 | 360 | 363 |

[그림 8-1] 북한 주요 도시 인구 변화(2015~2024)

출처 : KOSIS, 2024.

북한 또한 평양 중심 개발로 인해 국토의 불균형 성장이 심각하다. 북한의 경제와 사회는 오랜 기간 동안 평양을 중심으로 한 집중적인 개발 모델에 기반하고 있다. 평양은 북한의 정치 · 경제 · 문화의 중심지로서, 정부의 자원과 투자 대부분이 이곳에 집중되고 있다. 이러한 불균형 개발은 북한 전체의 경제 구조와 사회적 동향에 깊은 영향을 미치고 있으며, 지역 간 격차를 초래하고 있다. 평양은 국가의 주요 도시로서, 인구의 약 25%가 거주하고 있으며, 중요한 공공기관과 외교기관이 위치하고 있다. 이러한 이유로 평양은 현대적 인프라가 잘 구축되어 있으며, 도로, 전기, 수도 등의 기본적인 사회적 시설이 상대적으로 잘 갖추어져 있다. 이와 대조적으로 지방 도시와 농촌 지역은 기본적인 생활 인프라조차 부족한 경우가 많다. 일부 지역에서는 물과 전기 공급이 불규칙하며, 의료 서비스와 교육 기회 또한 상대적으로 열악하다.

또한, 북한의 경제 계획에서 평양이 차지하는 비중 역시 상당하다. 북한의 많은 산업과 기업들이 평양에 위치하고 있어 자원과 인재가 평양으로 집중된다. 예를 들어, 북한의 고급 인력은 대부분 평양에 몰려 있어서, 지방에서는 기술 인력을 확보하기 어려운 상황이다. 이러한 인력의 집중은 지방 경제의 발전을 저해하고, 지방 산업의 경쟁력을 떨어뜨린다. 평양 중심의 개발은 경제적 불평등뿐만 아니라 사회적 불평등도 심화시키고 있다. 지방 지역 주민들은 평양 주민들보다 낮은 생활 수준을 경험하고 있으며, 정부의 정책과 지원도 평양에 우선적으로 배분되는 경향이 있다. 이로 인해 지방 거주자들은 상대적으로 소외감을 느끼며, 이는 사회적 불만과 갈등으로 이어질 우려가 있다.

북한 정부는 이러한 불균형을 인식하고 있으며, 최근 몇 년 동안 균형 발전을 위한 노력을 기울이려는 움직임이 보이고 있다. 예를 들어, 최근 논의되고 있는 지방 혁신 도시와 경제 특구 개발을 통한 지역 경제 활성화 정책 등이 있다. 하지만 이러한 정책이 실제로 효과를 보려면, 위험 요소가 존재하는 북한의 정치적 맥락과 함께 뿌리 깊은 평양 중심 개발 모델의 전환이 필수적이다. 평양 중심의 불균형 개발은 북한 사회의 여러 문제를 야기하고 있으며, 이를 해결하기 위해서는 효과적이고 포용적인 정책이 필요하다. 북한 정부가 균형 발전에 진정으로 나서지 않는 한, 지역 간 격차는 더욱 심화될 것으로 예상된다. 그러므로 평양 외 지역의 경제와 사회적 기반을 강화하는 방향으로의 개발이 요구된다.

[그림 8-2] 평양 도시 전경

[그림 8-3] 함경북도 라선시 전경

# Ⅱ 지역 균형 발전 이론

통일 한반도의 균형적인 국토 발전을 위해서 도시들 간의 지속 가능한 네트워크 전략을 통한 동반 성장 모델이 주목을 받고 있다. 특히 이론적 배경으로 등장하는 메갈로폴리스(Megalopolis) 및 다핵적 도시지역(Polycentric Urban Region) 개념을 이해할 필요가 있다.

## 1. 메갈로폴리스

'메갈로폴리스(Megalopolis)' 개념은 고트만(Jean Gottmann)의 저서 『Megalopolis : The Urbanized Northeastern Seaboard of the United States』(1961)에서 제시된 것으로, 이는 보스턴, 매사추세츠에서 시작해 뉴욕시, 필라델피아, 볼티모어를 거쳐 워싱턴 D.C.까지 이어지는 인구 밀집 도시 지역을 가리킨다. 이 지역은 세계에서 가장 크고 중요한 도시 집합체 중 하나로서, 광범위한 경제적 통합, 발전된 교통망, 그리고 인구의 다양성이 특징이다. 고트만은 이 개념을 통해 20세기 중반 미국의 도시화가 가져온 사회적 · 경제적 변화의 복잡성을 분석하고, 이러한 거대 도시권이 네트워크 중요성을 강조한다. Gottmann이 정의한 메갈로폴리스는 단순한 대도시의 집합체가 아니라, 여러 도시가 서로 연결되어 빠르게 변화하는 사회 · 경제적인 동향 속에서 상호작용하는 복합적인 구조를 나타낸다. 특히, 뉴욕과 워싱턴 D.C. 사이의 북동부 도시는 경제적 · 사회적 · 정치적 차원에서 강력한 상호 의존성을 띠고 있다. 이러한 상호 의존성은 고속도로와 대중교통의 발전이 가져온 결과로 지역 주민들은 각 도시의 경제적 기회와 자원에 쉽게 접근할 수 있다. 결과적으로, 각각의 도시가 독립적으로 존재하면서도, 동일한 지역 내에서 공존하고 협력하는 구조를 형성하는 것이다.

메갈로폴리스 내의 핵심 특성 중 하나는 높은 인구 밀도와 도시 확장이다. 메갈로폴리스 지역은 빠른 도시화로 인해 인구가 집중되고, 이로 인한 사회적 압박이 증가한다. 교통 혼잡, 주택 문제, 오염 등은 이러한 지역에서 흔히 발생하는 문제들이다. Gottmann은 이러한 도시 문제들을 해결하기 위해서는 체계적인 도시 계획이 필요하다고 강조하였다. 도시 주민들의 삶의 질 향상을 위해서는 지속 가능한 개발과 통합된 도시 정책이 필수적이라는 주장을 펼쳤다.

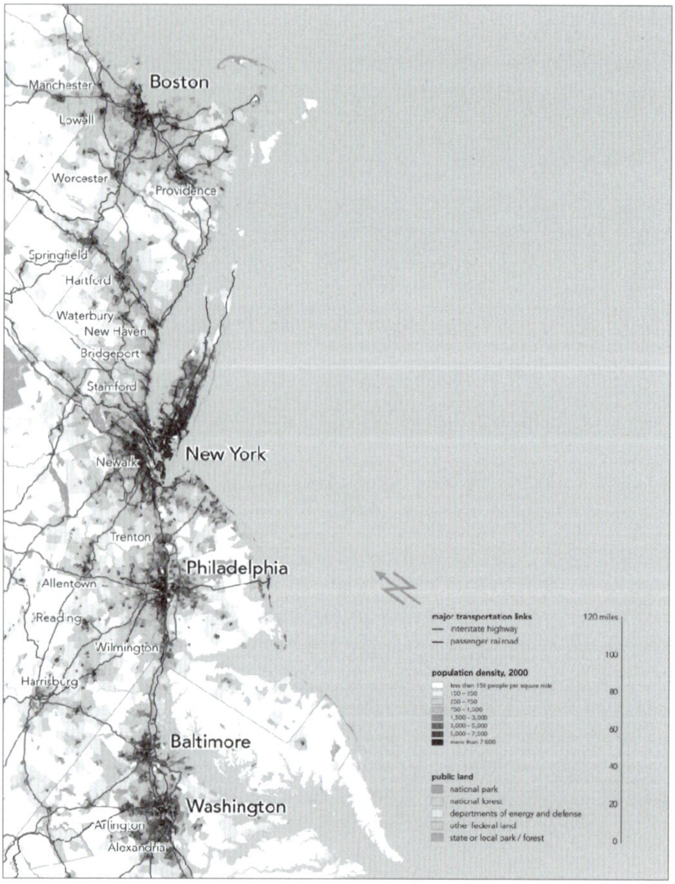


[그림 8-4] 메갈로폴리스 : 미국 북동부 도시 네트워크

출처 : https://en.wikipedia.org/wiki/BosWash#/media/File:Boswash.png

경제적 측면 또한 메갈로폴리스의 중요한 특징이다. 여러 도시는 경제적으로 상호 의존적이며, 이는 지역 내에서 풍부한 경제적 기회를 창출한다. 예를 들어, 뉴욕은 금융중심지로 알려져 있지만, 주변 도시들도 다양한 산업 분야에서 중요한 역할을 수행하고 있다. 이러한 복합적인 경제 구조는 지역 경제의 경쟁력을 높이고, 투자와 고용 기회 창출에 기여한다. Gottmann은 도시 간의 경제적 상호작용이 어떻게 혁신과 성장을 촉진할 수 있는지를 탐색하며, 각 도시가 서로 보완적인 역할을 할 수 있음을 시사한다.

메갈로폴리스의 교통망 또한 중요한 역할을 한다. 거대 도시는 서로 연결되어 있어, 고속도로, 철도, 항공 네트워크를 통해 시민과 자원의 이동이 원활하게 이루어진다. 이는 메갈로폴리스가 지속 가능한 경제 성장과 사회적 통합을 이루기 위해 필수적인 요소이다. 효과적인 교통시스템은 도시 간의 통합을 촉진하고, 주민들이 다양한 자원과 기회를 활용할 수 있게 해준다. 그러나 이러한 인프라는 유지 관리가 필요하며, 지속적인 투자와 혁신이 필수적이다.

환경적 측면에서 메갈로폴리스는 여러 가지 도전에 직면해 있다. 도시화가 진행되면서 대기 오염, 수질 오염, 도시 열섬 현상 등 다양한 환경 문제가 발생하게 되었다. 이런 문제들은 지역 주민들의 건강과 삶의 질에 직접적인 영향을 미친다. Gottmann은 이러한 환경적 도전 과제를 해결하기 위해 도시 및 지역의 지속 가능한 개발이 필요하다고 주장했다. 이는 경제 성장과 환경 보호를 동시에 고려하는 접근 방식으로, 각 도시가 환경친화적인 정책을 채택하고 협력하는 것을 권장했다.

메갈로폴리스는 또 다른 중요한 요소인 사회적 다양성으로 특정된다. 다양한 인종과 문화가 공존하는 메갈로폴리스는 문화적 풍요로움을 제공하지만, 동시에 사회적 연대와 통합의 어려움도 수반한다. Gottmann은 메갈로폴리스가 사회적 응집력과 공동체 의식을 증진하기 위해 어떻게 변화할 수 있는지를 탐구했다. 지역 커뮤니티의 참여와 협력을 통해 사회적 문제를 해결할 수 있는 방법을 강조하며, 주민들의 목소리가 정책 결정에 반영될 수 있도록 해야 한다고 주장한다.

## 2. 다핵적 도시지역

다핵적 도시지역(Polycentric Urban Region)은 단일 중심지가 아닌 여러 개의 독립적인 중심지가 존재하는 도시 지역을 의미한다. 이러한 구조는 도시가 여러 개의 기능적 · 경제적 중심에 의해 형성되며, 서로 연결된 복잡한 네트워크를 이룬다. 다핵적 도시지역은 대개 도시와 교외 지역이 상호작용하며, 서로의 경제적 및 사회적 활동에 중요한 역할을 한다. 이를 통해 주민들은 다양

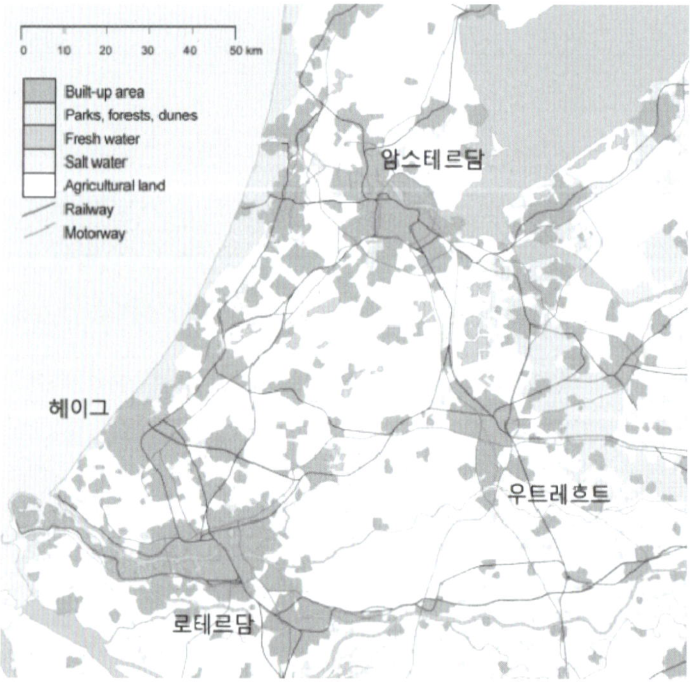


[그림 8-5] 네덜란드 란드스타드의 다핵적 도시지역

출처 : https://en.wikipedia.org/wiki/Randstad

한 생활 환경과 사회적 기회를 누릴 수 있으며, 지역 경제도 더욱 균형 잡힌 발전을 이룰 수 있다.

네덜란드의 란드스타드(Randstad) 지역은 대표적인 다핵적 도시지역이다. 란드스타드(Randstad) 지역은 네덜란드 서부에 위치한 다핵적 도시지역으로, 암스테르담(Amsterdam), 로테르담(Rotterdam), 헤이그(The Hague), 우트레흐트(Utrecht) 등 네 개의 주요 도시가 상호 연결되어 있는 사회적 · 경제적 중심지이다. 이 지역은 약 8백만 명 이상의 인구가 거주하고 있으며, 유럽에서 가장 밀집된 도시 밀도를 자랑한다. 란드스타드는 단일 도시가 아닌 여러 도시에 의해 형성된 다핵적 구조를 통해 네덜란드의 경제 · 사회 · 문화의 다양한 기능을 수행하는 데 기여하고 있는 대표적인 사례이다.

란드스타드는 명확히 구분된 네 개의 주요 도시로 구성되어 있으며, 각 도시는 독특한 경제적 기능과 문화적 특성을 가지고 있다. 암스테르담은 네덜란드의 수도이자 금융, 문화, 관광의 중심지로서, 국제적인 허브 역할을 하고 있다. 스히폴 공항을 비롯한 뛰어난 국제적 연결망을 가지고 있으며, 많은 다국적 기업의 본사가 위치해 있다. 암스테르담은 주로 금융 및 서비스업, 창의 산업, 관광업에 집중하며, 역사적 건축물과 함께 현대적인 도시 발전을 동시에 추구하는 도시이다. 반면, 로테르담은 세계적인 항구 도시로, 유럽과 전 세계를 잇는 물류의 중심지이다. 로테르담 항구는 유럽 최대의 항구로, 경제적인 중요성을 지니고 있다. 또한, 이 도시는 네덜란드의 산업과 해운업의 중심지로, 현대적이고 혁신적인 건축물들로도 유명하다. 로테르담은 지속 가능한 도시 계획과 첨단 물류 시스템 개발에 초점을 맞추며, 항구와 도시가 유기적으로 결합된 지역 발전을 추구하고 있다. 헤이그는 네덜란드의 행정 수도이자 국제기구들의 본거지로, 정치와 법률의 중심지이다. 국제사법재판소(ICJ), 국제형사재판소(ICC) 등 주요 국제 기구들이 위치해 있으며, 네덜란드 정부와 왕실도 이 도시에 자리하고 있다. 헤이그는 이러한 특성을 바탕으로 국제 외교와 법률 서비스에 중점을 둔 도시 정책을 추진하고 있다. 마지막으로 우트레흐트는 네덜란드의 교통 중심지로, 철도망의 핵심 허브 역할을 한다. 또한, 도시로도 유명하며, 교육과 연구, 지식 기반 산업이 발전한 곳이다. 이 도시는 네덜란드 내외를 연결하는 중요한 교통 관문이자, 지속 가능한 도시 계획 및 생태적 발전을 목표로 하는 정책을 추진 중이다.

<표 8-1> 네덜란드 란드스타드 주요 도시 비교

| 도시 | 인구 | 면적(km²) | 주요 기능 |
|---|---|---|---|
| 암스테르담 | 약 90만 | 약 219.4 | 네덜란드의 수도로서 금융, 문화, 관광의 중심지. 국제 금융의 허브이자 유럽의 중요한 문화 예술 도시 |
| 로테르담 | 약 66만 | 약 324.1 | 유럽에서 가장 큰 항구를 보유한 도시, 세계 무역과 물류의 중심지 역할, 현대적인 건축물과 혁신적인 도시 재개발로 유명 |
| 헤이그 | 약 55만 | 약 98.1 | 네덜란드의 행정 수도, 정부 기관 및 국제 사법 기관들이 위치. 국제적인 정치와 외교 활동의 중심지 |
| 우트레흐트 | 약 36만 | 약 99.2 | 네덜란드의 교통 허브, 중앙에 위치해 있어 란드스타드 내에서 중요한 연결 역할. 역사적 건축물과 고유의 문화적 분위기로 유명 |

참고 : 2023년 기준 인구 및 면적.

이러한 란드스타드 지역의 다핵적 구조는 여러 복합적 요인에 의해 형성되었다. 20세기 중반 이후 급속한 산업화와 도시화는 인구와 기업의 재편성을 촉진하였다. 이러한 변화는 기존의 단일 중심도시 구조에서 벗어나 약 90만 명의 경제적 기능을 가진 중심지가 필요함을 인식하게 하였다. 이 과정에서 암스테르담과 로테르담, 헤이그 등의 주요 도시가 각기 다른 산업 분야에 집중하게 되었고, 이는 서로 간의 협력의 토대를 만들었다. 그리고 정부의 도시 계획 및 정책이 중요한 역할을 하였다. 네덜란드 정부는 란드스타드의 지역

간 균형 발전을 위해 여러 정책을 시행해 왔다. 각 도시의 기능에 맞게 인프라를 개발하고, 경제적 기회를 확대함으로써 다핵적 도시 구조가 자연스럽게 형성될 수 있도록 하였다. 이러한 접근은 각 도시가 독립적이면서도 상호 보완적인 관계를 유지할 수 있도록 한다.

특히, 란드스타드는 잘 발달된 교통망을 통해 도시들 간의 상호 보완성을 가능케 한다. 란드스타드 지역의 교통망은 세계적인 수준으로 발전되어 있으며, 철도, 도로, 대중교통, 자전거 인프라, 항공 및 해운 교통이 유기적으로 연결되어 있다. 우선, 철도망은 네덜란드 철도(NS)에 의해 운영되며, 주요 도시 간 이동을 고속으로 가능하게 하는 인터시티(Intercity)와 상대적으로 짧은 거리를 운행하는 Sprinter 열차가 있다. 특히 인터시티 열차는 암스테르담, 로테르담, 헤이그, 우트레흐트와 같은 도시를 빠르게 연결하여 지역 내 이동을 효율적으로 만든다. 또한, 유로스타와 같은 국제 철도망을 통해 암스테르담과 로테르담은 유럽의 주요 도시들과도 연결된다. 란드스타드의 도로망 역시 매우 발달해 있다. A4, A12, A13 등의 고속도로는 주요 도시를 잇는 중요한 통로이며, 고속도로 인터체인지와 우회 도로가 주요 도시 주변에 밀집해 있어 교통 혼잡을 최소화하고 있다. 이 지역의 대중교통 시스템도 눈에 띄는데, 암스테르담, 로테르담, 헤이그 등 각 도시는 트램, 버스, 지하철을 효율적으로 운행하고 있으며, OV chipkaart라는 통합 교통카드를 통해 모든 교통수단을 편리하게 이용할 수 있다. 각 도시의 중심지에는 교통 허브가 잘 구축되어 있어 시민들의 이동을 원활하게 한다. 또한, 네덜란드가 자전거 교통으로 유명한 만큼, 란드스타드 지역도 자전거 도로망이 잘 발달해 있다. 도시 내외의 자전거 도로는 물론, 자전거 이용자를 위한 편의 시설들이 곳곳에 마련되어 있어 자전거는 일상적인 교통수단으로 널리 활용되고 있다. 자전거를 통해 환경친화적인 이동을 촉진하는 이 시스템은 교통 체증을 완화하는 데에도 기여한다. 항공과 해운 교통 역시 란드스타드의 중요한 교통망 요소이다. 스히

폴 공항은 유럽 내 주요 국제 항공 허브로서 전 세계와의 연결을 담당하고 있으며, 로테르담 항구는 세계에서 가장 큰 항구 중 하나로서 물류와 해상 교통의 핵심 역할을 하고 있다. 결론적으로, 란드스타드 지역은 철도, 도로, 대중교통, 자전거, 항공 및 해운을 포함한 다양한 교통수단이 유기적으로 연결된 교통망을 자랑하며, 다핵적 도시 구조 속에서도 각 도시 간의 원활한 이동을 가능하게 하고 있다. 이러한 교통망은 란드스타드가 유럽 내 중요한 경제 및 교통 중심지로 기능하는 데 중요한 역할을 하고 있다.

네덜란드 란드스타드는 다핵적 도시지역으로서, 네덜란드의 경제 · 정치 · 문화 · 교육의 중심 역할을 하며, 상호 연결된 도시들의 발전과 협력으로 유럽에서 중요한 위치를 차지하고 있다. 이 지역은 균형 잡힌 도시 개발과 함께 환경 보존에도 힘쓰고 있으며, 다양한 도시들이 서로의 강점을 활용해 지속 가능한 성장을 이루고 있다.

## Ⅲ 균형적인 한반도 국토 계획을 위한 시사점

자유민주적인 한반도 통일은 우리에게 큰 기회가 될 것이다. 통일 후 한반도는 새로운 정치적 · 경제적 · 사회적 기틀을 마련하고, 지역 간 협력과 상생을 통해 글로벌 무대에서 하나의 강력한 경제권으로 자리 잡을 수 있기 때문이다. 이를 위해서는 각 도시의 고유한 역할과 기능을 명확히 하고, 경제 · 사회 · 문화적 통합을 도모하는 정책이 필수적이다. 특히 그동안 지속적으로 지역적 불균형을 야기시켰던 남한 서울, 북한 평양 중심의 단핵적 공간 구조를 개선할 수 있는 절호의 기회가 될 수 있다. 특히 앞에서 살펴본 메갈로폴리스나 다핵적 도시지역 사례는 통일 후 균형적인 한반도 국토 계획을 추진하는 데 다음과 같은 중요한 전략적 시사점을 남긴다.

## 1. 도시 간 역할 분담과 기능 특화

남한은 서울, 북한은 평양에 지나치게 집중된 단핵적 구조를 탈피하고, 균형 잡힌 도시 성장을 달성하기 위해 다핵적 도시지역 공간 계획을 추진해야 한다. 특히, 통일 후 한반도에서 세종, 서울, 개성, 평양을 중심으로 한 다핵적 도시지역 네트워크를 강화할 필요가 있다. 각 도시의 고유한 역할을 명확히 하고, 이를 기반으로 상호 보완적 관계를 구축하는 것이 중요하다. 각 도시의 특화된 기능을 통해 통일 한반도의 균형 발전과 시너지 효과를 극대화할 수 있다.

- 서울은 통일 후에도 한반도의 경제, 금융, 문화 중심지로서 역할을 수행할 수 있다. 이미 국제적 경제 허브로 자리 잡은 서울은 기술 혁신과 창업 생태계를 강화하여 세계적 기술 중심지로 발전해야 한다. 또한 서울은 글로벌 금융, ICT(정보통신기술), 문화 산업의 핵심 도시로 특화되어야 한다.
- 세종은 기존 행정의 거점도시로서의 역할을 넘어 통일 한반도의 행정과 정책의 중심지로서 더욱 강화되어야 한다. 세종에 정부 부처와 국제 기구를 집중시키고, 통일 한반도 내 정책 협력과 조정의 허브로 기능할 수 있다. 또한 연구와 교육의 중심지로서 대학 및 연구 기관을 확장하고, 국제 협력 연구의 장으로 발전할 수 있다.
- 개성은 통일 후 남북한 간 경제적 협력의 상징이 될 것이다. 개성은 한국 고유의 전통적 · 역사적 유산을 바탕으로 문화적 관광지로서 발전하면서도, 통일 한반도의 경제 특구로서 국제 무역과 제조업의 중심지가 될 수 있다. 개성은 특히 남북 간 물류와 무역의 중심지로서 역할을 하며, 글로벌 경제와의 연결 고리로서도 중요한 역할을 할 수 있다.

- 평양은 북한의 수도로서 정치적 중심지였는데 통일 후에도 행정 및 정치적 기능을 수행하며, 북쪽의 행정중심 거점 도시로서 발전할 수 있다. 또한 평양은 산업과 농업의 중심지로서 발전 잠재력이 크고, 특히 평양의 사회주의적 건축 유산을 활용한 역사문화 관광도시로 발전될 가능성이 매우 크다.

## 2. 효율적인 교통 및 인프라 네트워크 구축

강력한 교통 네트워크는 도시 중심 간의 연결성을 촉진하고 균형 잡힌 지역 성장을 촉진하는 데 필수적이다. 대도시와 2차 도시를 연결하는 대중교통의 개선은 상호 연결성을 크게 향상시킬 수 있다. 고속철도와 지역 급행 기차의 확장은 주요 도시 간의 이동 시간을 단축시켜 통근이 더 용이하고 매력적으로 만든다. 이러한 향상된 연결성은 2차 도시 주민들이 대도시에서 제공되는 다양한 경제적 기회를 접근할 수 있게 하여 이주 없이도 더 나은 직업 기회를 가능케 한다. 따라서 도시 간 긴밀한 연결을 위해 고속철도, 고속도로, 항만, 공항 등 다양한 교통 인프라의 확충이 필요하다.

- 고속철도망 구축 : 세종-서울-개성-평양을 잇는 고속철도 노선을 구축하여 도시 간 이동 시간을 단축하고, 한반도 내 주요 도시가 빠르게 연결될 수 있도록 해야 한다. 이는 경제 활동의 효율성을 높이고, 도시 간 인적/물적 교류를 활성화하는 데 크게 기여할 것이다.
- 국제 항만 및 공항 인프라 확충 : 통일 한반도는 인천, 남포와 같은 주요 항만을 국제적 물류 허브로 발전시켜 동북아시아의 해상 물류 중심지로 자리잡을 수 있다. 또한 서울, 평양을 국제적 항공 허브로 성장시키기 위해 공항 인프라를 현대화하고 확장하는 것이 필요하다.

• 디지털 인프라 강화 : 통일 한반도 내에서 디지털 경제의 중요성은 매우 커질 것이다. 스마트시티 개발과 함께 각 도시를 초고속 인터넷과 5G/6G 네트워크로 연결하여 디지털 경제 활성화와 기술 혁신을 촉진해야 한다. 그래야 디지털화된 물류와 교통 시스템을 통해 도시 간 효율적인 교류가 가능해진다. 특히, 스마트 이동 수단 솔루션을 구현하면 교통 시스템의 효율성과 효과성을 개선할 수 있다.

## 3. 경제특구와 산업 허브 개발

통일 한반도의 경제적 잠재력을 극대화하기 위해서는 각 도시의 고유한 특성을 살린 경제특구와 산업 허브를 구축하는 것이 중요하다. 특히 서울, 개성, 평양 등은 국제 비즈니스와 무역의 중심지로 성장할 수 있도록 각 도시 간 경제특구를 확대하고, 외국인 투자 유치를 위한 글로벌 비즈니스 허브로서 발전해야 한다. 이를 통해 한반도 메갈로폴리스는 동북아시아와 세계 경제의 중심으로 자리매김할 수 있다.

특히, 개성은 통일 이후 한반도의 경제 지도를 새롭게 그리는 핵심 열쇠로 자리 잡을 잠재력을 가진 도시이다. 개성을 경제특구로 개발하는 것은 통일 한국의 지속 가능한 성장과 평화로운 발전을 위한 초석이 될 수 있다. 개성은 지리적으로 한반도의 중심에 위치하여 남북한을 아우르는 중요한 교통 요지이다. 서울과 평양을 잇는 중간 지점으로서의 지리적 강점은 개성이 남북 경제 협력의 관문이자 물류 허브로 발전할 수 있는 가능성을 열어 준다. 이러한 강점을 바탕으로 개성은 남북한의 인적 · 물적 교류를 촉진하고, 유라시아 대륙까지 이어지는 국제 물류 네트워크의 핵심 거점으로 자리 잡을 수 있다.

개성의 역사적 · 문화적 유산은 경제특구 개발의 또 다른 중요한 요소이다. 고려 시대의 수도였던 개성은 풍부한 역사적 유적지와 문화유산을 보유하고 있다. 이를 관광산업과 융합하여 국제적 관광지로 발전시킬 수 있는 기회를 제공한다. 남북한의 역사와 문화를 공동으로 보존하고 발전시키는 장소로서, 개성은 통일 한국의 화합과 통합을 상징하는 중요한 역할을 할 수 있다. 경제특구로서의 개성의 잠재력은 여기에 그치지 않는다. 개성 경제특구는 극적인 경제 성장을 위한 제조업과 첨단산업의 중심지가 될 수 있다. 남북한 기업과 국제적인 투자자들이 자유롭게 참여할 수 있는 경제특구는 혁신적인 기술과 새로운 비즈니스 모델을 개발하여 한반도의 경제적 경쟁력을 크게 강화할 것이다. 경제특구 내의 다양한 규제 완화 및 세제 혜택은 외국 자본의 적극적인 투자를 유도할 수 있는 효과적인 전략이 될 수 있다.

개성 경제특구의 발전은 정치적·사회적 차원에서도 큰 의미를 가진다. 남북한 간의 경제적 불균형을 해소하고, 공동의 번영을 위한 기반을 마련할 수 있기 때문이다. 남북한 주민들이 함께 일하고, 배우고, 성장하는 공간은 상호 이해와 신뢰를 쌓는 데 기여할 것이며, 이는 통일 한국의 안정적이고 평화로운 미래를 보장하는 중요한 밑거름이 될 것이다.

평양도 고려할 만하다. 이 도시의 독특한 정치적, 문화적, 그리고 지리적 특수성이 평양을 세계적 경제특구와 산업 허브로 발전시키는 데 중요한 밑거름이 될 수 있기 때문이다. 평양은 그 자체로 특별한 상징성을 지니고 있다. 북한의 수도로서 평양은 정치적 결정이 이루어지는 핵심 도시이며, 이는 경제 정책 실행에 있어 신속성과 통일성을 제공한다. 통상적으로 닫혀 있던 문을 열고 국제 사회와의 교류를 확대함으로써, 평양은 글로벌 투자자들에게 새로운 매력을 제공하여 국제적 협력의 발판이 될 수 있다. 그리고 문화적 자산과 전통은 평양의 가장 인상적인 특징 중 하나이다. 평양은 수천 년의 역사와 전통을 자랑하는 도시로, 풍부한 문화유산을 보유하고 있다. 이러한 문화적 배경은 관광산업뿐만 아니라 문화 콘텐츠 산업의 발전을 촉진할 수 있는 굳건한 토대가 된다. 전통적인 예술과 현대적 기술을 융합하여 새로운 창작

물과 서비스를 개발할 수 있으며, 이러한 창의적 산업은 평양의 경제 성장을 새로운 차원으로 이끌 수 있다.

지리적 이점 또한 평양을 경제적 성장의 허브로 만들 수 있는 강점으로 작용할 것이다. 대한민국과 중국, 러시아가 인접한 위치는 평양을 아시아 대륙의 물류와 상업의 중심지로 발돋움하게 하는 전략적 이점을 제공한다. 평양은 이러한 지리적 위치를 최대한 활용하여 국제 물류 네트워크의 핵심 거점으로 자리 잡을 수 있으며, 이를 통해 유라시아 대륙을 연결하는 중요한 물류 관문으로 기능케 한다. 항만과 공항, 철도를 포함한 교통 인프라 개발을 통해 무역과 물류의 원활한 흐름을 보장함으로써, 평양은 글로벌 경제에 깊이 관여할 수 있는 기회를 얻을 수 있다. 그리고 지역 경제와의 상호 보완적 관계 구축은 평양 중심의 개발을 더욱 튼튼하게 만드는 전략이다. 평양의 경제특구 발전이 북한 내 다른 지역과 균형 있게 이루어질 수 있도록, 인접 지역과의 산업 및 물류 네트워크를 강화하여 지역 간 경제적 불균형을 최소화하는 중요한 거점이 되기 때문이다. 이를 통해 통일 한반도 전체의 조화로운 경제 성장을 달성하고, 사회적 통합을 촉진할 수 있을 것이다.

이와 같은 일련의 정책 이니셔티브들은 북한 도시를 경제특구와 산업 허브로 육성하는 데 있어서 그 특수성을 최대한 활용하는 방향으로 이루어져야 한다. 이는 한반도의 새로운 경제 발전 패러다임을 형성하고, 남북이 함께 번영할 수 있는 미래를 구축하는 데 기여할 것이다. 개성과 평양의 이와 같은 변신은 통일 한반도를 넘어 동북아시아 전체의 경제적 발전을 이끄는 중심축으로 자리매김하는 데 결정적인 역할을 할 것이다.

## Ⅳ 결론

통일 한반도에서 세종-서울-개성, 평양을 연결하는 도시 네트워크 구축은 한반도의 균형 발전과 지속 가능한 성장을 위한 핵심 전략이 될 수 있다. 각 도시가 고유의 역할을 분담하며 상호 보완적인 기능을 수행함으로써 한반도는 통합된 경제권으로 성장할 수 있으며, 세계적인 경쟁력을 갖춘 국가로 도약할 수 있다. 특히 메갈로폴리스와 다핵적 도시지역 개념을 적용함으로써 한국은 균형 잡힌 도시 및 지역 성장을 달성할 수 있는 큰 기회를 가져야 한다. 다핵적 구조를 촉진하고, 교통 네트워크를 개선하며, 지역 경제 전략을 실행하고, 지속 가능성을 우선시함으로써 한국은 보다 균형적인 도시 환경을 조성해야 한다. 지역사회 참여와 기술의 통합은 이러한 이니셔티브를 지원하며, 개발 노력이 한반도 전역의 다양한 요구를 충족하도록 보장해야 한다. 통일 한반도가 도시지역 문제를 해결해 나가는 동안 중점 도시가 지닌 특수성 중심의 강점을 활용하는 것이 모든 시민을 위한 회복력 있고 지속 가능한 미래로 나아가는 길이 될 것이다.

이러한 개념을 한국의 도시 및 지역 성장에 성공적으로 적용하기 위해서는 적절한 정책 환경을 조성하는 것이 필수적이다. 지역 계획 정책은 전국 차원에서 수립되어야 하며, 이는 지방 정부가 일관된 개발 전략을 만들도록 권장해야 한다. 그리고 다양한 정부 기관과 부문 간 협력을 촉진하여 모든 이해관계자가 의사 결정 과정에 포함될 수 있어야 한다. 다양한 정부 기관, 민간 이해관계자, 시민 사회 단체, 연구 기관과의 협력은 지역 발전에 대한 보다 포괄적인 접근을 가능케 하기 때문이다. 이해관계자 간의 지속적인 대화 플랫폼을 구축하여 균형 잡힌 성장을 위한 아이디어, 자원, 전문 지식을 공유하는 것을 주저하지 말아야 하겠다. 이러한 부문들이 종합적으로 고려될 때 통일 한반도의 균형적인 국토 발전이 가능해질 것이다.

## 생각해 볼 거리

1. 한반도의 수도는 어디로 가야 한다고 생각하나요? 서울? 평양? 개성? 세종? 아니면 다른 도시?

2. 통일 한반도 메갈로폴리스를 구축하는 핵심 5개 도시 네트워크를 선정해 보고 그 이유는 무엇일까요?

3. 통일 후 남한은 서울 수도권 중심으로, 북한은 평양 중심으로 거대 인구 이동 쏠림 현상이 예상됩니다. 이를 어떻게 극복할 수 있을까요?

## 참고자료 및 더 읽어볼 거리


국토교통부 혁신도시발전추진단(2021.08.15.). "공공기관 지방이전의 필요성", https://innocity.molit.go.kr/v2/submain.jsp?sidx=3&stype=1

국가통계포털(KOSIS)(2021). "행정구역(시군구)별, 성별인구", https://kosis.kr/statHtml / statHtml.do?orgId=101&tblId=DT_1B040A3&vw_cd=MT_ZTITLE&list_id=A_7&seqNo=&lang_mode=ko&language=kor&obj_var_id=&itm_id=&conn_path=MT_ZTITLE

민경태(2021). 평양의 산업구조 변화와 전망. **서울학연구**, (84), 159-176.

이상준(2013). 유라시아협력시대의 한반도 개발협력 핵심 프로젝트와 추진전략. 국토정책 Brief, 1-8.

이상준(2014). 한반도의 비전과 북한 개발의 과제. **건축시공**, 14(1), 22-26.

이주승, 현신명, 박미르, 이정호, 서덕수(2022). 공공기관의 지방 이전을 전후로 한 수도권의 지역 중심성변화 연구. **국토계획**, 57(3), 52-67.

허재완(2014). 통일시대 미래도시, 개성. **환경논총(Journal of Environmental Studies)**, 54, 60-67.

허재완(2015). 통일 한국의 수도 (首都), 어디가 되어야 하나?. **국토계획**, 50(1), 5-19.

Derudder, B., Meijers, E., Harrison, J., Hoyler, M., & Liu, X.(2022). Polycentric urban regions : Conceptualization, identification and implications. *Regional Studies, 56*(1), 1-6.

Gottmann, J.(1957). Megalopolis or the urbanization of the northeastern seaboard. *Economic geography, 33*(3), 189-200.

Hendriks, F.(2006). Shifts in governance in a polycentric urban region : The case of the Dutch Randstad. *Intl Journal of Public Administration, 29*(10-11), 931-951.

Kim, J.(2024). Megacities and Megaregions : Implications from International Discourses. *Hwanghae Culture*, 60-76.

Meijers, E. J., & Burger, M. J.(2010). Spatial structure and productivity in US metropolitan areas. *Environment and planning A, 42*(6), 1383-1402.

Nadin, V., & Zonneveld, W.(2020). *Introducing the Randstad : A polycentric metropolis*. In The Randstad (pp. 3-25). Routledge.

Van Meeteren, M.(2022). A prehistory of the polycentric urban region : Excavating Dutch applied geography, 1930–60. *Regional Studies, 56*(1), 7-20.

아홉 번째 강의 1

# 빅데이터로 본 통일

박지현

**박지현**

|

한동대학교 글로벌리더십학부
한동통일평화연구원 통일교육센터장
「통일 준비와 조망」 모듈 주임교수

대학생 때 수련회에서 본 고난의 행군 시절 북한의 실상을 촬영한 비디오를 통해 통일을 처음 꿈꾸게 되었다. 어떤 이념이나 당위로 존재하는 통일이 아닌 이웃 사랑의 실천의 발로로, 통일을 하게 되면 북한의 산적한 사회· 경제적 문제를 같이 힘 모아 해결해 나갈 수 있을 것이라고 생각했다. 저자는 박사학위과정 중 통일 한국을 준비하는 크리스천 공동체인 한국리더십학교를 통해 다시 한번 통일 문제를 깊이 생각해 볼 기회를 갖게 되었다. 학위를 받은 직후에는 두 해 동안 연변과학기술대학에 여름방학 동안 방문교수로 수업을 가르치며 남북통일이 동북아 평화의 열쇠임을 확인할 수 있었다.

# 빅데이터로 본 통일

저자는 한동대학교에 와서 통일한국개론에서 학생들을 가르치면서 현재는 한동대학교 창의융합원 내 '통일준비와 조망' 모듈의 주임교수를 맡고 있다. 또한, 한동통일평화연구원에 조인하여 일하면서 학생들과 통일이라는 주제로 모바일 앱을 만드는 프로젝트를 하기도 하고, 동료 교수들과 함께 북한 자료에 대한 빅데이터 수집 및 분석 시스템 개발을 진행하는 등 컴퓨터공학이라는 전공을 활용해 통일을 준비하는 직접적인 활동을 진행할 수 있었다. 최근에는 통일 및 북한 자료에 다양한 빅데이터 분석 방법론을 적용하여 데이터가 보여 주는 객관적 지표를 어떻게 해석하고 적용할 수 있는지 공부하고 있으며, 특별히 생성형 AI를 활용하여 통일 및 북한 자료를 학습시켜 자료의 분석 및 예측의 편의성 및 정확도를 높이는 연구에 관심을 두고 있다.

## I 북한 정보 관리의 새로운 도전

통일부는 2021년 104억 원의 예산을 편성하여 북한 정보 빅데이터 및 인공지능(AI) 분석 시스템 구축에 나서겠다고 발표하였다.[1] 실시간으로 쏟아져 나오는 많은 양의 북한 정보와 국내외에서 발간되는 북한에 대한 정보들을 인

1) 통일부, 2022년도 성과관리 시행계획, 2022. 3.

공지능과 빅데이터를 이용해서 체계적으로 정리 분석할 뿐 아니라 그 과정을 자동화하여 북한의 움직임을 예측하고 통일을 준비하겠다는 것이다. 이를 위해 통일부는 산하 조직으로 통일부 인공지능빅데이터 추진단을 신설하였다. 북한에 대한 정보를 제공하는 대국민 서비스인 통일부 공식 홈페이지인 북한정보포털[2]부터 그 기능을 개선하여, 단순히 자료를 모아 놓고 검색 기능을 제공하는 수준이 아니라 인공지능과 빅데이터 분석을 통해 북한 뉴스의 최신 동향을 국민들이 손쉽게 이해할 수 있도록 서비스를 제공하겠다고 하였다.

## Ⅱ 기술적 접근과 연구 방향

### 1. 빅데이터와 AI의 활용 사례

실제로 북한 자료에 대한 실시간 자동화 분석 시스템에 대한 관심은 그 이전부터 꾸준히 있어 왔다. 민간기업인 '소리자바'(대표 안상현, https://www.sorizava.co.kr/news/view/94)는 음성인식 기반 AI 커뮤니케이션 솔루션 전문기업으로, 지난 2018년 빅데이터 및 딥러닝 전문 기업과 공동으로 북한어 관련 AI 기반 음성 인식 체계 구축 사업을 수행하였다고 발표하였다. 딥러닝 기반 음성 인식 학습 기술을 통해 한글 표준어 수준의 최적화된 북한어 음성 인식 엔진을 개발하고, 국립국어원 표준 북한어 사전에 대한 활용 체계를 구축함으로써 북한어 방송 정보 수집 및 분석 과학화를 구현하는 데 토대를 마련했다는 것이다. 또 다른 AI 전문 기업 솔트룩스는 '내 생애 첫 평양 친구'라는 프로젝트를 통해 인공지능 기술을 활용해 북한에 대한 정보 및 실제 평양 출신 북한이탈주민들의 말투와 억양까지 학습하여 구현 가능한 가상의 평양 사

2) 북한정보포털 https://nkinfo.unikorea.go.kr/nkp/main/portalMain.do

람을 만들어 냈다. 2021년 통일부의 인공지능 빅데이터 사업 발표 즈음에는 이에 발맞춰 서울대 통일평화연구원 등 기존에 축적된 북한 통계 데이터와 북한에서 제작된 출판물 텍스트 데이터, 인공위성 등을 통해 확보한 북한 이미지 데이터를 활용해 북한의 상황을 객관적으로 접근하려는 다양한 시도가 언론에 심심치 않게 소개되었다.

## 2. 북한 연구의 디지털화 필요성

북한 연구에 있어서 지금까지는 북한 정보를 수집하고 분석하는 연구자 개인의 주관과 경험이 지극히 반영된 정세 분석과 해설 수준 정보 생산에 그치는 경우가 많았다. 또한 방대한 양의 데이터가 분산되어 있어 종합적인 분석도 어려운 한계가 있었다. 북한 연구를 객관화 · 과학화하려면 사실에 근거한 '있는 그대로의 북한'을 분석하고 전망해야 한다. 이를 위해서 다양한 방법론과 이론을 활용해야 하며, 긴 호흡의 DB 구축과 연구 활용 체제 구축, 학제간 또는 다학문적 접근을 적극적으로 해 나가야 한다.[3] 디지털 시대의 북한학 연구로 강호제[4]는 디지털북한학을 제안한다. 이는 북한 관련 지식을 체계화하고 객관적 분석으로 정책적 함의를 도출하는 계량적 연구방법론으로, 데이터 기반 분석을 통해 북한의 현황을 자료가 직접 말하게 하려는 것이다. [그림 9-1]은 한국과학기술정보연구원(KISTI)에서 제안하고 있는 북한 자료의 빅데이터화와 인공지능(AI) 분석 플랫폼이다. 이를 통해 생성형 검색, 매체 분석, 인적 분석, 공간 분석, 이미지 분석, 시설 분석 등에 객관화된 정량화된 데이터의 산출 및 체계적인 북한 관련 지식 축적이 가능하다.

3) 고유환, "분단 70년 북한연구 경향에 관한 고찰", 통일정책연구 제24권 1호 2015 pp. 29-54.
4) 강호제, 디지털 시대 북한학 연구 및 북한의 지방경제 발전 전략, 제81회 서울대 국사학과-BK21 한국학 콜로퀴엄(제12회 BK21 국제한국학콜로퀴엄), 2023. 9. 22.

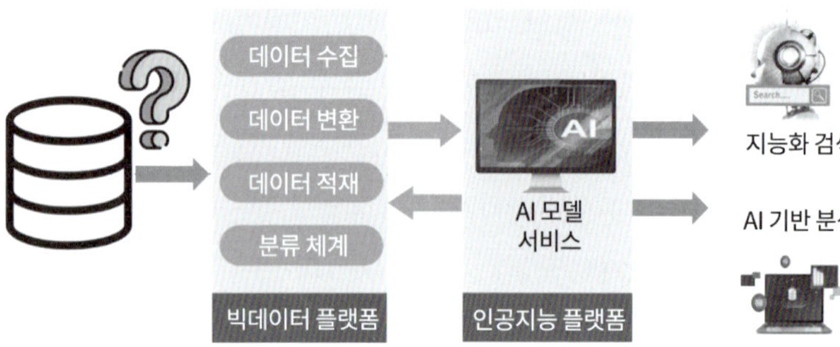


[그림 9-1] NK GPT

출처 : 최현규, AI시대 북한데이터 연구와 통일준비, 인공지능과 빅데이터를 이용한 통일준비, 한동통일평화연구원 제2회 학술대회, 2024.11.5.)

일반적으로 북한 데이터를 다루는 방식은 출판된 인쇄물을 사람이 직접 읽어 내용을 정리하는 방식이다. 1990년대 말 컴퓨터와 인터넷 사용이 보편화되고, 2000년대 초 대대적인 정보 전산화 작업을 거치면서 남한에서는 지금 우리가 직접 작성하는 문서뿐 아니라 과거 조선 시대 혹은 그 이전의 문서까지 모두 디지털 정보화하여 컴퓨터를 통해 쉽게 검색하고 수정 관리할 수 있는 것과 대조되는 부분이다. 북한 자료에 인공지능과 빅데이터 분석을 적용하여 실시간으로 정세를 모니터링하고 예측하는 시스템을 만들기 위한 전제 조건은 필요한 모든 자료가 디지털화되어 있어야 한다는 점이다. 그러나 많은 북한 자료들은 기밀 문서로 취급되어, 지금 현재도 국립중앙도서관 북한 자료실을 직접 방문하는 것이 가장 손쉽게 양질의 북한 자료에 접근할 수 있는 방법이다. 이것은 디지털 정보 부족의 악순환을 낳는다.

디지털 정보는 네트워크 효과라는 것이 있어서, 정보를 사용하는 사람이 늘어날수록 그 정보는 더욱 유용한 가치를 가진다. 인터넷의 발달은 어떤 중앙집권화된 조직에서 정보와 서비스를 제공하는 것이 아니라, 네트워크에 접속한 수많은 개인들이 스스로 데이터를 생산해 내고, 그중 더욱 수요가 있는 것은 앞다투어 링크와 태그를 걸어 그 자료가 더욱 많은 사람에게 배포될 수 있도록 하면서 스스로 팽창하며 발전해 왔다. 그렇게 전 세계적으로 축적된 수천억 테라바이트의 데이터가 오늘날의 딥러닝 알고리즘과 ChatGPT로 대변되는 생성형 AI의 발전을 이끌 수 있었던 것이다. 북한의 자료 또한 만약 많은 사람이 인터넷을 통해 자유롭게 유통할 수 있다면 수요가 역치를 넘어가는 순간, 민간과 공공 모두 시간과 예산을 스스로 투자하게 되어 자료의 디지털화 속도가 훨씬 빨라질 것이다. 그러나 현재 우리나라의 분단 상황에서는 데이터의 자유로운 유통이 어려운 현실이다.

## 3. 빅데이터 분석의 특성과 활용

빅데이터는 Volume, Velocity, Variety 그리고 Veracity 4V의 기술이다. Volume은 한 번에 수집되어 저장되는 데이터의 양이 방대하다는 의미이고, Velocity는 데이터가 생성되며 사용되는 속도가 매우 빠르다는 뜻이다. Variety는 정보를 추출하기 위해 분석해야 하는 데이터의 형태가 통일되어 있지 않고 다양하다는 말이며, Veracity는 데이터의 원천이 다양하여 신뢰성 있는 데이터를 확보하기 위한 처리 과정이 필요하다는 것을 의미한다. 이렇듯 컴퓨터가 기존에 데이터 수집 및 처리하던 방식(예 Database)으로 더이상 처리할 수 없는 거대한 규모와 복잡성을 가지는 데이터를 빅데이터라고 한다.

빅데이터 분석을 일상적으로 가장 잘 활용하고 있는 곳은 언론이다. 국내 104개 방송사 및 신문사를 총 망라한 BigKinds 언론정보포털[5]을 방문하면, 홈페이지에서 사용자가 검색한 키워드로 즉석에서 관련 뉴스에서 가장 언급이 많이 된 키워드, 그 키워드와 연관관계가 있는 다른 키워드들을 각종 시각화 도표로 직접 만들어 볼 수 있다. 이미 수집한 1억 건의 뉴스 콘텐츠와 매일 새로

5) https://www.bigkinds.or.kr/v2/depthAnalysis/interKoreaRelations.do

추가되는 수백 건의 뉴스데이터가 다채로운 서비스를 제공할 수 있는 원동력이다.

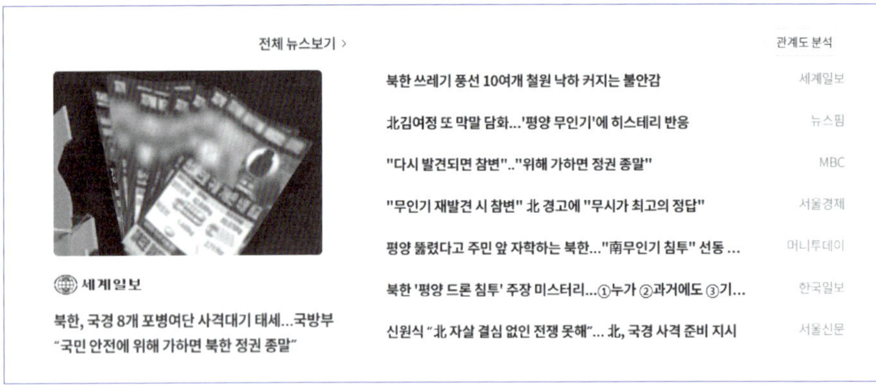


[그림 9-2] BigKinds 오늘의 이슈 뉴스 그룹 배너

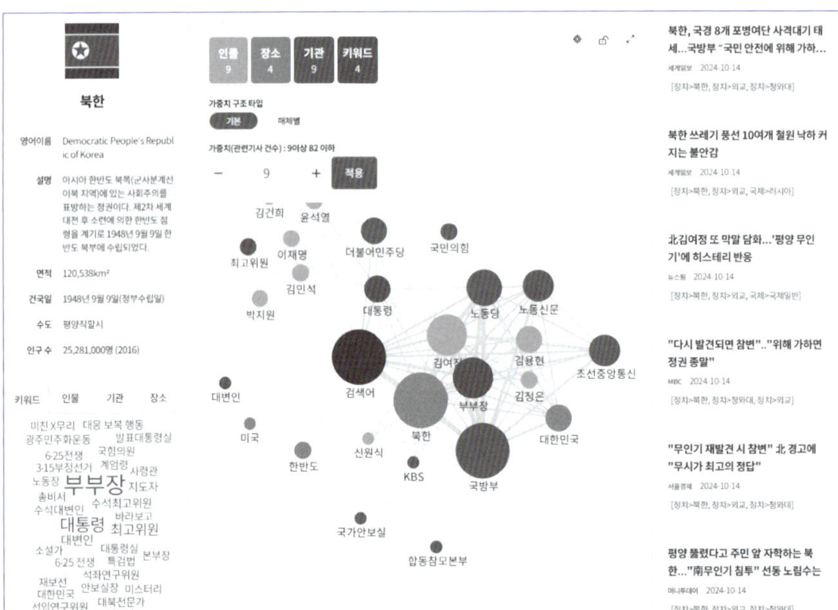


[그림 9-3] BigKinds 오늘의 이슈 관계도 분석

[그림 9-4] 북한 자료 디지털화 및 공유 포럼

현재 통일 및 북한 관련 국내 온·오프라인 데이터 제공처는 다음과 같다. 통계청 북한통계 웹사이트[6]는 북한 통계를 한 자리에서 제공해 주는 포털이다. 단순히 북한 통계뿐 아니라 북한통계에 대한 해설 자료, 남북경협, 광물자원, 농축수산물, 보건의료 등 각 주제별 북한 통계에 대한 전문가 해설 자료를 함께 제공한다. 통일부 북한정보포털은 북한에 대한 전반적인 소개와 다양한 북한 도서, 영상 자료의 소장 목록을 제공한다. 그러나 실제 콘텐츠를 열람할 수는 없다. 최근 새로 개편되어 빅데이터 분석 메뉴가 제공되고 있으나, 소장 자료 자체가 실시간으로 업데이트되는 자료가 아니라서 엄밀한 의미의 빅데이터 분석이 이루어지고 있다고 보기는 어렵다. 특이한 점은 학교나 문화시설 등 북한 주요 시설물들을 북한 지도상에서 직접 확인할 수 있도록 제공해 주는 서비스가 있다는 점이다. 통일부 북한자료센터 웹사이트[7]는 오프라인 국립중앙도서관 북한자료센터의 온라인 서비스이다. 역시 소장 북한 자료의 목록은 볼 수 있으나 내용 열람은 불가능하고, 실제 내용을 열람하고 싶다면 국립중앙도서관 북한자료센터를 방문해야 한다.

북한 자료 자체가 온라인으로 유통되기 어려운 점이 있음에도 불구하고,

6) https://kosis.kr/bukhan/

7) https://unibook.unikorea.go.kr/

인공지능과 빅데이터 기반의 전략적인 북한 정보 분석에 대한 필요는 북한 자료를 다루는 주요 정부 부처를 중심으로 꾸준히 제기되어 왔다. 2023년에는 북한 자료 디지털 콘텐츠 운용 및 활용을 위해 통일연구원을 중심으로 북한 연구 관련 공유 데이터베이스를 구축하고자 하는 포럼이 개최되었다. 통일연구원에서 발표한 북한 공개정보 기반 전략정보 DB 구축 체계에 따르면, 전략정보란 대북 정책 결정이나 주요 북한 현안 분석에 필요한 핵심 동향 정보로 정치, 군사, 경제, 사회의 변화를 파악할 수 있는 주요 지표이다. 정부부처의 정책 결정에 필요한 정보 생성을 체계화하여 안보 이슈에 대한 신속한 대응능력을 확보하고 국민의 알 권리 및 전문가들의 정보 수요를 충족시키기 위한 차원의 전략적 정보가 되기 때문에 데이터 플랫폼 구축이 중요하다고 강조하고 있다. 예를 들어 김정은 공개활동보도분석 DB, 북한 핵미사일 활동 분석 DB, 북한공식시장정보 DB, 북한 보도 코로나19 현황 DB 등이 있다.

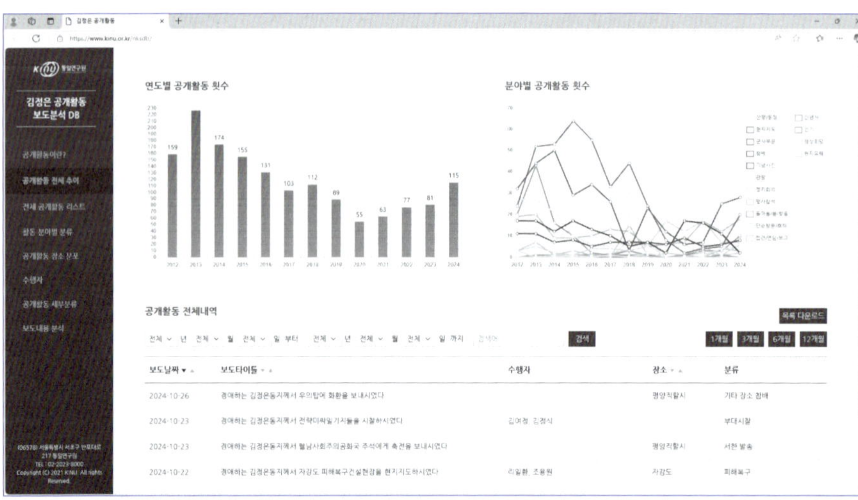


[그림 9-5] 통일연구원 김정은 공개활동 보도분석 DB

## 4. 빅데이터와 AI를 활용한 북한 연구

북한에 대한 혹은 통일에 관한 남한의 연구 자료들은 상대적으로 온라인으로 쉽게 찾아볼 수 있다. 공공데이터포털[8]은 공공기관이 생성 또는 취득하여 관리하고 있는 공공데이터를 한 곳에서 제공하는 통합 창구로, 통일외교안보 분류 하위에 통일 카테고리가 별도로 마련되어 있다. 공공데이터포털에서는 파일 데이터뿐 아니라 오픈 API 방식으로도 데이터를 제공하여, 파이썬 애플리케이션이나 웹서비스 등에서 데이터에 바로 접근, 분석 및 시각화를 진행할 수 있도록 하고 있다. Daily NK, NK 경제 등 통일 관련된 전문 매체들도 존재한다.

빅데이터 분석으로 가능한 연구 분야는 연관어 분석, 사회연결망 분석, 토픽 모델링, 감정 분석 등이 있다. 연관어 분석은 특정 키워드와 함께 자주 등장하는 단어들을 분석하여 의미 있는 관계를 파악하는 것으로, 텍스트 데이터의 맥락 및 주제를 이해하는 데 유용하다. 사회연결망 분석(Social Network Analysis : SNA)는 네트워크 안에서 노드(개체)와 엣지(관계)를 통해 구조적 특성과 영향력을 분석하는 방법으로, 조직, 관계망, 정보 흐름 등을 시각화하고 이해하는 데 사용된다. 토픽 모델링은 문서 집합에서 숨겨진 주제를 자동으로 추출하는 방법론으로 LDA와 같은 기법을 통해 문서의 주요 주제를 파악한다. 감정 분석은 텍스트 데이터에서 긍정, 부정, 중립 등의 감정을 분석하여, 고객 의견, 리뷰, 소셜미디어 데이터 등 분석에서 주로 활용하고 있다.

최근 몇 년 사이 빅데이터 혹은 인공지능 알고리즘 연구방법론을 북한 및 통일 연구에 접목하려는 시도가 눈에 띄게 늘어난 것을 볼 수 있다. 다음 [그림 9-6]은 RISS 학술연구정보서비스 웹사이트에서 북한과 인공지능 혹은 빅데이터라는 키워드가 논문의 제목 혹은 요약에 등장하는 학위논문 및 국내

8) https://www.data.go.kr/tcs/opd/ndm/view.do

학술논문을 검색한 결과이다. 검색된 총 논문의 수는 학위논문 82건, 학술논문 115건이다. 2016년 알파고의 등장 이후 인공지능 혹은 빅데이터 알고리즘을 적용한 사회과학적 분석 논문이 눈에 띄게 증가하였음을 볼 수 있다. 학술논문 2024년 통계의 경우, 아직 2024년 10월 9일 기준 데이터를 수집한 것이므로, 2024년 논문 수는 전년도보다 상대적으로 적게 계수된 것이다.

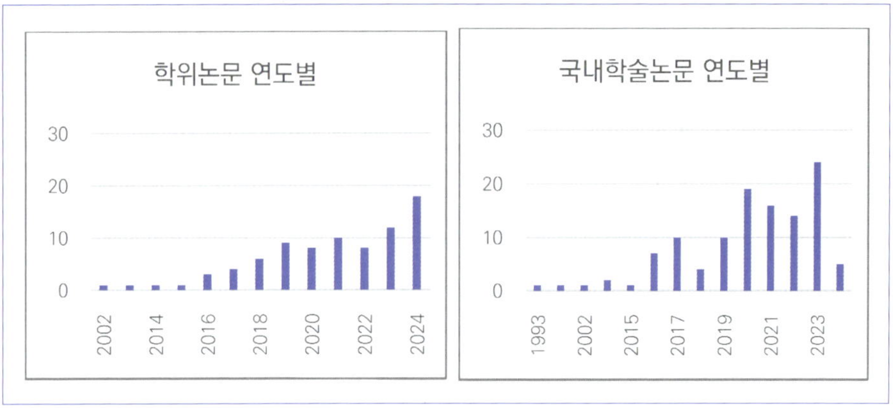


[그림 9-6] RISS 북한 주제에 인공지능·빅데이터 연구방법론 사용 논문 연도별 추이

이 논문들은 활용 자료 측면에서는 북한 자료를 직접 이용한 연구와 북한 혹은 통일에 관한 남한 자료를 바탕으로 한 연구로 나눌 수 있다. 북한 자료를 이용한 경우에는 절대적인 데이터의 수와 온라인 자료 부족으로 인해 데이터 분석이 많은 난항을 겪었음을 볼 수 있다.[9] 특별히 북한 자료를 기반으로 한 인공지능·빅데이터 연구의 어려운 점은 자연어 텍스트 분석의 가장 첫 번째 단계가 되는, 텍스트에서 형태소로 분리해 내는 작업에서 남한어 형태소 분석기를 가지고 북한어의 형태소를 분리해 내는 과정이 쉽지 않다는 점이다. 남한어와 북한어 사이에는 이미 많은 문법적 차이가 존재한다. 특히

9) 권소영, 북한 연구 방법론과 인공지능을 통한 지식의 체계화, ISSUE Brief 158, 2023. 1. 10.

외래어를 표기하는 방식에 있어서는 그 차이가 더욱 크다. 전문용어로 쓰여진 논문의 경우, 남북한 번역기가 필요할 정도이다.[10] 최근 딥러닝 기술은 자연어 분석을 위해 기존의 방식처럼 사전에 의존하는 형태소 분석기를 사용하지 않고 수집한 많은 텍스트들에서 글자의 배열에 대한 확률을 계산하는 방식으로 텍스트의 내용을 분석한다. 그러나 이러한 방법론을 사용한다 하더라도 알고리즘이 학습할 만한 충분히 많은 양의 북한어 자료가 있어야 한다는 점에서 여전히 국내 연구자들이 채택하기는 어렵다.

분야별로는 북한의 현황 분석, 통일·외교적 측면의 거시적 정세 분석, 국내 통일 인식 변화 분석, 통일 과정 및 그 이후 사회 통합에 대한 제안 등으로 나누어 볼 수 있다. 데이터 종류별로는 거의 대부분이 자연어 처리 텍스트 분석이지만, 최근에는 위성사진과 같은 영상 자료를 이용하여 북한의 현황을 객관적으로 파악하려는 시도들이 생겨나고 있다.

최근 생성형 AI를 활용하여 북한 데이터를 학습한 챗봇 서비스 개발도 가능하다. 생성형 AI는 입력 데이터를 기반으로 새로운 콘텐츠(텍스트, 이미지, 음성 등)를 생성하는 인공지능 기술이다. 핵심 기술인 딥러닝 기반의 생성 모델(GAN, GPT 등)을 활용하여 자연어 처리, 컴퓨터 비전 등 다양한 분야에서 응용하고 있다. 생성형 AI는 가장 대표적인 OpenAI의 ChatGPT를 비롯하여, 검색 및 업무 자동화 분야에서 Google의 Bard 및 Vertex AI, 기업용 생성형 AI 솔루션을 제공하는 Microsoft의 Azure OpenAI 서비스, MS Office 제품군에 통합된 Copilot, 이미지, 동영상 생성 지원, 창작 도구에 AI를 접목하는 Adobe의 Firefly 등 다양한 서비스가 이미 제공되고 있다. 이러한 생성형 AI 솔루션을 API를 통해 직접 접근하게 되면 특정 데이터, 특정 언어에 특화된 생성형 AI 서비스를 자체 제작할 수 있다. 특별히 개별 데이터를 학습해서 답변의 정확도

10) 이현아·송지혜(2021). 사전과 대량의 신문 기사를 활용한 남북한 어휘 대응에 대한 연구. 디지털콘텐츠학회논문지, 22(3), 453-461. 10.9728/dcs.2021.22.3.453.

를 높이는 RAG(Retrieval-Augmented Generation)는 AI 모델 자체를 수정해야 하는 기존의 fine-tuning 방식과 달리 더 간단하게 사용자에 특화된 정보를 AI와 결합할 수 있게 해준다. 북한 및 통일 관련한 내용을 저장한 데이터베이스나 문서 목록을 생성형 AI와 결합한다면, 이를 바탕으로 보다 전문적이고 유용한 답변을 생성할 수 있다.

다음 [그림 9-7]과 [그림 9-8]은 각각 일반적인 ChatGPT 서비스를 사용하여 북한 김정은의 지난 1월 활동에 대한 질문을 한 경우 답변과, 통일연구원의 김정은 공개활동 보도분석 DB에서 공개활동 전체 내역 목록을 다운로드 받은 후 그 파일을 RAG 방식으로 OpenAI API을 통해 학습시킨 후 같은 질문을 했을 때의 답변을 비교한 것이다. 학습 이후 보다 전문적이고 구체적인 답변이 가능함을 확인할 수 있다.

> 김정은이 2024년 1월에 방문한 장소들은?
>
> 2024년 1월, 김정은 북한 국무위원장의 공개 활동에 대한 구체적인 보도는 확인되지 않았습니다. 다만, 통일연구원의 보고서에 따르면 2023년 12월부터 2024년 2월까지 김 위원장의 군사 분야 공개 활동이 이전 3년 평균보다 약 3배 증가한 것으로 나타났습니다. 연합뉴스 이를 통해 1월에도 군사 관련 활동이 활발했을 것으로 추정됩니다.
>
> 출처

[그림 9-7] 일반적인 ChatGPT 서비스를 사용하여 북한 김정은 보도 자료 질문한 경우

```
질문을 입력하세요: 김정은이 2024년 1월에 방문한 장소들은?
김정은이 2024년 1월에 방문한 장소는 다음과 같습니다:

1. 2024-01-01: 조선인민군 주요지휘관들을 만나 고무격려함 (장소: -)
2. 2024-01-02: 학생소년들의 2024년 설맞이공연 관람 (장소: 평양직할시)
```

[그림 9-8] RAG로 데이터를 학습한 후 동일 질문을 하였을 때

## Ⅲ 결론

북한 정보를 접근하고 관리하는 새로운 체계로 빅데이터와 인공지능 알고리즘을 사용하는 시스템을 구축하는 것의 중요한 기술적 목표는 실시간 분석과 자동화이다. 그러나 우리는 기술을 사용함에 있어서 그것보다 좀 더 인간적인 목표를 생각할 필요가 있다. Chimamanda Ngozi Adichie라는 나이지리아 작가의 유튜브 강연 'The danger of a single story'를 소개하고자 한다.

Adichie는 나이지리아의 부유한 가정에서 자랐다. 부모로부터 자기 집에서 일하는 Fide라는 소년의 가정이 얼마나 가난한지, 불쌍한지에 대해 늘 듣고 자랐던 Adichie는 Fide에 대해 오직 single story만 알고 있었을 뿐이다. 그러나 Adichie가 엄마와 함께 Fide의 집을 방문하게 되었을 때 Fide의 가족이 사실은 바구니를 아주 잘 짜는 부지런하고 솜씨 좋은 사람들이라는 것을 알게 되었다. 이 이야기는 어떤 특정 집단, 국가, 사람을 하나의 단일한 이야기로만 바라볼 때의 위험성을 경고하고 있다. 대상에 대해 단일한 이야기만을 갖지 않으려면 다른 상황에서 다른 모습을 하고 있는 상대방을 볼 수 있어야 한다.

빅데이터와 인공지능 알고리즘으로 북한에 대해 더 많은 자료를 수집할 수 있게 되었을 때, 그것이 북한을 보여 주는 다채로운 이야기들이 되기를 바란다. 우리가 바라보는 대상에 대해 다차원적인 관점으로 바라볼 수 있을 때, 상대방을 비로소 더 깊이 이해하고 공감할 수 있게 될 것이다.

## 생각해 볼 거리

1. 빅데이터를 이용하여 통일 역사의 과거, 현재, 미래를 보는 것이 현 시대에 왜 중요하다고 생각하나요?

2. 정성적 방법론과 정량적 방법론, 정량적 방법론 중에서도 통계적 방법론과 빅데이터 방법론을 비교하였을 때, 빅데이터 방법론이 다른 방법론에 비해 어떤 장단점이 있을까요?

3. 결과를 해석함에 있어서 전문가 의견 혹은 기존 문헌과의 비교 고찰이 반드시 들어가야 하는 이유는 무엇일까요?

## 참고자료 및 더 읽어볼 거리


송유계(2023). 김정은의 통치전략, 빅데이터로 풀다. 북코리아.

김수현 · 손욱(2020). 북한 「경제연구」로 분석한 경제정책 변화 : 텍스트 마이닝 접근법. BOK 경제연구, 2020-1.

노희경(2019). 통일관광을 위한 비무장지대(DMZ)의 관광학적 가치에 대한 인식 변화 연구 : 소셜미디어 빅데이터를 중심으로. 관광레저연구, 31(10), 59-78.

박철수(2019). 텍스트마이닝을 활용한 북한 관련 뉴스의 기간별 변화과정 고찰. 지능정보연구, 25(3), 63-88.

박종민 · 정영주 · 주호준 · 김현우(2020). 대한민국은 지난 20년간 '북한'과 '통일'을 어떻게 보았는가? 언론 보도 빅데이터 분석 및 국민 인식 종단연구. 한국언론학보, 64(6), 161-201.

이시온(2020). 빅데이터를 활용한 박근혜 문재인 정부 간 대외정책 토픽 비교분석. 국가전략, 26(4).

이원지 · 김주영(2020). 북한이탈주민의 연구동향 분석 : 키워드 네트워크 분석기법을 중심으로. 복지와 문화다양성연구, 1-19.

이진규(2018). 북한 대남성명의 주제별/시기별 변화 분석. 북한대학원대학교 박사학위논문.

임대규(2016). 빅데이터를 활용한 통일의식 분석 연구. 서울대학교 대학원 석사학위논문.

오기와라 유이, 후루카와 쇼이치 저, 최용 역(2024). OpenAI API와 파이썬으로 나만의 챗GPT 만들기. 위키북스.

아홉 번째 강의 2

# 남북한 소통과 협력을 위한 통일 ICT 플랫폼 KUBiC

홍참길

**홍참길**

|

한동대학교 전산전자공학부 교수

한동대학교 전산전자공학부 부교수로 재직 중이며, 한동대학교에서 학사학위를, 미국 피츠버그 대학교에서 박사학위를 취득하였다. 저자는 머신러닝 접근을 통해 인공지능 기술을 개발하고 이를 다양한 분야에 적용하는 연구를 수행하고 있다. 특히 여러 모달리티의 데이터를 활용해 예측 모델의 성능을 개선하는 데 관심이 많으며, 주된 연구 분야는 의료 인공지능, 영상 기반 이상 행동 검출, 그리고 에너지 관련 신호처리 기술 개발이다. 한동대학교에서 교수로 활동하며, '통일'을 모티브로 한 인공지능 기반 정보 서비스를 개발할 수 있는 환경 가운데 함께할 수 있음에 늘 감사하며 연구와 교육에 열심을 쏟고 있다. 이를 통해 남북한 간 정보 격차를 줄이고, 통일 이후에도 실질적으로 활용 가능한 기술을 마련하는 데 기여하고자 한다.

# 남북한 소통과 협력을 위한 통일 ICT 플랫폼 KUBiC

## I 서론

한반도의 통일은 오랜 시간 동안 많은 사람의 염원으로 남아 있지만, 그 길에는 여전히 수많은 장벽이 놓여 있다. 그중에서도 남북한 간의 언어와 정보 교류는 큰 도전 과제 중 하나다. 남북한은 70여 년 동안 서로 다른 체제와 환경 속에서 살아오며, 언어적 차이를 크게 벌여왔다. 예를 들어, 남북한의 일반 단어 중 약 38%, 전문 단어는 66%가 상이한데, 이는 소통의 기본 단위인 단어에서부터의 큰 격차를 드러낸다. 이러한 차이는 단순히 단어의 차이를 넘어 맞춤법, 문법, 심지어 표현 방식까지도 다르게 만들었으며, 실제로 탈북민들이 남한에 정착하면서 가장 큰 어려움을 겪는 것 중 하나가 남한어의 이해라고 보고되고 있다. 언어 장벽은 곧 정보의 장벽으로 이어지며, 이는 남북한 간 의사소통의 중요한 걸림돌로 작용한다.

더욱이 남북한 간의 정보 교류는 제도적으로도 거의 차단되어 있다. 북한은 엄격한 정보 통제 국가로서 외부와의 정보 교류가 제한적이며, 남한 역시 북한과의 정보 교류에 있어 여러 법적·정치적 제약이 존재한다. 설령 이러한 제도적 한계가 해소된다 하더라도, 앞서 언급한 언어적 차이로 인해 남북한 간의 원활한 소통은 여전히 어려울 것이다. 특히, 구체적인 문화 · 학문 영역과 관련된 고급 정보를 주고받기 위해서는 서로의 언어를 깊이 이해하는 것이 필수적이다. 정보 교류가 어려운 상태에서 남북한이 상호 이해와 협력에 이르는 것은 더딜 수밖에 없다.

그러나 최근 기술의 발전은 이러한 장벽을 극복할 실마리를 제공하고 있다. 특히 자연어 처리(Natural Language Processing : NLP) 분야에서의 급격한 성장 덕분에, 기계 번역과 같은 기술이 언어의 장벽을 허물 수 있는 가능성을 보여주고 있다. 최근 몇 년 동안 기계 번역 모델은 더욱 발전하여, 대규모 언어 모델(Large Language Model : LLM)을 활용한 고도화된 번역도 가능해졌다. Google의 번역 서비스나 OpenAI, Microsoft 등에서 제공하는 다국어 대화형 인공지능 시스템은 이미 전 세계적인 사용자층을 확보하고 있으며, 이런 기술들이 점차 발전함에 따라 국경을 넘어선 언어적 소통의 가능성이 더 커져가고 있다. 특히 이들 서비스는 추천 기능을 통해 사용자가 찾지 못한 정보까지 제공함으로써 시간과 노력을 절약하게 하고, 고도로 심화된 사용자 경험을 선사한다.

하지만 북한 및 통일 관련 주제는 이러한 IT 기술 발전의 혜택을 충분히 누리지 못하고 있다. 시장성이 낮고, 남북 관계 문제에 대한 당위성 인식이 줄어드는 것이 주된 이유이다. 또한, 북한 문제는 국내외에서 민감한 주제로 인식되면서, 많은 이들이 깊이 있는 연구개발을 꺼리는 경향이 있다. 이에 더해 통일에 대한 사회적 인식이 점차 약화되면서, 관련 산업에 대한 관심과 투자도 자리를 잡지 못하고 있다. 그 결과, 북한 연구와 통일 준비를 위한 정보와 도구가 매우 제한적일 수밖에 없다.

이러한 한계를 극복하고, 북한 및 통일 연구를 위한 지식 자원의 일원화된 인덱싱 서비스를 제공하고자 하는 목적으로 한동대학교는 2019년 통일빅데이터센터(Korean Unification BigData Center : KUBiC)를 설립했다. 이 센터는 북한과 통일 문제에 대한 정보 및 관련 서비스에 있어 빈틈을 메우고자 다양한 연구와 기술 개발을 수행하고 있다. KUBiC은 남북한 관련 데이터를 체계적으로 수집하고 분석하는 허브 역할을 하며, 이를 바탕으로 통일 준비에 실질적인 도움을 주기 위한 다양한 도구와 서비스를 제공하고 있다.

본 글은 KUBiC을 중심으로 한 연구와 개발의 성과를 소개하고, 앞으로의 방향성을 제시하고자 한다. 이어지는 II절 1.에서는 남북한 간 번역 모델 개발 과정을, 2.에서는 KUBiC 검색 엔진의 주요 기능을 다룬다. 마지막으로 III절에서 향후 제언과 함께 앞으로 나아갈 방향을 제시하며, 결론에서 글을 마무리할 것이다.

## II 통일을 위한 언어 및 정보 장벽 극복 : 데이터와 기술의 융합

통일을 준비하는 과정에서 가장 중요한 두 가지 과제는 언어와 정보의 장벽을 극복하는 것이다. 남북한은 오랜 분단으로 인해 언어뿐만 아니라 접근 가능한 정보에도 커다란 차이를 보이고 있다. 이런 상황에서 정보의 효율적 수집과 분석, 그리고 남북한 간의 언어적 격차를 좁히는 기술은 통일을 준비하는 중요한 수단이 될 수 있다. 본 절에서는 이러한 두 가지 문제를 해결하기 위한 구체적인 기술적 접근을 소개한다. 첫째로, 남북한 병렬 데이터셋을 구축하여 양방향 기계 번역 모델을 개발하고, 이를 통해 남북한 간 언어적 소통의 가능성을 탐구한다. 둘째로, 북한과 통일 연구자들을 위해 설계된 전문 검색 엔진인 KUBiC 검색엔진을 통해 북한 관련 정보에 대한 접근성을 높이고, 연구와 정책 결정을 지원하는 역할을 조명할 것이다.

## 1. 남북한 병렬 데이터셋과 번역 모델 구축

남북한 간의 언어적 차이는 분단 이후로 점점 더 커져 왔으며, 이는 통일과 관련된 연구에서 중요한 과제로 떠오르고 있다. 특히 언어 장벽은 단순히 의사소통의 문제가 아닌 남북한 간 정보 교류, 학문적 협력, 문화적 이해를 방해하는 주요 장애물로 작용하고 있다. 남북한이 언어적으로 점점 더 분화되면서, 통일 이후를 대비한 언어 통합과 소통 문제는 남북한 관계의 중요한 해결 과제가 되고 있다. 특히 기계 번역의 발전에도 불구하고 남북한 간 언어 격차를 메우는 것은 여전히 어려운 도전으로 남아 있다. 이에 본 연구는 남북한 병렬 데이터셋을 구축하여, 양방향 번역 모델을 개발하고 남북한 언어적 격차를 해소하기 위한 새로운 가능성을 탐구하고자 한다.

데이터셋은 기계 번역 모델의 성능을 좌우하는 가장 중요한 요소 중 하나이다. 데이터셋은 다양한 문장 구조, 어휘, 문법 규칙을 포괄해야 하며, 각 언어 간의 차이를 효과적으로 반영할 수 있어야 한다. 현재 영어, 중국어, 프랑스어, 독일어 등 주요 언어들에 대해서는 이미 신경망 기반 번역 모델들이 상당히 높은 성능을 보이고 있다. Google, DeepL, Microsoft 등의 번역 기술은 이러한 언어들 간의 번역 문제를 대부분 해결하고 있으며, 일상적인 의사소통뿐 아니라 전문적인 용어 번역에서도 높은 정확도를 제공한다. 그러나 최근 번역 연구는 단순한 문장 번역을 넘어, 특정 도메인이나 상황에 맞는 특화된 번역 모델 개발로 확장되고 있다. 이러한 분야에서는 단순히 많은 양의 데이터를 확보하는 것을 넘어서, 언어의 미묘한 차이를 이해하고, 특수한 맥락을 반영할 수 있는 모델이 요구된다.

남북한 언어 번역 문제는 이러한 맥락에서 매우 특수한 도전 과제를 제공한다. 남북한 언어는 서로 다른 체제하에서 발전해 왔으며, 특히 북한어는 사용 빈도가 적고, 데이터 수집이 쉽지 않다. 북한은 외부와의 정보 교류가 제한되어 있고, 언어 자료를 구하는 데에도 많은 어려움이 따른다. 주요 언어들에 비해 상대적으로 낮은 시장성과 관심은 남북한 번역 연구에 대한 지원을 줄어들게 했으며, 이는 남북한 번역 문제를 해결하기 위한 데이터셋 확보부터 어려움을 겪게 만드는 요소다.

이에 따라 한동대학교 연구팀은 이 문제를 해결하기 위해 적극적인 노력을 기울였다. 학생들과 함께 전국을 돌며 북한 자료를 수집하기 시작했고, 도서관, 연구소, 통일 관련 기관 등을 방문해 북한 서적과 문헌 자료를 확보했다. 이 과정에서 수천 페이지에 달하는 문헌을 스캔한 후, OCR(광학 문자 인식 ; optical character recognition) 기술을 사용해 텍스트로 변환했다. 그러나 OCR 작업만으로는 정확한 데이터 구축이 어려웠기 때문에, 추가적인 수작업 검수를 통해 오류를 수정하며, 최종적으로 고품질의 남북한 병렬 데이터셋을 구축하였다.

뿐만 아니라, 본 연구는 구축된 병렬 코퍼스를 바탕으로 남북한 간의 번역 모델을 개발하고 그 성능을 평가하는 과정을 포함한다. 일반적인 번역 모델과는 달리, 남북한 번역 모델은 두 언어 사이의 미묘한 차이를 정교하게 반영해야 하며, 이를 통해 보다 정확한 번역을 가능하게 한다. 이를 통해 남북한 간 언어적 장벽을 해소하고, 향후 통일을 대비한 소통의 기반을 마련할 수 있을 것이다. 본 연구에서는 이 번역 모델의 개발 과정과 성능 평가 결과를 공유함으로써, 남북한 언어 문제를 해결할 수 있는 실질적인 방안을 제시하고자 한다.

### 1) 남북한 병렬 코퍼스 개발

병렬 데이터셋은 고품질 기계 번역 모델을 훈련하기 위해 필수적인 요소이다. 데이터셋이 얼마나 다양한 문장 구조, 어휘, 문법 규칙을 포함하고 있는지는 번역 모델의 성능에 직접적인 영향을 미친다. 특히 남북한 간의 언어적 차이를 반영하기 위해서는 정확한 병렬 데이터셋이 필요하다. 남북한의 분단 이후 두 지역의 언어는 정치적 · 사회적 환경 속에서 점점 더 달라졌기 때문에, 이러한 이질성을 효과적으로 다룰 수 있는 데이터셋 구축은 남북한 기계 번역의 중요한 첫걸음이 된다.

본 연구에서는 남북한 간의 문장 매칭이 가능한 고품질의 병렬 코퍼스를 구축하기 위해 남북한에서 각각 발행된 성경 전서와 고전 소설을 활용하였다. 남한과 북한에서 동일한 텍스트가 사용된 성경과 고전 문학 작품은 남북한의 문화적 · 언어적 차이를 분석하기에 매우 적합한 자료이다. 북한 성경은 한국과학기술정보연구원(KISTI)의 북한과학기술네트워크(NKTech)를 통해 확보하였으며, 북한 고전 소설의 번역본은 통일부 북한자료센터에서 수집하였다. 이후 매칭되는 남한 성경과 남한에서 발행된 동일한 고전 서적들을 활용하여 남북한 병렬 코퍼스를 구성하였다. 이러한 자료들은 남북한 양쪽에서 비교적 동일한 내용이 사용되기 때문에 병렬 데이터셋 구축에 적합한 자료로 평가된다.

이 자료들은 PDF 파일의 형태로 취합된 후, OCR 기술을 통해 텍스트로 변환되었다. 그러나 북한어의 특유한 표기 방식으로 인해 자동 변환만으로 처리 과정에서 발생하는 오류들을 모두 해결하기는 어려웠다. 연구팀은 데이터의 정확도를 높이기 위해 수작업으로 모든 텍스트를 검수하고 오류를 수정하는 작업을 진행하였다. 특히, 남북한의 문법과 어휘 차이를 고려한 세심한 검토가 이루어졌으며, 이를 통해 보다 완성도 높은 병렬 데이터를 확보할 수 있었다.

텍스트가 확보된 후에는 문장 단위로 데이터를 분리하여 남북한의 문장이 1 : 1로 매칭될 수 있도록 처리하였다. 성경 전서는 '절' 단위로 문장을 나누어 매칭 작업을 진행했으며, 고전 소설의 경우에도 동일한 내용의 문장끼리 매칭하여 병렬 데이터를 구성하였다. 이 과정에서는 남북한 간의 문법적 차이나 어휘적 차이를 충분히 고려해, 기계 번역 모델이 각 언어의 특성을 잘 반영할 수 있도록 데이터셋을 설계하였다. 이러한 반복적인 작업을 통해 최종적으로 130,000여 개의 남북한 문장 쌍을 구축하였다.

구축된 데이터셋은 성경 전서에서 29,986개의 문장 쌍, 외국 고전 소설에서 94,459개의 문장 쌍, 한국 고전 소설에서 6,293개의 문장 쌍으로 구성되어 있다. 〈표 9-1〉에서는 이러한 데이터셋의 주요 구성 요소와 문장 쌍 수가 정리되어 있다. 이 병렬 코퍼스는 남북한 언어의 미묘한 차이를 반영하고, 기계 번역 모델이 양방향으로 번역을 수행할 수 있도록 하는 중요한 자원으로 활용될 수 있다.

<표 9-1> 구축된 남북한 병렬 데이터셋 규모

| 분류 | 제목 | 문장 쌍 개수 | 총 문장 쌍 개수 |
|---|---|---|---|
| 서양 고전 소설 | 제인에어 | 60,331 | 94,459 (72%) |
| | 적과 흑 | 34,128 | |
| 한국 고전 소설 | 옹고집전 | 988 | 6,293 (5%) |
| | 숙향전 | 3,538 | |
| | 심청전 | 1,767 | |
| 성경 전서 | - | 29,986 | 29,986 (23%) |
| 전체 | - | - | 130,738 (100%) |

또한, 본 데이터셋은 남북한 간의 언어적 차이를 넘어서, 언어 통합을 위한 중요한 연구 자료로도 활용될 수 있다. 남북한은 각각 다른 체제와 사회 변화 속에서 언어적 이질화를 겪었기 때문에, 이 병렬 데이터셋은 남북한 언어 연구뿐만 아니라 문화적 차이를 분석하는 데에도 기여할 수 있다. 남북한 언어 통합 연구나 사회적 소통을 위한 기술 개발에도 중요한 자원으로 사용될 것이며, 향후 통일을 대비한 연구와 정책 결정에도 활용될 수 있을 것으로 기대된다.

### 2) 번역 모델 훈련

본 연구에서 사용한 번역 모델은 KoBART(Bidirectional and Auto-Regressive Transformers)로, 이는 한국어 기반의 BART(Bidirectional and Auto-Regressive Transformers) 모델이다. KoBART는 BERT(Bidirectional Encoder Representations from Transformers)와 GPT(Generative Pretrained Transformer)의 장점을 결합한 모델인 BART를 한국어에 특화하여 개발된 언어 모델이다. BERT는 문장의 양방향 정보를 활용해 텍스트를 이해하는 데 강점이 있고, GPT는 순차적으로 텍스트를 생성하는 능력을 갖고 있으며, 이 두 가지 접근 방식을 결합한 BART는 더 정교한 자연어 생성 작업을 수행할 수 있다. KoBART는 한국어 위키백과, 뉴스, 책 등 다양한 한국어 데이터를 학습한 후, 텍스트 복원을 기반으로 한 사전 학습을 통해 뛰어난 한국어 처리 능력을 발휘한다.

본 연구에서는 사전 학습된 KoBART 모델을 남북한 병렬 코퍼스 데이터에 맞춰 파인튜닝(fine-tuning)을 진행하였다. 사전 학습(pre-training)은 대규모 데이터를 기반으로 언어 모델의 기본적인 능력을 훈련시키는 과정으로, 이를 통해 모델은 언어의 구조, 문법, 의미를 이해할 수 있게 된다. 그러나 사전 학습만으로는 특정 도메인이나 언어적 차이를 완벽히 반영할 수 없으므로, 추가적인 미세 조정(fine-tuning)이 필요할 수 있다. 남북한 병렬 데이터는 남북한 간의 언어적 차이를 반영해야 하는 특수성을 가지고 있기 때문에, 사전 학습된 KoBART 모델을 기반으로 남북한 데이터를 사용해 파인튜닝하는 방식이 적절하다. 이를 통해 모델이 남북한 어휘 차이, 문법적 변형 등을 반영할 수 있도록 하였다.

전체 코퍼스 중 약 90%는 학습 데이터셋으로 사용하고, 나머지 10%는 평가 데이터셋으로 분리하여 모델의 성능을 검증하였다. 학습 데이터셋은 성경 전서와 고전 소설에서 추출한 문장 쌍으로 구성되었으며, 남북한 간 다양한 문장 구조와 어휘적 차이를 학습할 수 있도록 설계되었다. 평가 데이터셋은 학습에 사용되지 않은 새로운 문장 쌍으로 구성되어, 모델의 일반화 성능을 테스트하는 데 활용되었다. 이러한 데이터 분할은 모델이 훈련 중 과적합(overfitting)되지 않도록 하며, 실제 번역 작업에서도 일반화된 성능을 발휘할 수 있도록 한다(모델 파인튜닝 과정에서 사용된 하이퍼파라미터는 batch size 4, epoch 8, learning rate 3e-5였으며, AdamW 옵티마이저를 사용하여 모델을 훈련시켰다. KoBART Tokenizer를 사용해 남북한 데이터를 토크나이즈(tokenize)한 후, 남한어 문장을 북한어로, 또는 북한어 문장을 남한어로 번역하는 양방향 번역 모델을 훈련하였다).

### 3) 번역 결과 분석

번역 모델의 성능은 크게 정량적 평가와 정성적 평가의 두 가지 방식으로 평가되었다. 정량적 평가는 번역된 문장과 원본 문장 간의 유사성을 수치화하는 방식으로, 주로 BLEU Score와 BERT Score를 사용하여 측정되었다. BLEU Score는 번역된 문장과 원본 문장의 n-gram 중첩 정도를 계산해 번역의 표면적 유사성을 평가하는 지표다. 하지만 BLEU Score는 의미적 유사도를 반영하지 못하는 한계가 있기 때문에, 본 연구에서는 BERT Score도 함께 사용하였다. BERT Score는 BERT의 컨텍스트 임베딩을 활용해 두 문장 간의 의미적 유사성을 측정하는 지표로, 단순한 단어 일치 이상의 의미적 일관성을 평가할 수 있다.

<표 9-2> 학습된 남북한 번역 모델의 정량적 성능 평가 결과

| | BLEU Score | BERT Score |
|---|---|---|
| 북한어 → 남한어 | 0.550 | 0.821 |
| 남한어 → 북한어 | 0.250 | 0.815 |

BLEU Score 분석 결과, 북한어에서 남한어로 번역된 문장이 남한어에서 북한어로 번역된 문장보다 더 높은 점수를 기록하였다(〈표 9-2〉). 이는 남한어 문장들이 다양한 출판사에서 제공된 여러 번역본을 바탕으로 평가된 반면, 북한어 문장은 단일 출판사의 번역본에 의존했기 때문이다. 이로 인해 남북한 번역 모델 간의 성능 차이가 발생했으며, BERT Score에서도 유사한 경향을 확인할 수 있었다. 결과적으로 BLEU Score와 BERT Score 모두 북한어→남한어 번역이 남한어→북한어 번역보다 조금 더 높은 성능을 보였지만, 두 모델 간의 의미적 유사도에서는 큰 차이가 없었다.

정성적 평가는 『남북한 언어의 이해』라는 도서에서 제시된 남북한 문법 차이 분석 틀을 참고하여 이루어졌다. 이 도서는 남북한 간 어휘, 맞춤법, 띄어쓰기 등의 주요 차이를 다루고 있으며, 본 연구에서는 이 틀을 바탕으로 남북한 번역 모델이 이러한 차이를 제대로 반영하는지 확인했다. 특히, 어휘적 차이뿐만 아니라 두음법칙, 사이시옷 표기, ㅖ 표기 등 남북한 언어 차이의 핵심적인 요소들이 번역 결과에 정확하게 반영되었는지 중점적으로 평가하였다.

### ▪ 어휘

어휘 평가에서는 남북한이 서로 다른 단어를 사용하는 경우가 적절히 번역되었는지를 확인하였다. 예를 들어, 북한어의 '안해'가 남한어의 '아내'로, '로씨야'가 '러시아'로 번역되는지와 같은 어휘적 일치가 잘 이루어졌는지를 평가했다. 또한, 남북한 간 의미 차이가 있는 어휘들이 올바르게 변환되었는지도 중요하게 다루었다. 이는 번역 모델이 남북한 간 어휘적 차이를 정확히 인식하고 있는지를 확인하는 과정이다.

[표 9-3] 북한어 → 남한어 번역 모델을 통해 확인되는 남북한 어휘 차이 예시

| 입력 문장 | **안해**는 그 소리를 듣고 **가슴이 섬찍했다.** |
| --- | --- |
| 번역 결과 | **아내**는 그 소리를 듣고 **깜짝 놀랐다.** |

[표 9-4] 북한어 → 남한어 번역 모델을 통해 확인되는 남북한 어휘 차이 예시

| 입력 문장 | 그 녀자는 **로씨야**에서 만난 사람이였다. |
| --- | --- |
| 번역 결과 | 그 부인은 **러시아**에서 만났다. |

### ▪ 두음법칙

두음법칙은 남북한 언어에서 중요한 차이점 중 하나다. 남한어는 단어의 첫머리에 'ㄹ'이 오면 'ㅇ' 또는 'ㄴ'으로 변하지만, 북한어는 어두의 'ㄹ'을 그대로 유지하는 방식이다. 예를 들어, 남한어의 '이별'이 북한어로 '리별'로 번역되었는지 확인하였다. 이와 같은 두음법칙의 적용 여부는 번역 모델이 남북한 간의 미묘한 발음 차이를 정확히 반영할 수 있는지를 판단하는 중요한 요소다.

### ▪ 사이시옷 표기

북한어와 남한어는 사이시옷 적용에 있어서 차이가 있다. 남한어는 특정 조건에서 사이시옷 표기를 적용한다. '시냇가', '뱃길'과 같이 순우리말로 구성된 합성어, 그리고 '난롯가', '제삿날'처럼 순우리말과 한자어로 구성된 합성어에서 앞말이 모음으로 끝나는 경우가 이에 해당한다. 반면, 북한어는 사이시옷을 사용하지 않는다. 따라서 남한어의 '시냇가'와 '난롯가'는 북한어로 각각 '시내가'와 '난로가'로 표기된다.

[표 9-5] 북한어→남한어 번역 모델을 통해 확인되는 두음법칙 적용 및 사이시옷 표기 차이

| | |
|---|---|
| 입력 문장 | 이리 와서 별들이 저 쪽하늘에서 반짝이기 시작할 동안 한 30분가량 **배길**과 **리별**에 대해서나 조용히 이야기를 나눕시다. |
| 번역 결과 | 이리 와서 저쪽 하늘에서 별들이 반짝이고 있는 동안 삼십 분쯤 **뱃길**과 **이별**에 대해 조용히 이야기를 해봅시다. |

[표 9-6] 남한어→북한어 번역 모델을 통해 확인되는 두음법칙 적용 및 사이시옷 표기 차이

| | |
|---|---|
| 입력 문장 | 자, 별들이 저기 하늘 높은 곳에서 반짝이기 시작하는 지금 반 시간 정도 조용히 **뱃길**과 **이별**에 대해 이야기를 나눕시다. |
| 번역 결과 | 별들이 저기서 반짝이기 시작하는 지금 반 시간 동안은 조용히 **배길**이야기와 **리별**에 대한 이야기를 나누시오. |

■ ㅖ 표기

마지막으로, 남북한 간 한자어에서 모음 'ㅖ'의 표기 방식에 대한 차이도 평가되었다. 남한어는 '계', '례' 등에서 'ㅖ'를 사용하지만, 북한어는 'ㅔ'로 표기하는 경향이 있다. 예를 들어, 남한어의 '폐허'가 북한어에서는 '페허'로 번역되는지를 확인하였다. 이는 번역 모델이 두 언어 간의 맞춤법 차이를 세밀하게 반영하는지를 평가하는 중요한 기준이다.

[표 9-7] 북한어→남한어 번역 모델을 통해 확인되는 한자어 모음 표기 차이

| | |
|---|---|
| 입력 문장 | 짓밟혀 쑥밭이 되고 **페허**가 되었던 땅이 이제는 비좁아 사람들이 살 수 없게 **되였다.** |
| 번역 결과 | 짓밟혀 황무지가 되고 **폐허**가 되었던 땅이 이제는 비좁아져서 사람이 살 수 없게 **되었다.** |

[표 9-8] 남한어→북한어 번역 모델을 통해 확인되는 한자어 모음 표기 차이

| | |
|---|---|
| 입력 문장 | 보스라가 **폐허** 더미가 **되어** 그곳에서 일어난 일을 본 사람들이 놀랄 것이다. |
| 번역 결과 | 보스라가 **페허**가 **되여** 거기서 일어난 일을 보고는 모두들 깜짝 놀랄 것이다. |

#### 4) 결론 및 향후 과제

지금까지 남북한 병렬 데이터셋을 구축하고, 이를 바탕으로 남북한 간 언어 차이를 반영한 기계 번역 모델의 개발 과정을 소개하였다. 성경 전서와 고전 소설을 활용해 확보한 약 130,000개의 문장 쌍으로 구성된 병렬 데이터셋은 기계 번역의 필수적인 자원으로, 남북한 언어적 특성을 충분히 반영하도록 설계되었다. 이 데이터셋은 KoBART를 기반으로 한 번역 모델의 훈련과 평가에 활용되었으며, BLEU Score와 BERT Score를 사용한 정량적 평가에서 양방향 번역 모델이 전반적으로 높은 성능을 기록하였다. 특히 북한어에서 남한어로의 번역 성능이 우수했으며, 이는 남한어 데이터의 다양한 번역본이 영향을 미친 결과였다. 정성적 평가에서는 남북한 언어의 이해라는 도서에서 제시된 문법 차이 분석 틀을 활용하여 어휘, 맞춤법, 띄어쓰기, 두음법칙, ㅖ 표기 등 세부 사항이 번역 결과에 잘 반영되었는지 검토하였다. 그 결과, 번역 모델은 남북한 간의 미묘한 언어적 차이를 세밀하게 처리하는 데 성공적이었으며, 언어적 장벽을 허물고 소통을 증진시키는 가능성을 보여 주었다.

앞으로 본 연구는 더욱 다양한 북한어 데이터를 추가로 수집하여 모델의 성능을 한층 더 고도화하는 것을 목표로 하고 있다. 특히, 다양한 문체와 전문 용어를 포함한 추가적인 데이터셋을 확보함으로써, 남북한 간 언어 통합과 실질적인 의사소통 도구로서 번역 모델을 발전시키고자 한다. 이를 통해 통일을 대비한 언어적 소통 기반을 마련하는 데 중요한 기여를 할 수 있을 것이다.

## 2. 북한 및 통일 연구를 위한 전문 검색 엔진

한반도의 분단은 단순한 정치적 경계를 넘어서, 남북한 간의 오해와 갈등을 지속시키는 주요 요인으로 작용해 왔다. 남북한 관계는 20세기 중반부터 지금까지 한반도의 정세를 규정하는 중요한 변수로 자리 잡았으며, 이러한 관계를 심층적으로 이해하는 것은 미래의 평화적 협력을 위해 필수적이다. 특히, 남북한 간의 경제 · 사회 · 문화적 차이를 줄이고, 역사적 오해를 해소하기 위한 학문적 연구는 갈수록 더 중요한 과제로 대두되고 있다. 그러나 남북한 간의 정보 교류는 분단 이후 계속해서 제한되어 왔으며, 이는 연구자와 정책 결정자들이 필요로 하는 정보에 쉽게 접근하지 못하는 큰 장애물로 작용하고 있다.

북한과 통일 연구는 정치, 경제, 사회, 국제 관계를 아우르는 광범위한 주제를 포함하는 분야로, 방대한 양의 데이터가 필요하다. 그러나 대중이 이용할 수 있는 북한 및 통일 관련 정보는 여전히 제한적이고, 연구 자료는 다양한 기관과 출처에 산재해 있어 이를 통합적으로 관리하고 접근하는 것이 매우 어렵다. 특히 기존의 일반 검색 엔진들은 남북한 및 통일 관련 자료에 대한 신뢰성과 정확성을 보장하지 못하는 경우가 많다. 구글, 네이버와 같은 범용 검색 엔진은 다양한 주제를 다루지만, 통일 및 북한 연구와 같이 전문성을 요구하는 분야에서는 자료의 접근성이나 신뢰성에 한계를 보인다. 이는 연구자가 관련 문헌을 찾기 위해 많은 시간과 노력을 들여야 하며, 정보의 산발적 배치로 인해 중요한 자료를 놓치는 경우도 빈번하다.

이러한 문제를 해결하기 위해 KUBiC 검색 엔진이 개발되었다. KUBiC 검색 엔진은 남북한 관계와 통일에 관한 다양한 데이터를 체계적으로 수집하고, 이를 연구자, 정책 결정자, 일반 대중이 쉽게 접근할 수 있도록 설계된 전문 검색 플랫폼이다. 북한 및 통일 연구는 방대한 양의 자료를 요구하지만, 그 정보들이 다양한 출처에 흩어져 있어 접근하기가 쉽지 않다. KUBiC 검색 엔진은 이러한 자료들을 한 곳에 통합하여 신뢰할 수 있는 학술 자료, 정책 문서, 보고서 등을 제공함으로써, 관련 연구와 정책 결정 과정에 실질적인 도움을 줄 수 있도록 설계되었다. 이 검색 엔진은 기존의 일반 검색 엔진과 달리,

북한과 통일에 관한 자료에 특화되어 있어 연구자들이 보다 효과적으로 자료를 분석하고 통찰을 얻을 수 있는 환경을 제공한다. 이제 KUBiC 검색 엔진의 구체적인 기능에 대해 살펴보자.

[그림 9-1] KUBiC 검색 엔진의 초기 화면

### 1) KUBiC 검색 엔진의 소개

KUBiC 검색 엔진은 통일교육선도대학사업의 일환으로 한동대학교에서 개발된 전문 검색 엔진으로, 북한과 통일 연구에 필요한 자료를 체계적으로 수집하고 관리하기 위해 고안되었다. 이 검색 엔진은 북한과 통일 연구라는 특수한 주제를 다루기 때문에, 기존의 일반 검색 엔진과 차별화된 기능을 제공한다. 즉, 구글, 네이버와 같은 범용 검색 엔진은 방대한 양의 데이터를 다루지만, 특정 주제에 집중하지 않아 관련 자료를 놓치거나 신뢰성 있는 학술 자료를 신속하게 찾기 어려운 문제가 있다. 이에 반해 KUBiC 검색 엔진은 통일 및 북한 연구에 필요한 전문 자료를 체계적으로 수집하고, 자료를 계층적으로 구조화하는 수직적 설계(vertical design)를 통해 서비스를 제공한다. 이러한 설계 원칙은 연구 주제에 따라 자료를 세부적으로 분류하고, 사용자가 요구하는 정보에 신속하게 접근할 수 있도록 검색 경로를 최적화하는 데 중점을 둔다. 이를 통해 연구자들은 방대한 데이터 속에서도 필요한 정보를 효율적이고 정확하게 찾아낼 수 있는 환경을 제공받을 수 있다.

결과적으로 KUBiC 검색 엔진은 다양한 출처에서 제공되는 북한 및 통일 관련 자료를 통합적으로 관리하여 연구자들의 접근성을 크게 향상시킨다. 북한 관련 문서, 정책 보고서, 논문, 정기 간행물 등은 여러 기관에 산재해 있어, 연구자들이 각각의 자료를 개별적으로 탐색하는 데 많은 시간과 노력을 들여야 했다. 이를 해결하기 위해 KUBiC 검색 엔진은 북한 및 통일 관련 자료를 자동으로 수집하는 크롤링 시스템을 구축하고, 수집된 자료를 하나의 데이터베이스로 통합하였다. 이를 통해 연구자들은 다양한 출처에서 나온 자료를 통합적으로 탐색할 수 있게 되었으며, 연구에 필요한 신뢰성 있는 정보를 보다 쉽게 확보할 수 있게 되었다.

또한, KUBiC 검색 엔진은 연구자뿐만 아니라 정책 결정자와 일반 대중까지 폭넓은 사용자층을 고려하여 설계되었다. 통일과 북한 연구는 남북한 관계의 미래를 예측하고 대비하는 데 중요한 기초 자료를 제공하며, 정책 수립과 국제 관계에서도 핵심적인 역할을 한다. KUBiC 검색 엔진은 이러한 연구 결과물을 정책 결정자와 대중이 손쉽게 접근하고 활용할 수 있도록 다양한 기능을 지원한다. 이는 각종 연구 수행 결과물이 적절한 맥락에서 정확한 근거를 갖고 활용될 수 있도록 도울 뿐만 아니라, 연구 결과가 실제 정책에 반영될 수 있는 기반을 마련하는 데 기여하도록 개발되었다. 나아가 KUBiC 검색 엔진은 북한 연구와 관련된 정보를 하나의 통합 플랫폼에서 제공함으로써, 남북한 관계와 통일 연구의 저변을 확대하는 데 중요한 역할을 한다.

[그림 9-2] KUBiC 검색 엔진의 검색 결과 예시

### 2) KUBiC 검색 엔진 주요 기능

KUBiC 검색 엔진은 북한 및 통일 연구에 필요한 자료를 효과적으로 탐색하고 분석할 수 있는 여러 기능을 제공한다. 이 엔진의 주요 기능은 문서 검색과 열람, 자료 분석, 커뮤니티 및 소개, 오픈 API를 포함하며, 이를 통해 사용자가 필요한 정보를 쉽게 얻고 분석할 수 있도록 설계되었다.

## ▪ 문서 검색 및 열람

KUBiC 검색 엔진의 핵심 기능 중 하나는 문서 검색과 열람 기능이다. 사용자는 간단한 검색창을 통해 북한 및 통일과 관련된 문서에 쉽게 접근할 수 있다. 기본적인 검색 기능 외에도, 상세 검색 기능을 제공하여 문서의 종류, 발행 기간, 발행 기관 등 다양한 조건을 설정해 더 정밀한 검색이 가능하다.

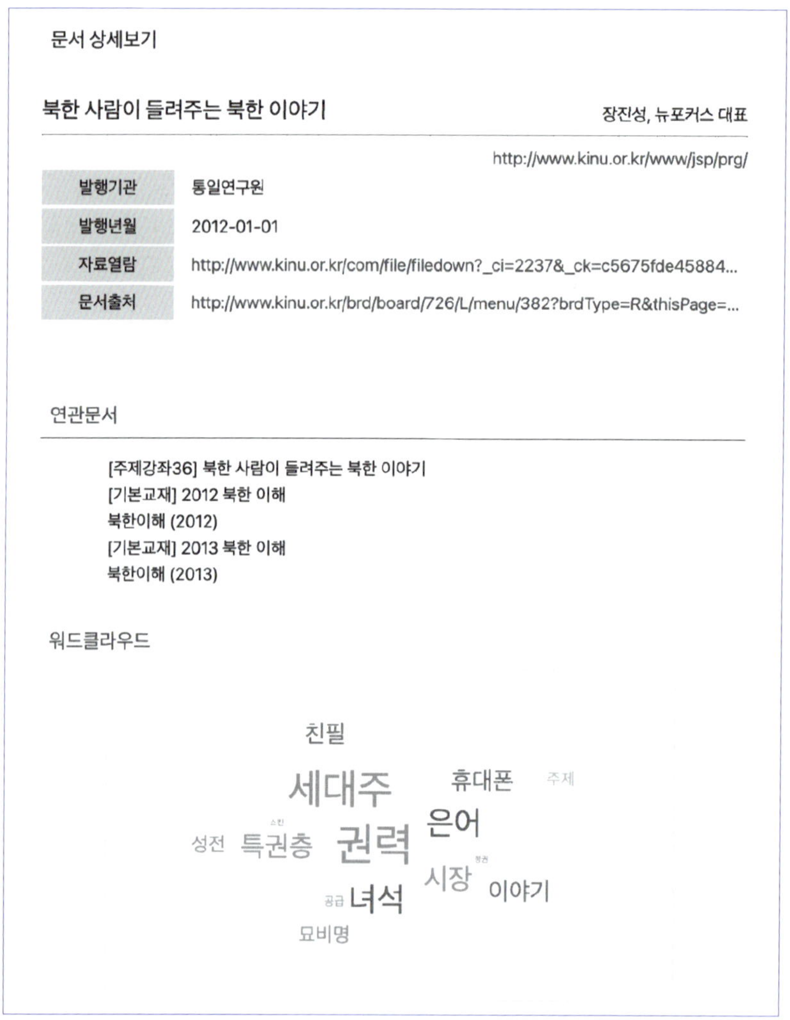


[그림 9-3] 문서 내용 열람 화면

예를 들어, 특정 주제나 기간에 따라 문서를 필터링하거나, 특정 기관에서 발행된 자료만을 검색할 수 있다. 또한, 키워드를 기반으로 한 포함 및 제외 검색 기능을 통해 사용자들은 필요에 맞게 결과를 정밀하게 조정할 수 있다. 이러한 검색 기능은 연구자가 방대한 자료 속에서 신속하게 필요한 정보를 찾아내는 데 유용하다.

검색 결과로 나온 문서는 사용자가 개인 보관함에 저장하여 재열람하거나 분석할 수 있다. 이 기능을 통해 연구자는 자신이 중요하게 생각하는 문서를 보관하고 필요할 때마다 쉽게 열람할 수 있으며, 분석 과정을 반복하거나 비교 연구를 수행할 수 있다. 아울러, 특정 문서나 키워드를 기반으로 관련 문서를 자동으로 추천해 주는 기능도 있어, 연구자가 새로운 자료를 발견하는 데 도움을 줄 수 있다.

### ▪ 자료 분석

KUBiC 검색 엔진은 문서 검색뿐만 아니라 자료 분석 기능도 제공한다. 사용자가 보관함에 저장한 문서들은 KUBiC에서 제공하는 통계적 기법을 활용해 심층적으로 분석될 수 있다. 이를 통해 연구자는 문서 집합에 나타나는 주요 경향성을 파악하고, 이를 기반으로 의미 있는 결론을 도출할 수 있다. 자료 분석은 전처리와 본 분석의 두 단계로 진행된다. 전처리 단계에서는 문서에 대한 형태소 분석을 통해 유의어와 불용어를 제거하고, 복합어를 처리하여 분석할 데이터를 정제한다. 이러한 전처리 과정을 통해 문서 분석의 정확성과 효율성이 높아지며, 연구자의 연구 목적에 부합하는 데이터를 제공할 수 있다.

본 분석 단계에서는 텍스트 데이터에 대한 고급 분석 기법이 적용된다. 예를 들어, 빈도 분석, 군집 분석, 의미 연결망 분석, 토픽 모델링 등의 방법을 사용하여 문서 내 주요 키워드와 주제를 파악할 수 있다. 이러한 분석 결과는 시각화 도구를 통해 사용자에게 제공되며, 연구자가 보다 직관적으로 데이터를 이해할 수 있도록 돕는다. 워드 클라우드, 그래프, 네트워크 다이어그램과 같은 시각적 도구를 사용하여 연구자는 문서 집합의 구조와 의미를 쉽게 파악하고, 필요한 정보를 빠르게 도출할 수 있다.

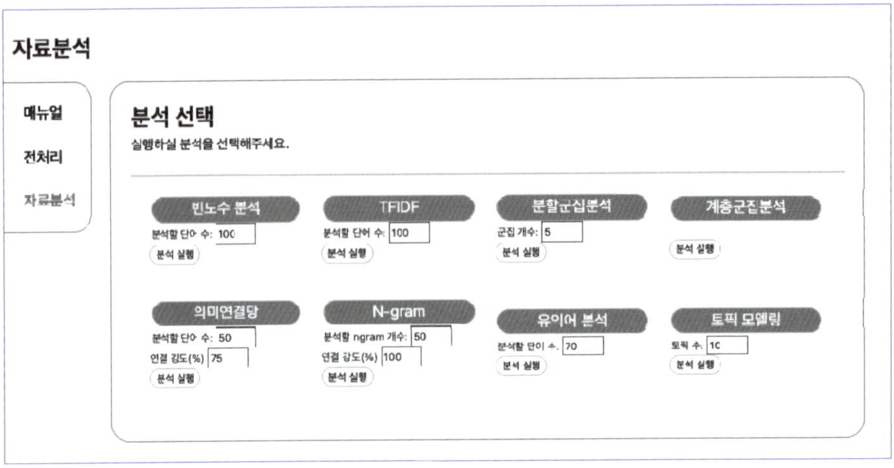


[그림 9-4] KUBiC 검색 엔진의 고급 데이터 분석 기능

### ▪ 커뮤니티 및 소개

KUBiC 검색 엔진은 사용자 간 커뮤니티 기능을 제공하여 연구자들이 정보를 공유하고 학술적 교류를 활성화할 수 있도록 설계되었다. 이 커뮤니티 기능을 통해 사용자들은 최신 연구 결과나 주요 기관의 소식을 빠르게 접할 수 있으며, 서로의 의견을 교환하고 피드백을 제공할 수 있다. 또한, 연구자들이 KUBiC을 활용해 공동 연구를 수행하거나 협력할 기회를 마련함으로써, 통일 연구와 북한 연구 분야의 학문적 교류를 촉진하는 데 중요한 역할을 한다. 커뮤니티 기능 외에도, 사용자는 서비스에 대한 질의응답이나 제안을 할 수 있다. 아울러, 홈페이지의 소개 메뉴에서는 시스템의 목표, 주요 기능, 사용 방

법에 대한 정보를 제공하여 처음 사용하는 사람도 KUBiC을 쉽게 활용할 수 있도록 돕는다. 이를 통해 사용자가 각 기능을 최대한 활용할 수 있는 환경을 조성한다.

### ▪ KUBiC 오픈 API

KUBiC Open API는 외부 개발자와 연구자가 KUBiC 데이터를 보다 유연하게 활용할 수 있도록 지원하는 기능이다. 이 서비스는 REST API(Application Programming Interface) 형태로 제공되며, KUBiC 데이터를 외부 애플리케이션이나 데이터 분석 도구에 직접 통합하여 제3자 프로그램(3rd party program) 개발에 활용할 수 있게 한다. 공개된 API를 통해 사용자는 키워드 기반의 단순 검색뿐만 아니라 문서 제목, 작성자, 기관명 등 다양한 조건으로 데이터를 필터링하는 상세 검색도 수행할 수 있으며, 내 보관함에 저장된 문서만을 대상으로 검색할 수 있는 기능도 제공된다. 이를 통해 연구자들은 자신이 관리하는 자료를 활용해 맞춤형 분석을 수행하거나, 대규모 데이터 분석 도구와 연동하여 연구에 활용할 수 있다. 예를 들어, 데이터 분석 스크립트를 통해 자동화된 분석을 수행하거나, 특정 주제에 대한 실시간 데이터 수집을 자동화하는 등의 작업을 할 수 있다. 이러한 API 기능은 KUBiC을 단순한 정보 검색 도구에 그치지 않고, 다양한 연구와 개발 프로젝트에서 중요한 역할을 수행할 수 있는 확장성 있는 플랫폼으로 자리 잡게 한다.

### 3) 결론 및 향후 과제

KUBiC 검색 엔진은 북한 및 통일 연구 자료에 대한 수직적 구조 설계를 통해 접근성과 분석 기능을 크게 개선한 플랫폼이다. 문서 검색과 열람, 자료 분석, 커뮤니티 기능, 오픈 API를 통해 연구자, 정책 결정자, 일반 대중 모두가 신뢰할 수 있는 자료에 쉽게 접근하고, 이를 바탕으로 연구와 정책 수립에 필요한 정보를 도출할 수 있는 환경을 제공한다. 체계적으로 설계된 시스템 구조는 효율적인 데이터 수집과 분석을 가능하게 하며, KUBiC 검색 엔진의 오픈 API는 큐빅 데이터를 외부 애플리케이션과 연동하여 더욱 폭넓은 연구 및 개발 프로젝트를 지원할 수 있도록 한다.

향후 KUBiC 검색 엔진은 북한 및 통일 관련 데이터의 출처를 다양화하고 보유량을 지속적으로 확대하며, 검색 및 분석 기능을 고도화하는 방향으로 발전시키고자 한다. 특히, 빠르게 발전해 가는 자연어 처리 기술을 활용해 사용자의 검색 경험을 더욱 개인화하고, 맞춤형 자료 제공 기능을 강화함으로써 연구자들이 보다 심도 있는 연구를 수행할 수 있도록 지원하는 환경으로 조성하고자 한다. KUBiC은 단순한 데이터 제공 플랫폼을 넘어, 남북한 관계와 통일 연구의 중요한 정보 허브로 자리 잡을 수 있도록 지속적으로 발전해 나갈 것이다.

## Ⅲ 토의 및 결론

통일의 꿈은 아직 멀게 느껴질 수 있지만, 남북한 간의 소통과 상호 이해를 촉진하는 기술은 그 간극을 좁히는 중요한 역할을 할 수 있다. 남북한 병렬 데이터셋을 기반으로 한 번역 모델 개발과 북한 및 통일 연구를 위한 전문 검색 엔진은 이러한 미래를 준비하는 중요한 도구로 사용될 수 있다. 신뢰할 수 있는 정보에 대한 접근과 언어적 장벽을 넘는 기계 번역 기술을 통해 남북한이 서로를 더 깊이 이해하고 협력할 수 있는 환경을 구축할 수 있다. 이는 단순한 기술 발전을 넘어, 상호 이해를 기반으로 남북한이 지속 가능한 미래를 만들어 가는 데 중요한 마중물이 될 것이다.

KUBiC을 중심으로 한 연구 동력은 지금까지의 성과를 기반으로 더욱 발전된 연구 주제를 제안 및 추진하고자 한다. 특히, 현재 연구계에서 제안되고 있는 향상된 학습 기법을 적용하여 번역 모델의 성능을 향상시키는 동시에, 단어 사전과 영상 등 기존 데이터 자원을 활용한 번역 모델 기능 확장 방안도 모색하고 있다. 이와 더불어, 대규모 언어 모델(LLM)을 활용한 병렬 데이터 쌍의 추가 증강과 대화형 검색 엔진으로 기능 확장도 준비 중이다. 이러한 연구는 북한 및 통일 연구의 범위를 확장하는 데 기여할 뿐만 아니라, 남북한 간 정보 격차를 줄이고 상호 이해를 촉진하는 데 중요한 역할을 할 것이다. 나아가 통일을 대비해 남북한 간 실질적인 소통과 협력을 가능하게 하며, 기술을 바탕으로 평화와 협력의 시대를 여는 데 기여할 수 있을 것으로 기대된다. 앞으로도 우리의 연구는 이러한 목표를 향해 꾸준히 나아갈 것이며, 기술과 연구를 통해 한반도의 평화와 번영에 실질적으로 기여할 수 있는 발판을 마련하고자 한다.

### 감사의 글

본 연구 및 개발 프로세스를 처음 제안하시고, 성공적으로 이끌어 가도록 함께해 주신 한동대학교 남새장 교수님과 박지현 교수님께 진심으로 감사드립니다. 또한, KUBiC 프로젝트를 위해 시간과 노력을 쏟아준 모든 학생 팀원들에게도 감사의 인사를 전합니다.

## 생각해 볼 거리

1. 남북한 간 단어의 38%와 전문 용어의 66%가 상이하다고 한다. 이러한 차이는 통일 이후 일상생활과 전문 분야(**예** 의료, 법률)에서 어떤 문제를 일으킬 수 있을까요? 이를 해결하기 위한 구체적인 방안은 무엇일까요?

2. 탈북민들이 남한 사회에 적응할 때 남한어 이해에 어려움을 겪는 이유는 무엇일까요? 이를 해결하기 위해 언어교육 프로그램에 어떤 요소를 포함해야 할까요?

3. 북한어와 남한어의 미묘한 차이를 반영한 번역 모델이 통일 이후 언어 통합에 기여할 수 있을까? 이 모델의 한계와 이를 개선하기 위한 방안은 무엇일까요?

4. 기계 번역 모델이 통일 준비 과정에서 중요한 역할을 할 수 있다고 볼 때, 단순 번역 이상의 기능(**예** 언어 학습 도구 제공)을 제공하려면 어떤 추가 기술이 필요할까요?

5. KUBiC 검색 엔진은 남북한 및 통일 연구 자료의 접근성을 높이는 데 기여하고 있습니다. 기존의 범용 검색 엔진과 비교했을 때 KUBiC만의 강점과 약점은 무엇일까요?

6. KUBiC을 통일 준비를 위한 플랫폼으로 발전시키기 위해 더 필요한 기능이나 데이터는 무엇일까요? 이를 구현하기 위해 어떤 기술적 과제를 해결해야 할까요?

7. 남북한 간의 정보 격차를 줄이기 위해 데이터 수집 및 분석 기술의 발전 외에도 어떤 사회적 또는 정책적 노력이 필요할까요?

## 참고자료 및 더 읽어볼 거리


김혜영 · 김미소. (2020). 북한 및 통일 문헌 빅데이터 검색 엔진 설계 및 구현 사례 연구 [A case study on the design and implementation of a North Korean and unification document big data search engine]. Proceedings of Korea Computer Congress 2020. Vol.47, No.1, 1292-1294.

Akdemir, A., Jeon, Y., & Shibuya, T.(2022). Developing language resources and NLP tools for the North Korean language. Proceedings of the 13th Conference on Language Resources and Evaluation, 5595-5600.

Angular Team. Angular. Retrieved from https://angular.dev/

Cho, O., Kim, Y., & Park, D.(2002). 남북한 언어의 이해 [*Understanding the languages of North and South Korea*]. Youkrack.

Choi, H., & Hong, C.(2022). Neural machine translation using South Korean-North Korean parallel corpus. Proceedings of Korea Multimedia Society Conference, 25.

Chun, H., Lee, C., Choi, H., & Hong, C.(2024). Bridging the Linguistic Divide: Developing a North-South Korean Parallel Corpus for Machine Translation. Pacific Asia Conference on Language, Information, and Computation (PACLIC 38).

Elastic NV. Elasticsearch. Retrieved from https://www.elastic.co/elasticsearch

Geuldongmu(2015). Geuldongmu : North-South Korean translator. Retrieved from https://www.geuldongmu.org/

Jhee, B.(2023). 통일의 내재적 외재적 가치 인식. [Perception of intrinsic and extrinsic values of unification] *Journal of Democracy and Human Rights, 23*(1), 37-72.

Kim, H., Moon, S., Okazaki, N., & Komachi, M.(2022). Learning how to translate North Korean through South Korean. Proceedings of the 13th Conference on Language Resources and Evaluation, 6711-6718.

Kim, H., Tosho, H., Moon, S., Okazaki, N., & Komachi, M.(2023). North Korean neural machine translation through South Korean resources. ACM Transactions on Asian and Low-Resource Language Information Processing, 22.

Lewis, M., Liu, Y., Goyal, N., Ghazvininejad, M., Mohamed, A., Levy, O., Stoyanov, V., & Zettlemoyer, L.(2019). BART : Denoising sequence-to-sequence pre-training for natural language generation, translation, and comprehension.

Proceedings of the 58th Annual Meeting of the Association for Computational Linguistics, 7871–7880.

McCallum, A.(1999). A machine learning approach to building domain-specific search engines. Proceedings of the 16th international joint conference on Artificial intelligence. Vol.2, 662 - 667.

MongoDB Inc. MongoDB. Retrieved from https://www.mongodb.com/

National Institute of Korean Language(2016). 2016 survey on language awareness of North and South Korea. National Institute of the Korean Language.

Papineni, K., Roukos, S., Ward, T., & Zhu, W. J.(2002). BLEU : A method for automatic evaluation of machine translation. Proceedings of the 40th Annual Meeting of the Association for Computational Linguistics, 311–318.

Pallets Projects. Flask. Retrieved from https://flask.palletsprojects.com/

Park, B.(2016). 남북한 언어 차이 심각…일반어 38%, 전문어 66% 달라 [Serious language difference between North and South Korea : 38% difference for everyday language, 66% for specialized language]. VoA Korea.

Park, G.(2023). Waiting on the North : Unified Korean dictionary project's long journey. The Korea Herald.

Park, J., Hong, J., & Cha, J.(2016). Korean language resources for everyone. Proceedings of the 30th Pacific Asia Conference on Language, Information and Computation.

Python Software Foundation. Python. Retrieved from https://www.python.org/

Yu, H. (2021). Gyeoremal-keunsajeon as a dictionary of language integration in South and North Korea. Yonsei University Institute of Language and Information Studies, 53, 5–30.

Zhang, T., Kishore, V., Wu, F., Weinberger, K. Q., & Artzi, Y. (2020). BERTScore : Evaluating text generation with BERT. 8th International Conference on Learning Representations.

Zyte. Scrapy. Retrieved from https://scrapy.org/

# 다시 느낀 통일 : 수업 소감문 나눔

16주의 통일한국개론 수업을 듣고 학생들이 경험하고 다시 느낀 통일에 대해 나누는 소감문을 통해 "나에게 통일이란 [　　　] 이다"에 대해 재조명해 보는 시간을 가지고 있다. 학생들이 적은 소감문 몇 가지를 나누어 보고자 한다.

## ▪ '구체적인 준비'이다.

나는 수업 초반에 통일은 '준비'라는 이야기를 나누었었다. 왜냐하면 준비되지 않은 통일은 위험하고, 결국에는 이루어질 통일을 위해 우리가 먼저 준비되어 있어야 한다고 생각하기 때문이었다. 그래서 준비되기 위해 북한에 대해 알기 위해 이 수업을 듣고자 했었다. 수업을 듣고 나서인 지금도 동일하다. 여전히 나는 통일은 준비라고 생각한다. 그런데 하나의 수식어가 붙었다. 통일은 '구체적인 준비'이다. 수업을 들으며 통일이 되있을 때 고려해야 할 문세들이 너무나 많다는 것을 알게 되었다. 내가 생각했던 것보다 훨씬 더 복잡하고 고려해야 할 것이 많다. 법도, 도시환경도, 소송 문제, 국제관계도 통일이 되면 모든 것이 다 연결되어 있고, 해결해야 할 분야가 방대하기 때문에 이를 위해서 우리가 구체적으로 준비되어야 한다. 각각의 은사와 부르심에 따라, 전공 분야에 따라 통일을 이루기 위해 통일한국이 되고 해결해야 할 문제들에 대해 구체적으로 고민하고 준비해야 한다. 15주 차까지 수업을 들으면서 통일한국개론 수업을 들을 수 있어서 감사했다. 각 분야별로 전문가이신 교수님들께서 통일에 관해 구체적으로 가르쳐 주셔서, 관심 없던 영역에서 통일을 위해 고민해 볼 수 있던 귀한 시간이었다. 그리고 가르쳐 주시는 교수님들께서 통일을 향한 열정과 마음이 크셔서, 교수님께 수업을 들을 수 있는 게 감사하고 영광스러웠다. 나도 교수님들처럼 북한을 향한 이 작은 관심이 통일을 위해 몸과 마음 바쳐 쓰이는 사람이 될 수 있을까 하는 생각이 들었다. 돌이켜보면 수업 때 느끼는 나의 감정들이 참으로 다이내믹했다. 애통한 마음으로 교수님께서 우실 때 함께 울었고, 때로는 분노가 속에서 끓어올라서 어쩔 줄 모르기도 했고, 여태까지 관심을 가지지 않았던 나의 무지함에 하나님 앞에 부끄러웠다. 내가 결코 잘나서 한국에 태어난 것이 아닌데, 그들이 못나서 북한에 태어난 것이 아닌데 하면서 낮아질 수밖에 없었다. 억눌린 자를 자유케 하시고, 고아와 과부를 돌보시는 하나님께서 통일은 반드시 이루실 것이다. 남한 사람들인 우리가 돌이키고 깨어날 때, 준비될 때 그분의 방법대로 통일을 이루실 것이다. 남한에서 태어난 내가 당연하게 여기지 않고, 통일이 되었을 때 북한 사람들을 어떻게 품고 사랑할지 계속 깎이며 준비되고 싶다. 늦었지만 이제라도 그 땅의 영혼들의 아픔과 고통을 알고 기도할 수 있어서 감사했다.

**▪ '돛단배'이다.**

수업을 들으면서 아직 통일의 꿈을 잃지 않고 각자의 자리에서 맡은 일을 다하며 통일을 준비하는 사람들이 많이 있다는 사실을 알게 되었다. 통일에 대한 관심이 점점 줄어드는 현재의 상황에서 통일에 관한 수업을 열고 학우들과 서로 토론을 하고 의견을 공유하는 것을 통해 다른 의견을 받아들이고 타당하지 않은 것 같은 주장에 대해서는 다시 한번 생각해 보면서 통일에 대해서 관심을 가지게 되었던 것 같다. 수업을 듣기 전에는 통일에 대해서 부정적인 시선으로 봤다면 현재는 긍정적인 시선이라고는 말할 수 없지만 통일에 대해서 어느 정도 긍정적으로 마음을 연 상태가 되었고, 만약 통일한국개론 수업을 듣지 않았다면 이러한 기회조차 얻을 수 없었을 것이라고 생각한다. 수업을 다 듣고 난 후 나에게 통일이란 돛단배이다. 사람들의 관심이 없고 부정적인 시선이 모이면 배는 역풍을 맞아 앞으로 나아갈 수 없지만 사람들의 관심, 긍정적인 시선, 통일을 염원하는 마음과 남북 관계 개선 등의 바람이 모이면 순풍을 탄 돛단배처럼 통일을 향해 나아갈 수 있을 것이다.

■ **'랜덤 선물상자'이다.**

랜덤 선물상자 안에는 무엇이 들어 있는지 알 수 없는 것처럼 결과적으로 통일도 선물과 같이 우리에게 어떤 영향을 끼칠지는 확실히 알수 없지만, 한반도의 미래에 긍정적인 영향을 미칠 수도 있음을 기대할 수 있다. 또한 15주 동안 수업을 들으며 한 가지 추가하고 싶은 짐이 생겼나. 통일은 여전히 랜덤 선물상자는 맞지만 꽁꽁 포장되어 있는 선물상자라는 생각이 들었나. 통일이라는 랜덤 선물상자를 열기 위해서는 우선적으로 꽁꽁 싸매어져 있는 포장지를 잘 뜯어야 한다고 생각한다. 그 포장지를 뜯는 과정이 우리가 현재 통일을 준비하는 과정이고 랜덤 선물상자에서 선물을 뽑는 과정을 통일 후 우리가 겪게 될 여러 상황에 비유할 수 있을 것 같다. 선물상자 포장이 너무 단단하고 복잡하게 되어 있어 그 과정이 힘들고 포기하고 싶을 수도 있지만 포장지를 다 뜯었을 때 얻게 되는 선물들을 생각하며 기대와 인내심을 가져야 할 것 같다. 통일은 분명히 우리에게 선물이다. 귀한 선물일수록 그것을 얻기 위해서는 노력이 필요하다. 통일이 이루어지기까지 많은 시간과 노력이 필요하겠지만 그 시간을 거쳐 큰 선물을 얻을 우리나라의 미래를 생각하면 앞으로 통일 준비에 있어 동기 부여가 되는 것 같다.

통일한국개론 수업을 들으면서 한 가지 달라진 점이 있다면, 예전에는 통일의 복합적 문제들이 통일을 공부하는 데 있어 부담을 느끼게 했다면, 이제는 나도 나의 관심 분야 혹은 추후 나의 전문 분야를 통해 통일을 준비할 수 있고 더이상 부담이 아닌 기대로 변화했다는 것이다. 통일은 다양한 분야의 사람들이 함께 각자의 자리에서 한마음 한뜻으로 힘을 합쳐 해결해 가야 하는 문제라는 생각을 했다. 수업을 통해 배운 통일에 대한 다양한 접근 방식이 앞으로 내가 통일을 위해 어떤 자세로 어떻게 준비할 수 있을지 안내해 주었고 앞으로 내가 가져야 하는 시대적 사명에 대한 책임감을 다시 한번 되새길 수 있던 유익한 시간이었다.

- **'한국 모든 사람에게 주어진, 기한 마감을 모르는, 미리 준비해야 할 과제' 이다.**

나는 이 수업을 들을수록 통일에 대한 다양한 분야와 전공 관점에서 새로운 관점들과 정보들을 얻을 수 있었다. 탈북민들의 상황, 제3국 아이들, 통일비용보다 훨씬 많이 나가고 있는 분단비용 등 내가 전혀 바라보지 못한 부분들을 볼 수 있었다. 이 외에도 다양한 곳에서 통일을 힘쓰시는 분들을 보면서 정말 나부터 저 북한을 품고 내 전공과 장점을 이용하여 도울 수 있을지 고민해야겠다는 마음을 가지게 되었던 것 같다. 그리고 이러한 마음이 나뿐만 아니라 대한민국 사람들이 모두 품어야 한다는 것을 서독과 동독의 통일을 보면서 더욱 느꼈던 것 같다. 서독이 동독을 위해 끊임없이 인내하며 기도하고 지원을 지속적으로 했을 때 동독 사람들 또한 통일에 대한 마음을 가지게 되는 계기가 형성되고 이는 평화시위로 통일이 되었다는 것은 나에게 도전이 되고 소망을 품게 해주는 사실인 것 같았다. 하지만 기대와는 달리 생각보다 북한에 대한 우리나라 사람들의 시선은 좋지 않다. 북한과 관련된 영상이나 뉴스에는 부정적인 말들로 가득하다. 그렇기에 나는 이러한 모습을 발견하면서 크리스천으로서 북한과의 통일은 하나님께서 대한민국 사람들에게 주어진 과제이자 기회라는 것과 내가 알지 못했던 것과 같이 그들 또한 알지 못하는 정보를 알려주며 함께 통일 준비하자고 말하는 내가 되어야겠다고 다짐하게 된 한 학기가 되었다.

■ **'다가오는 파도'이다.**

"통일에 대한 과거의 답과 현재의 답은 무엇인가?"에 대해 나는 이렇게 답하고 싶다. 학기 초에는 통일이 '어린아이와 같은 마음이 필요한 것'으로 생각했는데 학기가 끝나는 지금은 '다가오는 파도'와 같은 것이라고 말하고 싶다. 어린아이와 같은 마음은 통일을 위해 필요한 순수한 마음으로, 북한에 대해 호기심을 가지고 열린 마음으로 다가가는 마음을 의미한다. 이렇듯 통일한국개론 수업을 듣기 전의 나의 태도는 통일을 위해 마음을 준비해야 한다는 의견이었지만, 듣고 난 이후에는 확실히 실제적이고 구체적인 노력을 해야 한다는, 보다 더 적극적인 태도로 바뀌게 되었다. 왜 통일은 파도와 같은 것으로 생각했냐면, 파도는 모두 제각기 다르게 오고, 그 파도를 타는 방법도 제각기 다른 것처럼, 통일도 각 사람에게는 다른 모습으로 오고 통일을 겪어가는 과정도 모두 다르기 때문이다. 또한 통일과 파도는 둘 다 준비하지 않으면 휩쓸려 버린다는 점에서 공통점이 있다. 그래서 통일은 다가오는 파도와 같다고 생각한다.

통일에 대해 부정적으로 바라보는 사람들이 증가하는 현 상황에서, 왜 통일을 해야 하는지에 대한 나만의 이유를 확립하는 것이 통일의 리더로서 꼭 필요한 것이라고 주장한다. 통일한국개론 수업을 들으면서 많은 교수님들의 통일 관련 비전과 통일을 원하시는 이유를 들었다. 다양한 이유를 들으면서 나에게도 울림이 있는 대상이 다가왔다. 바로 북한 주민들인데, 나는 그분들과 인격적인 교류를 나누고 더불어 살아가고 싶기에 통일을 원한다. 현 북한의 비인격적이고 부당한 권위주의적 독재체제는 북한 주민들의 기본권을 해치는 '악'이라고 본다. 하나님이 귀하게 빚으신 존재들이 하나님의 자녀라는 정체성을 알지 못한 채로 고통 받으며 삶을 마감하는 것은 너무 가슴이 아프다. 북한 주민을 동정하는 것이 아니라 그들의 존재와 가능성을 마음껏 펼치지 못하게 하는 그 상황에 화가 나고 속상하다. 나의 마음을 앞으로 살아가면서 더 발전시키고 통일을 위해 사용해야겠다.

- **'우리나라와 북한이 서로 협력하여 해결해야 하는 숙제'이다.**

나는 마지막 통일한국개론 수업을 들으면서 이번 학기 때 북한과 통일에 대해 많은 것을 단순히 뉴스나 기사에서 보이는 북한이 아닌 보이지 않는 북한에 대해 알게 되어서 너무 좋았다. 학기 초반에 통일은 '우리나라가 반드시 해결해야 하는 숙제'라고 말했지만 지금은 통일은 '우리나라와 북한이 서로 협력하여 해결해야 하는 숙제'라고 말할 수 있게 되었다. 이 수업을 통해 나는 남한과 북한이 통일이 되었을 때 북한이 국제사회에 피해를 끼친 납북 문제와 인권 문제에 대한 책임은 어떻게 해결할 것인지, 북한과 남한이 통일이 된다면 발생할 남북한의 경제 차이로 인한 경제적 문제와 통일로 인해 발생하는 북한과 남한 사람들의 문화, 언어, 그리고 편견들로 인해 발생하는 사회적 문제를 어떻게 대비 및 준비를 할 것인지, 마지막으로 통일된 한국이 국제 사회에서 어떠한 위치에 있을 것이며 이로 인해 발생하는 외교 문제를 어떻게 대응하고 해결할 것인가에 대해 많이 고민해 보고 한국의 지도자들과 정책 결정자들이 어떠한 방법으로 해결한 것인가에 대해서 주의 깊게 지켜볼 수 있도록 북한에 대해 더 많이 알아가서 미래에 통일에 준비된 사람이 될 수 있도록 역량을 키우고 싶다.

### ▪ '농사 짓는 것'이다.

나는 통일은 '농사 짓는 것'과 같다고 생각했다. 우리가 원하든 원하지 않든, 준비가 되었든 그렇지 않든 추수철은 반드시 온다. 그러나 추수하기까지 얼마나 많은 시간과 노력을 들였느냐에 따라 그 결과물은 천차만별이다. 학기가 끝나는 지금도 통일은 '농사'와 같다는 생각에는 변화가 없다. 그러나 수업을 듣기 전에는 '취직 못하면 시골 가서 농사나 짓지 뭐'라는 가벼운 의미의 농사였다면, 지금은 '농사를 지으려면 땅도 있어야 하고, 세금은 어떻게 내고, 무엇을 심고, 언제 심고, 언제 거두고, 비료는 뭘 써야 하고, 일손은 어디서 구하고…' 등을 고민하는 조금 더 진지한 의미의 농사가 된 것 같다. 막막하고 답답하지만 더 실제적인 고민을 하게 되었다. 이 수업을 통해 '북한과 북한 사람들에 대한 관심'이라는 통일 역량을 얻었으며, 앞으로 이러한 관심을 실제적인 앎과 행동으로 장기적으로 실천해 나갈 수 있는 통일역량을 개발하고 싶다. 통일 준비를 위해 나는 계속해서 북한을 위해 기도하고, 북한에 대해 알아가고, 북한과 통일에 대해 알릴 것이다.

## 저/자/약/력

■ 송인호
한동대학교 법학부 교수
한동통일평화연구원장

■ 원재천
한동대학교 법학부 교수
한동국제법센터장

■ 김세미
한동대학교 법학부 교수

■ 최용준
한동대학교 ICT 창업학부 교수

■ 전명희
한동대 상담심리사회복지학부 교수
한동통일평화연구원 부원장

■ 정모니카
한동대학교 국제어문학부 교수

■ 정지은
한동대학교 창의융합교육원 글로벌한국학전공 교수

■ 서덕수
한동대학교 공간환경시스템공학부 교수

■ 박지현
한동대학교 글로벌리더십학부 교수
한동통일평화연구원 통일교육센터장

■ 홍참길
한동대학교 전산전자공학부 교수

# Why Not? 통일한국!

|공저자| 송인호 · 원재천 · 김세미 · 최용준 · 전명희
정모니카 · 정지은 · 서덕수 · 박지현 · 홍참길
한동통일평화연구원

|1판 1쇄| 발행 2025년 2월 27일

|발행인| 김동훈
|발행처| **공동체**

|주소| 경기도 고양시 일산동구 호수로 358-39, 동문타워I 905호(백석동)
|전화| 031)814-3000(대표)
|팩스| 031)814-3100
|홈페이지| http://compub.co.kr
|전자우편| compub@naver.com
|출판등록| 2005년 10월 6일
|등록번호| 제396-2005-36호

|ISBN| 979-11-6725-866-3
**정가 20,000원**

저자와 협의하여 인지를 생략합니다.
무단전재와 복제를 금합니다.